Heilung beginnt bei mir

Leben lernen mit Multipler Sklerose
und Loslassen von der Magersucht

AF235695

Mit diesem Buch gebe ich das Wissen, welches ich während der Jahre meines Heilungsweges erfahren durfte, an Dich weiter. Denn ich hätte mir damals wirklich gewünscht zu wissen, dass Heilung möglich ist. Ich habe es geschafft, mich auf den Weg in ein friedvolles Leben zu begeben. Und Du kannst das auch! Mit Emmas Geschichte leite ich meine Botschaft an Dich weiter: Genau so wie Du bist, bist Du richtig!

Über die Autorin

Alexandra Leyer, geboren 1991, lebt in der Nähe von Münster. Dort ist sie tätig als Krankenschwester in einer Klinik für Psychotherapie und Psychosomatik.
Alexandras ursprüngliche Neugier auf Wachstum in spiritueller und persönlicher Hinsicht wurde zu einer Lebenshaltung. Diese Haltung lebt sie mittlerweile leidenschaftlich sowohl als nebenberufliche Bloggerin als auch Beraterin aus.
Alexandra geht ihren Weg mit ganzheitlichem Bewusstsein, hierbei sind Achtsamkeit, Yoga und Meditation stete Heilungsbegleiter.
Nach Drucklegung dieses Buches widmet sich Alexandra ihrer nächsten Aufgabe zu, um nun als Meditationsleiterin einen Teil ihres Heilungsansatzes weitergeben zu können.
Mehr über Alexandra www.instagram.com/wunderflecken

HEILUNG
BEGINNT
bei mir

Leben lernen mit Multipler Sklerose
und Loslassen von der Magersucht

Alexandra Leyer

Bibliografische Information der Deutschen Nationalbibliothek: Die Deutsche Nationalbibliothek verzeichnet diese Publikation in der Deutschen Nationalbibliografie; detaillierte bibliografische Daten sind im Internet über dnb.dnb.de abrufbar.

Herstellung und Verlag: BoD – Books on Demand,
Norderstedt
ISBN 978-3-755-71323-4

Lektorat und Korrektorat: Anke Zandman
Umschlaggestaltung und Cover-Foto: Ilona Rauchhaus

Inhalt

„Nur wenn ich meine Sorgen, Zweifel und Ängste
liebevoll da sein lasse
und nicht mehr gegen meine Gefühle ankämpfe,
werde ich wirklich frei sein."
Laura Malina Seiler

Wie ich verschwand

Ich erinnere mich noch genau an den Tag, als wir im Auto auf dem Weg nach Köln waren, um eine Wohnung für mich zu finden. Ich freute mich riesig über die Studienzusage in Köln, doch alles Andere in meinem Leben fühlte sich gar nicht gut an.

Im Außen schien alles im Einklang zu sein. Der Himmel schön grau, der Regen so schwer. Der Regen fiel so stark, dass ich mich am liebsten darin verstecken wollte. Es war angenehm warm im Auto und das ungemütliche Wetter führte dazu, dass ich mich noch besser damit fühlte, mich schlecht zu fühlen. Seltsam, aber irgendwie schön. Das Wetter passt zu mir, dachte ich, während ich durch die Autoscheibe kaum etwas erkennen konnte. Genauso wenig wie ich mein Leben erkennen konnte. Die Stimmung der Welt da draußen mit der Welt in mir drin passte einfach. Es war schön. Schön grau.

Meine Mutter saß neben mir am Steuer und fuhr das Auto. Schließlich war ich gar nicht in der Lage dazu, die Autobahn zu befahren. Sie sprach nicht viel. Sie schien müde zu sein. Kein Wunder - bei so einer Tochter. Ihr Blick wirkte müde und erschöpft.

Der Regen prallte weiter laut gegen die Autoscheibe und meine Mutter konzentrierte sich auf die nasse Straße der Autobahn.

Obwohl die Wohnungssuche wieder keinen Erfolg gezeigt hatte, juckte mich das wenig. Es war mir zwar nicht egal, wieder keine Wohnung gefunden zu haben, aber ich hatte keine Kraft mehr, mich darüber aufzuregen. Ich hatte keine Kraft mehr über andere Dinge traurig zu sein, mich über andere Dinge und Menschen aufzuregen, die sowieso nichts an meiner Lebenssituation ändern konnten. Es war halt so wie es war. Ich hatte weder Lust noch Energie, mein Gehirn dazu anzutreiben, nachzudenken oder mich aufzuregen. Vielmehr dachte ich darüber nach, wie mein Leben weitergehen sollte. Ich drehte meinen Kopf seitlich nach rechts Richtung Fenster und bemerkte, wie sich Tränen in meinen Augen sammelten. Doch ich ließ sie nicht raus. Wie in den vergangenen Jahren beschloss ich auch nun, meine Tränen bei mir zu halten. Meine Mutter sollte nicht mitbekommen, wie es in meinem Inneren aussah, auch wenn meine körperliche Verfassung schon deutlich genug ausstrahlte, wie es mir wohl gehen könnte.

Ich steckte mal wieder mitten in einem heftigen Schub.

Danke Multiple Sklerose.

Genau wie meine Mutter sprach auch ich kaum ein Wort. Einmal legte sie ihre Hand sanft auf meinen Oberschenkel.

„Ach, Mensch, das wird alles schon, aber erstmal fahren wir wieder nach Hause."

Sie lächelte hoffnungsvoll und konzentrierte sich weiter auf die Straße.

Ja, nach Hause, dachte ich, wo auch immer das gerade ist.

Auch wenn ich mit zwei Studenten in einer Wohngemeinschaft wohnte, fühlte sich Heimat anders an. Zu dieser Zeit wohnte ich übergangsweise jedoch in meinem Elternhaus. Denn zu dieser Zeit war mein Zuhause dort, wo meine Familie wohnte. Dort, wo man sich um mich sorgte. Dort, wo ich nicht alleine war, obwohl ich alleine gelassen werden wollte.

Ich fühlte mich während der Fahrt wie in einer Blase gefangen. Alles um mich herum schwebte und floss nur so dahin. Alles lebte und war doch irgendwie tot. Ich hatte das Gefühl, als würde alles um mich herum einfach geschehen, ohne dass ich einen Einfluss darauf haben könnte. Ich war machtlos und fühlte mich abgeschnitten von dem Rest der Welt. Also starrte ich teilnahmslos weiter in das Unwetter. Ich war nicht zutiefst traurig, aber auch nicht glücklich. Ich konnte keine eindeutige Emotion benennen. Ich konnte diesen Zustand nicht greifen oder beschreiben. Es fühlte sich einfach leer an. Ein bisschen melancholisch, aber schön. Wie ein Kind bestaunte ich die harten Regentropfen, die immer noch laut gegen die Fensterscheiben prallten. Irgendwie ähnelte das einem Zustand der Trance. Wie auch immer sich das anfühlen würde, jedenfalls stellte ich mir so eine Trance vor.

„Ich frage mich, ob das Wetter was mit den Gefühlen der Menschen zu tun hat. Passt es sich wohl an?", fragte ich meine Mutter.

„Keine Ahnung, ist mir auch egal. Ich hoffe einfach, dass es bald aufhört zu regnen, damit ich die Straße mal wieder richtig erkennen kann. Ich bekomme hier gleich die Krise. Die scheiß Straße spiegelt sich und so langsam hab' ich echt keinen Bock mehr. Vor allem, wenn ich daran denke, wie viele Kilometer wir noch vor uns haben!"

Während meine Mutter weiter über das Unwetter schimpfte und einfach nur ankommen wollte, fühlte ich mich inmitten des Unwetters weiterhin wohl.

Ich saß einfach da, präsent im jetzigen Moment und ließ alles so, wie es sein gelassen werden wollte. Na gut, bis auf meine Tränen, die hielt ich zurück. Aber meine Gedanken zogen vorbei, ich hielt nicht an ihnen fest wie sonst. Ich habe keinem Gedanken meine Aufmerksamkeit durch eine Bewertung geschenkt, sondern war schon fast gedankenfrei.

Ich beobachtete das Wetter und spürte die Kraft der Natur. Ich leistete weder meinen Gedanken noch meinem Gefühl Widerstand, wodurch ich zugleich frei von schweren Emotionen war. Da entsprang ein Gefühl von friedvoller Leere in mir, wodurch ich mich schwerelos fühlte. Es war schön – wirklich schön.

In diesem Moment hatte ich auch noch die Reste des Cortisons in mir. Cortison ist ein richtiges Teufelszeug. Cortison und ich kennen uns seit dem Jahr 2012. Ich spürte bei jeder Gabe Cortison zahlreiche Nebenwirkungen. Es fühlte sich an, als würde ich unter Wasser sein, als wäre ich in einer Hülle gefangen und weder meine Gedanken noch mein Körper würden an der Umwelt teilhaben. Es fühlte sich an, als wäre ich getrennt von allem, was mich umgibt. Auch das Atmen fiel mir schwer und ich schwankte als sei ich betrunken. Ich konnte mir kaum noch irgendetwas merken und meine Stimmung war sehr gedrückt. Depressionen hatte ich sowieso schon. Ich hatte außerdem extreme Wassereinlagerung, was mein Selbstbild über meinen Körper deutlich minderte. Ich musste alle halbe Stunde zur Toilette, um die überschüssige Wassereinlagerung loszuwerden, wodurch auch mein Schlaf mangelte. Obwohl ich dadurch eigentlich müde hätte sein müssen, war ich durch das hochdosierte Cortison unruhig, unkonzentriert und durcheinander. Auch das Sehen fiel mir sehr schwer.

Das sind die typischen Nebenwirkungen von einer hohen Dosis Cortison, die erfahrungsgemäß von den Ärzten leider nicht ernst genug genommen werden und sowohl unterschätzt als auch nicht kommuniziert werden.

Mein Schub bestand diesmal darin, dass meine rechte Flanke plötzlich taub wurde. Zuerst dachte ich, ich hätte mir einen Nerv eingeklemmt, aber mein Neurologe war fest davon überzeugt, dass es etwas mit der Multiplen Sklerose zu tun hätte. Seine Diagnose festigte sich, als sich die

Taubheit dann in meinen Beinen ausbreitete und anfingen zu Kribbeln.

Wenn durch die MS (Multiple Sklerose) ein akuter Schub auftritt, bekommt man in der Regel fünf Tage lang je 1000 mg Cortison durch eine Infusion verabreicht. Manche Betroffene lassen sich im Krankenhaus behandeln, andere entscheiden sich für den ambulanten Weg. Ich lasse mich nur noch ambulant behandeln. Ich war mit dieser Prozedur und den Nebenwirkungen bereits so vertraut, da wollte ich nicht noch in einem Krankenbett liegen.

Es gibt verschiedene Verlaufsformen bei der MS. Bis dahin hatte ich einen schubförmigen Verlauf. Fachsprachlich: schubförmig remittierende MS (RRMS). Das bedeutet, dass die Multiple Sklerose durch das Auftreten von einzelnen abgrenzbaren Schüben gekennzeichnet ist, die in der Regel direkt mit einer Cortison-Stoßtherapie behandelt werden, wodurch sich die Schübe dann teilweise oder auch ganz zurückbilden können.

Dieses Mal bekam ich allerdings nur drei Tage lang je 1000 mg Cortison, da dieser Schub u.a. nicht gravierend in meine körperliche Funktion eingriff und gut behandelbar erschien. Die Nebenwirkungen des Teufelszeugs waren schlimmer als der Schub selber. Für mich waren drei Tage also völlig okay. Sonst waren es immer fünf Tage. Fünf Tage Hölle. Aber dieses Mal nur drei. Als hätte jemand geahnt, was noch passieren würde.

Die Autobahn war mittlerweile sehr voll geworden und der Regen erlaubte es immer noch nicht, schneller zu fahren. So langsam wollte ich aber auch einfach nur ins Bett. Ich wollte nach Hause. Generell wollte ich ankommen. Endlich ankommen, wohin auch immer. Ich suchte schon seit Wochen das Weite. Eine andere Stadt, eine neue berufliche

Perspektive, eine völlig neue Orientierung. Einen Ausweg. Eine Nadel, die meine Blase, in der ich lebte, zum Platzen bringen würde.

Während mir all diese Gedanken durch den Kopf gingen, bemerkte ich, dass ich plötzlich unruhig wurde. Sanft ballte ich meine Hände zu Fäusten und tippte auf meine Oberschenkel, während ich mir einredete, dass ich einfach nur gesund werden müsse. Denn dann würde ich endlich glücklich sein und alles würde perfekt werden. Den Studienplatz in Köln hatte ich ja schließlich schon. Aber warum konnte ich nicht wie all die anderen Menschen sein? Einen Job haben, körperlich fit sein, Freude an den alltäglichen Dingen des Lebens haben und mit Leichtigkeit, Spontaneität und Gelassenheit dem Alltag begegnen? Ich will einfach wieder glücklich sein, dachte ich.

Als wir zu Hause ankamen, leuchtete nur noch unten im Flur das Licht, welches mein Bruder wie immer vergessen hatte auszumachen. Vielleicht behauptete er am nächsten Tag auch jedes Mal, er hätte es vergessen, weil ihm sein eigentlicher Grund für das „Vergessen" peinlich war: Licht könnte nachts Einbrecher abschrecken. Mein Bruder Marvin war immer schon etwas ängstlich.

Unten im Flur zog ich schnell meine Schuhe aus. Ich konnte meine Augen kaum noch offen halten und wollte einfach nur ins Bett. Ich wollte gerade über die Treppe nach oben in mein altes Kinderzimmer gehen, doch bevor ich die zweite Stufe betrat, hörte ich aus dem Mund meiner Mutter leise meinen Namen. Ich schaute zu meiner Mutter, die auf mich zulief und mich dann ohne Vorwarnung sanft in den Arm nahm. Ich reagierte sprachlos, während ich ihre liebevolle Umarmung genoss; auch wenn ich sie nicht erwiderte, ich ließ es dennoch zu.

„Emma, wir sprechen morgen, okay? Ich muss jetzt auch ins Bett. Ich muss morgen wieder früh raus zur Arbeit."

Ihre Augen sahen glasig und klein aus. Ich verspürte beim Anblick ihres erschöpften Gesichts ein Schuldgefühl, weil sie mich schon wieder hin und her fahren musste, obwohl sie doch ihr eigenes Leben hatte, worum sie sich kümmern müsste. Auch wenn ich ihr mit meiner Körpersprache wie z.B. einer Umarmung nicht zeigen konnte, wie dankbar ich ihr mal wieder war, bedankte ich mich durch kurze Worte für ihre Unterstützung. Ich setzte ein simulierendes Lächeln auf und verhielt mich so, als würde ich mir sicher sein, dass ich bald wieder ganz fit und selbstständig werden würde.

„Danke Mama, das war auch das letzte Mal. Bald bin ich kein kleines Kind mehr. Das Cortison ist ja jetzt durch und ich bin auf dem Weg der Besserung."

Ich hatte oft das Gefühl als sei ich immer die Hilflose, die, die nie erwachsen werden könnte, weil sie ständig einen Misthaufen voller Probleme hatte. Ich wollte endlich mal diejenige sein, die frei von Problemen war, die, die für sich selbst sorgen konnte. Vor allem mit Anfang 20! Deswegen sprach ich nie darüber, wie es mir eigentlich ging. Meiner Oma und meiner Mutter konnte ich aber nichts vormachen. Sie spürten immer, wenn etwas mit mir nicht in Ordnung war. Trotzdem sprachen wir nicht darüber.

Nachdem ich es geschafft hatte, mir im Badezimmer die Zähne zu putzen, mich abzuschminken und mir meinen Schlafanzug anzuziehen, setzte ich mich erschöpft auf mein Bett in meinem alten Kinderzimmer.
Das Haus war still. Mein jüngerer Bruder, meine Mutter und mein Stiefvater schliefen. Wenn mein aktuelles Gefühl ein Geräusch von sich geben könnte, hätte es wohl jeden in diesem Haus aus dem Schlaf gerissen. Ich dachte darüber nach, dass alle morgen früh aufstehen werden, um ihren Alltag aufzunehmen. Um zur Arbeit zu gehen, um Freunde zu treffen, um Hobbys nachzugehen und … und? … und

ich? Ich werde morgen während all der sinnvollen Tätigkeiten meiner Familienmitglieder wie ein klobiger, hilfloser Sack im Wartezimmer meines Neurologen sitzen. Das ärgerte mich!

Der Vergleich meines Alltages mit dem meiner Mitmenschen sorgte in mir für Wut und Trauer zugleich. Mein Brustkorb fühlte sich eng an und ein Kloß in meinem Hals machte sich bemerkbar. Und obwohl ich schon immer Schwierigkeiten hatte zu weinen, nahm die erste Träne ihren Lauf. Danach waren es noch drei oder vier weitere. Diese Tränen machten mir hingegen schnell Angst, also beschloss ich, meine Tränen wieder in mir zu behalten - wie immer. Ich schluckte alle unangenehmen Gefühle wieder hinunter. Ich schaffte es wieder nicht, endlich mal so richtig zu weinen, obwohl mir danach war. Ich darf jetzt nicht weinen, dachte ich, ich will nur noch schlafen und nicht mehr denken müssen.

Meistens löst sich das Druckgefühl auf der Brust, wenn wir mal so richtig loslassen und heulen. Aber nicht bei mir, denn dafür waren die wenigen Tränen nicht ausreichend. Dabei wünschte ich mir, dass endlich dieses beklemmende Gefühl verschwinden würde. Doch in mir blieb das bedrückte Gefühl, es blieb. Der Druck auf meiner Brust und der Kloß in meinem Hals wurden immer größer. Tag für Tag.

Am nächsten Morgen hatte ich wieder bei meinem Neurologen anzutreten.

"Na, wie ist es? Die letzte Cortison-Gabe gut überstanden?", fragte Dr. Schulz.

"Klar", antwortete ich, "aber viel schöner wäre es, wenn das verdammte Zeug auch mal seinen Job machen würde."

"Keine Veränderung?"

Ich regierte wie aus der Pistole geschossen.

"Nein, meine Beine und mein unterer Rücken sind immer noch taub und das jetzt schon seit mehreren Wochen. Unverändert trotz des Cortisons! Außerdem habe ich das Gefühl, das Kribbeln würde immer heftiger werden. Sobald ich nach einer Bewegung zum Stehen komme, kribbelt es wie verrückt in den Beinen und Füßen! Vor der Cortison-Therapie hat es deutlich weniger gekribbelt. Das ist echt unangenehm, nein, es ist schmerzhaft, wenn ich ehrlich bin. Wie kann das sein? Das Cortison soll die Symptome abmildern oder wegmachen, aber doch nicht verstärken!?"

„Dafür gibt es leider keine eindeutige Erklärung, Frau Walter. Cortison kann im Nachhinein aber auch noch wirken, deswegen würde ich vorschlagen, dass Sie nächste Woche wiederkommen und wir darauf hoffen, dass sich bis dahin Etwas getan hat", antwortete mir mein Neurologe Dr. Schulz daraufhin.

Obwohl diese Antwort keine war, die ich mir erhoffte, war sie ehrlich. Dr. Schulz ist ein toller Neurologe. Er scheint fachlich, aber auch zwischenmenschlich ein guter Arzt zu sein. Ich wurde schon oft von ihm behandelt. Und da ich selber Krankenschwester bin, habe ich immer ein verstärktes Auge auf die Kompetenz meiner Ärzte.

Ich verließ seine Praxis mit einer weiteren Krankmeldung für eine Woche und ich sinnierte darüber nach, wie das alles weiter gehen sollte und was ich meiner Mutter mitteilen würde. Sie machte sich, was wohl typisch für eine Mutter ist, immer große Sorgen. Deshalb gewöhnte ich mir schon im Kindesalter an, meine Angelegenheiten so klein wie möglich zu halten. So oft denke ich an ihren Blick zurück, als sie meine Diagnose Multiple Sklerose erfuhr. Ich wünsche mir dann, sie hätte es nie erfahren müssen. Manchmal hatte ich das Gefühl, sie litt mehr als ich unter meiner Krankheit Multiple Sklerose. Deswegen und vor allem zu dieser Zeit, als die Fortschritte meiner Krankheit präsent waren, hielt ich die Neuigkeiten meistens kurz, eben knapp, weil nur halb wahr. Meiner Mutter hatte ich nie genau erzählt, in welchem Ausmaß ich die Schübe der Multiplen Sklerose bemerkte. Ich hatte ihr lediglich so viel gesagt wie nötig. Oft aber auch gar nichts. Ich wohnte, als ich die Diagnose erhielt, nicht zu Hause, sodass ich mich selten erklären musste.

Die Diagnose wurde im April 2012 durch ein MRT-Bild gesichert. Zu dieser Zeit war ich auf dem Höhepunkt meiner Feierphase. Ich war im jungen Erwachsenenalter und kostete noch alles aus, was da war.

Eines Tages vernahm ich ein zunehmendes Druckgefühl in meinem linken Auge, doch ignorierte es. Party machen war mir wichtiger als meine Gesundheit. Als ich jedoch Doppelbilder sah und sich ein weißer Schleier über meinem linken Auge ausbreitete, lief ich zum Augenarzt. Der wiederum schickte mich zu einem Neurologen und der gab mir eine Einweisung ins Krankenhaus mit der Verdachtsdiagnose „Multiple Sklerose" mit. Ich belächelte die Einweisung ins Krankenhaus. Meine Mutter beruhigte ich, indem ich ihr erzählte, dass es sehr unwahrscheinlich sei, dass mich diese Krankheit erwischt hätte und dass es sich um eine reine Ausschlussdiagnostik handeln würde. Ich war schließlich vom Fach. Ich blendete meine Angst, dass sich die Diagnose bewahrheiten könnte, aus. Die Diagnose bekam ich allerdings schon am Folgetag der Aufnahme ins Krankenhaus. Ich hatte das Glück, dass die Stationsärztin mir die Krankheit schmackhaft machte, als ich alleine in meinem Zimmer war. Um ehrlich zu sein, erinnere ich mich nicht mehr wirklich daran, was ich gedacht oder wie ich reagiert habe. Nur daran, dass ich nicht geweint habe und mir Gedanken machte, wie ich dies nun meiner gleich eintreffenden Mutter schonend beibringen sollte. Ich hatte also keine

Zeit zu weinen, schließlich könnte man es ja sehen. Das wollte ich nicht. Nicht vor meiner Mutter, die meinen Gedankenstrom auch schon mit ihrem Eintreten unterbrach. Als sie in das Zweibettzimmer, in dem ich lag, hereintrat, lächelte ich sie an und sagte:

„Mama, jetzt erschrecke dich nicht und es hört sich auch alles viel schlimmer an als es ist, aber die Diagnose stimmt wohl doch. Ich habe es aber nicht so schlimm wie andere und es wird auch nichts weiter passieren. Ich bekomme jetzt Medikamente. Also, alles gut."

Meine Mutter erstarrte und ihr schossen sofort die Tränen in die Augen. Sie setzte sich auf mein Krankenbett und wollte mich direkt in den Arm nehmen. Ich ließ es zu, konnte es aber nicht erwidern, schließlich hätte ich sonst auch noch geweint.

Ich weiß nicht wieso, aber ich hatte oft das Bedürfnis meine Mutter beschützen zu müssen. Schon in meiner Kindheit war das so, unabhängig ob die Situation lapidar oder wichtig war. Auch bei der Scheidung meiner Eltern erging es mir, der Zehnjährigen, so. Früh beschloss ich, die Dinge mit mir alleine zu klären. Obwohl meine Mutter immer die fürsorgliche und starke Mama war, wusste ich schon als Kind, dass sie es auch nicht immer einfach hat. Deshalb wollte ich ihr nie durch mein Weinen zur Last fallen. Denn dann wäre sie ja auch traurig gewesen. Das wollte ich nie, auch nicht mit zehn Jahren. Ich wollte sie immer glücklich machen. Vor allem wollte ich ihr, nachdem ich die Diagnose selber schlucken musste, nicht meine wahren Gefühle zeigen, weil ich auch dachte, alt genug zu sein, um damit alleine zurechtkommen zu müssen.

Diese Ungewissheit, wann und ob dieser aktuelle Schub sich jemals zurückbilden würde, machte mich verrückt. So gerne hätte ich Lia angerufen, aber es ging nicht. Vor ungefähr acht Monaten war sie 400km weit weggezogen. Es fühlte sich an als sei sie aus meinem Leben verschwunden. Wir hatten kaum noch Kontakt und wenn, dann wirkten unsere Telefonate und WhatsApp-Nachrichten sehr angespannt und distanziert. Das lag wohl daran, dass wir beide nicht mit der räumlichen Trennung unserer Freundschaft zurechtkamen. Wir hatten immer wieder kleine Diskussionen, die damit endeten, dass wir wieder wochenlang nichts voneinander hörten. Diese freundschaftliche Trennung fühlte sich manchmal an wie Liebeskummer. Es fühlte sich an, als sei ein Teil von mir gegangen. Lia und ich waren nicht nur Freunde. Wir waren Schwestern, Seelenverwandte, wir waren eine Familie. Aber so ist das wohl nun mal, wenn man erwachsen wird, einen Partner hat und zu ihm zieht. Manchmal trennen sich die Wege. Ich verstand das, aber es war trotzdem hart. Dass mich ihr Wegzug so verletzte, hatte ihr nie gesagt. Wer sollte sich um mein Gejammer kümmern, wenn ich sagen würde, wie traurig ich war. Wem sollte ich es überhaupt sagen? Schließlich war es doch immer Lia, die in solchen Momenten da gewesen ist. Mein Kopf war ständig voll mit Gedanken über unsere freundschaftliche Situation.

Ich musste ständig darüber nachdenken, dass sie weg war und der Grund für meine Traurigkeit war. Ich wollte ihr so vieles sagen, aber zu dieser Zeit hatte ich es nicht geschafft, mich mit ihr darüber zu unterhalten. Das hätte wahrscheinlich wieder im Streit geendet. Der Streit mit meinem Körper reichte mir da schon völlig aus.

Über 400km weit entfernt sitzt sie irgendwo mit ihrem Freund und schmiedet Pläne für die Zukunft. Sie ist weg. Für immer. Und ich bin alleine. Für immer, dachte ich.

Um ehrlich zu sein, war ich gerade sowieso lieber alleine. Ich mochte es zu dieser Zeit viel lieber, alleine zu sein als mich mit Menschen zu treffen. Ich fand Menschen anstrengend. Jedes Mal hatte ich diese Maske aufzusetzen, um dann so zu tun, als sei mit mir alles völlig okay, das war einfach zu anstrengend für mich.

„Ja klar, mir geht's gut und dir?", war der Satz, den ich für drei bis vier Stunden nach außen hin praktizierte und aufrechterhielt, um dann endlich nach Hause zu kommen und alleine mit mir diese Lüge wieder abzuschütteln. Wozu also all dieser Stress? In der Folge blieb ich lieber alleine. War doch logisch.

Heute weiß ich, wenn es meine wahren Freunde sind, dann muss ich nicht in die Rolle der Glücklichen schlüpfen. Wahre Freunde haben Verständnis dafür, wenn man sich zurückzieht oder ehrlich zu ihnen ist. Es gibt Menschen, bei denen ich so sein kann wie ich mich gerade fühle, vor allem wenn ich traurig bin. Das ist Freundschaft. Eine Beziehung ohne Zweck, ohne Bedingung, ohne Mittel. So war es bei Lia und mir. Gewesen.

Am nächsten Tag wachte ich schon früh auf und da ich nichts tun konnte und wollte außer mit mir alleine zu sein, nutzte ich die Zeit, die mir zur Verfügung stand. Die tägliche Gabe von Cortison war vorerst beendet, also wartete und hoffte ich darauf, dass das Teufelszeug endlich wirkte.

Alle meine Freunde oder Familienmitglieder waren arbeiten, in der Schule oder in der Uni. Dafür war ich noch lange nicht fit genug, aber ich beschloss, ein bisschen vor die Tür zu gehen. Wenn auch langsam – sehr langsam. Schmerzend setzte ich einen Fuß vor den anderen, achtete darauf, dass ich mein Gleichgewicht behielt und machte mich auf den Weg in Richtung Natur. Mit jedem Schritt überkam mich ein unangenehmes elektrisierendes Gefühl. Es begann an der Rückseite meiner Oberschenkel und strahlte bis in meine Zehen aus. Während ich lief, nahm ich jeden Schritt achtsam wahr. So konzentriert wie ich jetzt lief, lief ich nicht mal als ich als Kind laufen lernte. Aus meinen achtsamen und fokussierten Schritten, entstand sogar eine kleine Spielerei. Ich machte aus meinem achtsamen Spaziergang eine kleine Entdeckungsreise, indem ich meinen Körper beobachtete. Vor allem konzentrierte ich mich darauf, das Gleichgewicht zu behalten, um nicht umzufallen. So einen langen „Spurt" ohne Pause - und es waren gerade mal ungefähr 500 Meter - war ich zuletzt vor ein paar Wochen gegangen. Langsam aber sicher kam ich an mein Ziel.

Und dann stand ich da. Ich stand vor einem See. Am Ufer des Sees meiner Kindheit.

Mein Körper fühlte sich sehr träge und schwer an, meine Beine bestanden aus Blei. Und sie kribbelten wie verrückt. Kribbelndes Blei. Dann auch der Rücken. Alles an mir fing an zu kribbeln, mein Rumpf, meine Hände, meine Finger, meine Fingerspitzen.

Dabei waren es bloß ein paar Meter (die ich auch noch langsam gegangen bin), um an dem See meiner Kindheit zur Ruhe zu kommen, um Gedanken zu sammeln, um niemandem außer der Natur zuzuhören oder zuzusehen, um Kraft zu tanken und um mich aufzuladen.

Die Natur faszinierte mich schon immer. Sie lebt im Wandel, sie lebt voller Hingabe und Liebe. Sie lebt, als wäre das Leben unendlich leicht und frei von Sorgen. Die Natur vertraut auf den Prozess des Lebens. Sie hat ihren Rhythmus und richtet sich immer nach dem, was ist. Die Natur folgt ihrem Zyklus. Sie folgt den Jahreszeiten, passt sich an, verändert sich und ist doch beständig. Manchmal habe ich das Gefühl, die Natur weiß, dass alles gut wird, dass schmerzhafte Veränderungen Teil des Lebensprozesses sind und dazugehören, damit alles weiterwachsen und reifen kann. Ich vertraue der Natur.

Diese friedlichen Gedanken passten zu der Erinnerung, die mir kam, während ich auf den See starrte. An diesem See spielte ich oft mit meinen Freunden und meiner Familie. Dort verbrachte ich als Kind schön friedvolle und glückliche Momente.

20 Jahre später, völlig erschöpft, kraftlos und schmerzbeladen war ich wieder da. Ich stand da und nahm die Symptome der Multiplen Sklerose wahr. Zum ersten Mal begriff ich, dass nicht ich die Krankheit, sondern die Krankheit mich im Griff hatte. Wie gelähmt und festgenagelt stand ich da, während ich weiter auf den See starrte. Ich stellte erstaunt fest, dass ich weder traurig noch glücklich noch wütend war. Was war ich?

Hinter meinem Rücken liefen Passanten mit ihren Hunden oder Kindern um den See herum. Doch das interessierte mich kaum. Es interessierte mich nicht, was sie über mich gedacht haben könnten, indes ich wie angewurzelt am Ufer des Sees stand und mich nicht bewegen konnte. Nicht den Passanten schenkte ich Aufmerksamkeit, sondern mir. Mir und meinem Körper. Ich war ganz bei mir, stand einfach da, meinen Blick auf den See gerichtet und ich fing an, die Kraft meiner Krankheit zu bewundern. Ich spürte das schmerzhafte Kibbeln, das seinen Startpunkt in meinem Brustkorb hatte und sich bis in meine Zehenspitzen fortsetzte. Ich beobachtete es, ohne es zu bewerten. Ich ließ die Krankheit in diesem Moment das tun, was sie wollte. Ich nahm sie erstmals ganz bewusst wahr und spürte die Auswirkungen des aktiven Schubes. Ich stellte mir vor, wie die Entzündungsherde anfingen zu leuchten. Das Kribbeln in meinem Körper, das lahme Gefühl und die Schmerzen in meinen Beinen nahm ich einfach nur wahr. Es fiel mir leicht und war tatsächlich schöner, als wenn ich mich wie sonst - voller Wut- dagegen gesträubt hatte. Ich bin dankbar für diese Erfahrung.

Heute weiß ich, dass auch die Gefühle des Körpers, die unangenehm sind, gefühlt werden wollen. Auch unangenehme Dinge wie Krankheiten können erträglich, sogar friedlich werden, wenn man sie zulässt. Dieser Moment der Akzeptanz meiner körperlichen Symptome hat einiges in mir bewegt. Diesen Moment werde ich nie vergessen. Es war der erste friedliche Kontakt zwischen mir und der Multiplen Sklerose.

Auf dem Rückweg fühlte ich mich irgendwie energiegeladen. Durch den Kontakt mit meinem Körper ging es meiner Seele plötzlich endlich wieder gut. Es fühlte sich beinahe an, als wäre ich nicht mehr wütend auf die Multiple Sklerose, sondern ein wenig im Frieden mit ihr.

Zuhause angekommen, dachte darüber nach, wie mein Leben nun weitergehen sollte. Wie immer war um die Mittagszeit niemand da. Auf dem Wohnzimmersofa sitzend fragte ich mich, wie lange ich wohl noch bei meiner Mutter, meinem Stiefvater und meinem Bruder leben würde? Ich gestand mir ein, dass ich derzeit jedenfalls nicht gut alleine zurechtkam. Vor allem nicht in dieser WG, in der es das Wort Rücksicht nicht gibt! Nur Bier und Sex. Ich werde da definitiv ausziehen, das war auch schon vor der Krankheitsaktivität klar. Aber wohin will ich eigentlich?, fragte ich mich. Suche ich weiter wie geplant nach einer Wohnung in Köln, weit weg von allem, um ein Studium zu beginnen? In meinem Beruf als Krankenschwester kann ich auf lange Sicht nicht arbeiten, aber muss es deswegen direkt ein Studium in einer ganz anderen Stadt sein? Ich könnte ja auch in der Nähe meiner Heimat studieren. In Köln kenne ich niemanden.

Während die Gedanken weiter durch meinen Kopf kreisten, konnte ich spüren, dass ich gar nicht von Zuhause und meinem Umfeld weg wollte, sondern weg von etwas viel

Wichtigerem. Der Moment am See sorgte für mehr Klarheit in meinem Verstand und ich fing an zu begreifen: Ich wollte weg von meiner Krankheit und allem, was sie mit mir und um mich herum angerichtet hatte!

Mir wurde klar, dass ich nicht vor meiner Familie und meinen Freunden flüchten will, sondern vor mir selber. Vor meinen Lebensumständen, vor meiner Krankheit - Multiple Sklerose. Vor meiner Krankheit, dachte ich.

„Meiner Krankheit?" sagte ich zu mir selbst.

Erschrocken registrierte ich, dass ich die Multiple Sklerose auf meine Person bezog. Sonst nannte ich sie immer „die" Krankheit oder „die MS".

Sie ist zwar ein Teil von mir, aber ich bin nicht sie!, wehrte ich mich gedanklich.

Ergibt es also Sinn, dass ich weit wegziehe, wo ich keinen familiären und freundschaftlichen Halt mehr erfahren werde, dafür aber ohne bekanntes Umfeld bei null anfangen kann?

Ich diskutierte mit mir selber bis ich vom Denken müde wurde. Der Gedanke aber, dass ich das Bedürfnis hatte, vor mir wegzulaufen und dass ich mich bei einem Umzug in eine fremde Stadt ja mitnehmen würde, fühlte sich stimmig an.

Am Abend war das Haus wieder vollständig belebt. Wie früher saßen wir abends gemeinsam im Wohnzimmer, während der Fernseher lief. Es lief Tatort - wie jeden Sonntag. Wir sprachen nicht viel, vor allem nicht über mich und meine jetzige Situation. Das war aber auch ganz in meinem Interesse, denn ich wollte auch nicht über mich reden.

Obwohl ich generell nicht viel mit meiner Familie über meine Krankheit sprach, wussten alle, wie es mir ging. Mit meiner Mutter nicht, weil sie wusste, dass ich darüber nicht viel reden wollte. Mit meinem Bruder und meinem Stiefvater sprach ich nicht darüber, weil sie sich (glaube ich) nicht trauten über so ein sensibles Thema zu sprechen. Ich vermute, sie hatten Sorge, dass ich emotional werden könnte und sie dann vor der Aufgabe stehen würden, passend reagieren zu müssen. Was auch immer passend wäre. Das spielte aber auch keine Rolle, weil ich sowieso abgeblockt hätte, hätte „es" einer von ihnen doch mal angesprochen. Niemals hätte ich zugelassen vor ihnen zu weinen. Ich weinte generell nicht vor anderen Menschen. Ich wollte es nie so weit kommen lassen. Ich wollte es ja nicht mal, wenn ich mit mir alleine war.

Als ich mich abends ins Bett legte, hoffte ich an die Decke starrend mal wieder darauf, dass das Cortison endlich wirken würde. Ich malte mir aus, wie ich am nächsten Morgen aufwachen würde und meine Beine wieder spürte.

Die letzte Cortison-Dosis mit 1000 mg war mir vor einigen Tagen injiziert worden, jetzt musste dieses Zeug doch endlich seine versprochene positive Wirkung zeigen!

Ich hatte schon oft gelesen und gehört, dass Cortison im Nachhinein wirken könnte. Schließlich sagte das auch Dr. Schulz. Vielleicht war das auch bei mir der Fall, dachte ich. Darauf setzte ich jedenfalls alle Hoffnungen. Wie gestern. Und vorgestern.

Als sich meine Mutter am nächsten Morgen im Bad die Haare föhnte, wurde ich wach. Das Badezimmer grenzte an mein altes Kinderzimmer, so dass meine angespannten Nerven dieses Geräusch nicht überhören konnten. Ich wachte gereizt auf, denn ich spürte, dass ich aufgrund der lästig lauten Unterbrechung meines mir heiligen Schlafes nicht ausgeschlafen war.

Als ich mich auf die Bettkante setzte, bemerkte ich wieder, dass sich meine Beine so wie am Abend zuvor anfühlten. Pelzig, lahm, taub und kribbelig. Meine Stimmung war alles andere als fröhlich.

Bevor ich mein Zimmer verließ, wartete ich aber noch darauf, dass alle Mitbewohner das Haus verlassen hatten. Vor allem jetzt hatte ich keine Lust irgendjemandem, auch nicht meiner Mutter, zu begegnen. Ich hatte keine Lust einen Small Talk zu halten oder die Wahrheit zu verdrehen, indem ich sagen würde, dass es mir gut ginge. Denn so war es nicht. Auch wenn ich meiner Mutter die Wahrheit sagen konnte, bekam ich es nicht hin. Genauso wenig wie die Sache mit dem Weinen.

Für den Anschein in die Welt da draußen jenseits meines Kinderzimmers blieb ich also lautlos und nicht bemerkbar auf meinem Bett sitzen, damit ich den Eindruck erweckte, als würde ich noch schlafen.

Nach wenigen Minuten fiel die Haustür auch schon zu. Das Haus war endlich leer, die Luft also rein genug, um mein Zimmer zu verlassen. Ich stand langsam auf, setzte einen Fuß vor den anderen, riss meinen Kapuzenpulli vom Stuhl und zog ihn mir über mein verwaschenes bedrucktes Kuschelbären-Schlaf-T-Shirt.

Nichtsahnend bemerkte ich eine weitere Veränderung: Mein oberer Rücken war taub. Mein kompletter Rumpf war taub!

Mein Atmen blieb stehen. Mit aufgerissenen Augen stand ich da. Mein Bauch fühlte einen imaginären Boxschlag. Ich rechnete schon damit, dass mir aufgrund des Schocks das Herz stehen bleiben würde. Ich tastete wiederholt meinen kompletten Rücken ab, aber ich spürte die Berührung kaum.

Ich lief den Flur auf und ab, fasste mir mit beiden Händen an den Kopf und fing an panisch zu werden. Streng sprach Emma zu Emma:

„Bloß nicht panisch werden. Es ist alles okay. Es ist früh am Morgen, der Körper muss erst wach werden, die Taubheit am unteren Rücken sagt gar nichts aus, alles ist gut."

Dieses Mantra wiederholte ich bestimmt fünf Mal. Ich hatte nur ein Ziel: nicht in Panik verfallen.

Das Cortison tat seinen verdammt Job nicht! Gar nicht!

„Nein, nein, nein! Das kann nicht sein!", fluchte ich.

Mein zuvor fast panischer Zustand verwandelte sich im Sekundenschlag in Wut. Aus Verzweiflung und dem Abwenden von Panik wurde aggressive Wut. Die Wut kam so schlagartig, dass ich die Kontrolle verlor. Ich schlug mit geballten Fäusten auf meine Beine. Ich kniff mit beiden Händen fest in meine Oberschenkel, damit ich endlich etwas spürte. Doch ich spürte nichts.

Die Wut nahm geradezu unbekannte Dimensionen an. „Warum? Warum hört es nicht auf? Was habe ich nur getan, dass sich alles verschlechtert? Wem habe ich etwas getan? Warum ich?! Wie eine Mutter Theresa tue ich jedem Menschen, der Hilfe braucht, einen Gefallen. Auf der Arbeit wische ich jedem Pflegepatienten den Arsch ab. Als Dank dafür darf ich die Scheiße mit nach Hause nehmen?", schrie ich durch mein Zimmer.

Die Wut überkam mich mit unglaublicher Macht und breitete sich so sehr aus, dass sie mich meine Impulskontrolle verlieren ließ. Ich begann, hilflos um mich zu schlagen. Wie irrsinnig um mich herum. In alle Richtungen. Meine Faust holte aus. Gegen die Wand. Die Wut in mir war kaum zu ertragen. Ich wusste nicht wohin mit ihr. Als die Knöchel an meiner Hand bluteten und ich einen ersten ausreichenden Schmerz vernahm, hörte ich auf gegen die Wand zu schlagen und lief ins Badezimmer.

Ich musste irgendetwas tun. Mich abkühlen. Ich betrat die Dusche und kühlte mich mit eiskaltem Wasser herunter. Doch mich holte der eigene Blick auf meinen nackten Körper wieder ein. Ich hasste in diesem Moment meinen Körper so sehr.

Du bist hässlich, fett, ekelhaft und funktionierst nicht! Diese Gedanken feuerten mich an, sodass ich wieder wütender wurde und ich schließlich nicht mehr der Wand wehtat, sondern nur noch meinem Körper. Ich schlug auf ihn ein. So bemerkte ich wenigstens, dass mein Körper etwas spürte. Ich richtete die Wut gegen mich. Gegen meinen Körper. Ich empfand eine solche Aggression gegen meinen Körper und suchte jemanden, dem ich die Schuld dafür geben konnte. Nur leider war niemand dafür da, dem ich die Schuld geben konnte. Also projizierte ich allen Hass auf meinen Körper. Ich stand unter der Dusche und wusste nicht mehr, ob das Wasser nun warm oder kalt war. Ich spürte kaum noch etwas. Die Spirale führte weiter und weiter nach unten. Ich wurde immer wütender. Die Wut beherrschte mich. Mir war egal, ob ich meinen Körper nun mit heißem Wasser verbrannte. Es war mir egal. Das Wasser lief weiter und weiter. Sekunde für Sekunde.

Langsam ließ der Druck in mir nach, die Wut folgte diesem nachlassenden Druck mit nur kurzer zeitlicher Verzögerung. Ich hatte all die Kraft, die mir zur Verfügung stand, nun selbstzerstörerisch zum Ausdruck gebracht. Die Anspannung fiel von Minute zu Minute, bis mir mein Bewusstsein mitteilte, was ich gerade getan hatte.

Ich hatte mich selbst verletzt.

Dieser Augenblick schockierte mich so sehr, dass ich mich nicht nur schuldig fühlte, sondern auch sehr, sehr hilflos. Ich war Täter und Opfer zugleich.

Ich stieg aus der Dusche, wickelte das große Badetuch um meinen Körper, setzte mich auf den gegenüberliegenden Badewannenrand und legte meinen Kopf in die Hände. Mein Atem war flach und unregelmäßig. Ich nahm wahr, wie sich Traurigkeit in mir ausbreitete. Ich verspürte den Drang zu weinen, unterdrückte aber jede Träne. Ich darf jetzt nicht weinen, sondern muss stark sein, auch wenn ich

Angst habe, redete ich mir gedanklich ein. Ich hatte Angst, dass es immer schlimmer wird, Angst, dass es nie wieder weggehen wird und Angst, nie wieder richtig laufen zu können, nie wieder richtig leben zu können. Trotzdem darf ich jetzt nicht schwach werden, wiederholte ich innerlich. Ich schaffte es wieder nicht, meine inneren Tränen in die Freiheit zu schicken. Ich ließ sie unter Verschluss, ich verbot meiner Traurigkeit ihr Dasein.

Nachdem ich verzweifelt, aber ohne Träne, das Badezimmer verließ, rief ich in der Praxis meines Neurologen an und schilderte meine körperliche Veränderung. Die medizinische Fachangestellte, die mich mittlerweile gut kannte, sagte mir, dass ich mich sofort auf den Weg machen sollte. Also nahm ich den nächsten Bus in Richtung Praxis.

In der Praxis angekommen, berichtete ich mit aller Offenheit meinem Neurologen, dass meine Sensibilitätsstörung immer heftiger werden würden, dass diese mittlerweile sogar richtig weh tat und dass sich die Taubheit seit heute Morgen nun auch auf meinen oberen Rumpf ausbreitete.

Er schaute mich mit Mitgefühl an und entschloss sich ziemlich schnell dazu, eine erneute und zwar erhöhte Cortison-Dosis zu verordnen.

„Was? Die doppelte Dosis? Mich macht die Hälfte der Gabe doch schon fertig!", entgegnete ich. „Und warum eigentlich half die erste Cortison-Gabe nicht, sondern verschlimmerte alles?"

Dr. Schulz atmete tief durch, bevor er mir antwortete.

„Es ist - um ehrlich zu sein - nicht ungewöhnlich, dass auch Ihr Rücken betroffen ist, Frau Walter. Sie haben vier große Läsionen in der Brustwirbelsäule. Wir müssen jetzt gut darauf achten, dass die Läsionen nicht weiterwachsen. Es hat den Anschein, dass die dreitägige Cortison-Gabe à 1000 mg zu schwach für ihr Krankheitsbild war, um erfolgreich die Entzündung aufzuhalten. Deswegen würde ich die doppelte Dosis verabreichen wollen. Dann jedoch auch wieder für fünf Tage."

Ich verstand zwar, was Dr. Schulz mir sagte, wollte es aber nicht verstehen. Ich wollte es einfach nicht wahrhaben.

„Aber sonst haben doch auch immer 1000 mg ausgereicht. Als mein Sehnerv so entzündet war, dass meine Augen ganz schlecht sehen konnten, ging das relativ schnell mit Cortison zurück. Als mein Daumen taub war, ging es auch schnell zurück und als mein rechtes Bein nicht ganz stabil war und zitterte, halfen die 1000 mg doch auch. Warum also jetzt nicht? Bislang hat sich fast alles vollständig zurückgebildet. Können wir nicht noch etwas abwarten?"

Dr. Schulz nickte verständnisvoll.

„Ich verstehe Ihre Gedankengänge, aber kann Ihnen auf die Frage, warum die Therapie dieses Mal nicht wirkt keine medizinisch eindeutige korrekte Antwort geben.

Sie haben viele Entzündungen im Kopf, die für eine Störung in ihrem Nervensystem sorgen. Diese sogenannten Läsionen sind im Kopf, in der Halswirbelsäule und mittlerweile auch in der Brustwirbelsäule. Wir sollten schnell handeln. Sie spielen mit ihrem Leben, wenn Sie jetzt nichts unternehmen. Sie möchten doch kein Leben im Rollstuhl riskieren, oder?"

Dr. Schulz versuchte mir die doppelte Cortison-Gabe schmackhaft zu machen. Ich stimmte notgedrungen zu. Was sollte ich auch sonst anderes machen?

Immerhin erklärte er mir im Verlauf des Gespräches noch, dass er einer der wenigen Ärzte sei, die 2000 mg Cortison intravenös in einer Arztpraxis verabreichen würde. Somit müsste ich nicht ins Krankenhaus. Dr. Schulz wusste, dass ich mich lieber ambulant behandeln ließ als stationär in Krankenhäusern. Dennoch gab er mir wieder das

Angebot, mich mit 2000 mg Cortison im Krankenhaus behandeln zu lassen. Er kannte meine Nebenwirkungen bei 1000 mg. Bei der doppelten Dosis würden die Nebenwirkungen definitiv nicht weniger werden, äußerte Dr. Schulz noch einmal.

Ich wusste zwar, wie Cortison bei mir wirkte, aber ich wollte nicht ins Krankenhaus. Als ich nur daran dachte, mit anderen Patienten in einem Krankenhauszimmer zu liegen, bekam ich auf der Stelle Beklemmungen. Ich erinnerte mich an vergangene Krankenhausaufenthalte: Meine Mitbewohner auf Zeit meckerten über alles und hatten tags zu viel Besuch. Nachts schnarchten sie, um mich wieder tags mit belanglosen Dingen vollzulabern. Nein! Nicht freiwillig und aufrecht ins Krankenhaus! Also wählte ich die Möglichkeit einer ambulanten Versorgung, ahnungslos, wie die ambulante Therapie verlaufen würde.

Zum Glück konnte ich mir auch keine großen Gedanken um die Nebenwirkungen machen, denn schon wenige Minuten später wurde ich in der Praxis an den Tropf angeschlossen.

Ich lag da, wartete 90 Minuten und schaute den Tropfen, die aus der Infusion in meinen Körper liefen, zu und überlegte, wie ich dies alles nun wieder meiner Mutter erklären könnte. Über die zunehmende Ausbreitung der Symptome wusste sie schließlich bis jetzt noch nicht Bescheid.

Ich informierte die üblichen Personen. Meinen Arbeitgeber, meine Mutter und meine Freundin Hannah. Meiner Mutter gegenüber verharmloste ich das Ganze natürlich wieder. Ich schrieb ihr über WhatsApp nur, dass Dr. Schulz sicherheitshalber nun die Dosis erhöhen würde. Von meiner körperlichen Veränderung sagte ich ihr nichts. Da hat die Multiple Sklerose ja einmal etwas Gutes: unsichtbare Symptome. Man sieht sie nicht.

Meine Mutter antwortete mir nur mit „Ach Scheiße, aber das schaffst du auch wieder."

Die Multiple Sklerose kann sich auf verschiedene Art und Weise äußern, sie kann verschiedene Verläufe annehmen und niemand weiß, was sie als Nächstes vorhat. MS ist eine chronische Erkrankung des zentralen Nervensystems. Der körperliche Vorgang ist dabei jedoch immer ähnlich: Der Körper bekämpft sich selber. Die Immunzellen greifen die Nervenbahnen im Körper an, was zu Entzündungsprozessen im Körper führt. Diese Entzündungsprozesse können sowohl im Rückenmark als auch im Gehirn lokalisiert sein.

In den ersten Jahren nach meiner Diagnose hatte ich nur im Kopf Entzündungen, aber drei Jahre später hatte ich sie bereits in meiner Halswirbelsäule und nun auch in der Brustwirbelsäule.

Die so genannten neurologischen Ausfälle richten sich nach dem Ort der Entzündung. Diese können von Doppelbildern über Sensibilitätsstörungen bis Lähmungserscheinungen, aber auch hin zu kognitiven Störungen und starker Erschöpfung führen. Das Spektrum ist vielseitig. Von einem Schub spricht man, sobald eine Entzündung aktiv ist und zu neurologischen Ausfällen führt. Die meisten Symptome sind dabei nicht sichtbar wie z.B. Kribbeln und Taubheit.

Es gibt verschiedene Verläufe bei der Multiplen Sklerose:

- ❖ achtung Fachwörter!
- ❖ den schubförmig remittierenden Verlauf (RRMS), den ich anfangs hatte,
- ❖ den sekundär chronisch progredienten Verlauf (SPMS), der sich mittlerweile entwickelt
- ❖ und den primär chronisch progredienten Verlauf (PPMS).

Beim ersten Verlauf (RRMS) treten die Schübe nach und nach auf und bilden sich meistens teilweise oder ganz zurück. Es gibt immer wieder Phasen, in denen keine Schübe stattfinden.

Beim sekundär progredienten Verlauf wird die Anzahl der Schübe zwar weniger, aber der Verlauf geht in einen chronischen Verlauf über. Dabei kommt es auch zu einer fortlaufenden Zunahme der Symptome. Auch bei dieser Form kann es Phasen des Stillstandes geben.

Bei dem primär progredienten Verlauf verschlechtert sich die Krankheit schon von Beginn an. Es gibt also keinen abgrenzbaren schubförmigen Verlauf, diese Form der Multiplen Sklerose wird direkt chronisch. Aber auch hier kann die Krankheit zwischendurch zum Stillstand kommen.

Multiple Sklerose zu haben, bedeutet nicht zwingend, ein Leben im Rollstuhl führen zu müssen! Das wäre der gravierendste Verlauf. Jeder Verlauf ist anders Die Verlaufsformen können sich im Laufe der Krankheit auch verändern. Einige Betroffene haben nur einen einmaligen Schub, andere wiederum haben viele Schübe direkt hintereinander. Bei manchen bilden sich die Schübe zurück und bei anderen nicht. Manche Schübe verlaufen sehr schnell und haben eine größere Auswirkung, andere hingegen verlaufen sehr mild und äußern sich kaum oder gar nicht. Aber das ist Multiple Sklerose. Multiple Sklerose - die Krankheit der Tausend Gesichter. Sie liebt es spannend.

So begannen die Tage mit täglicher Cortison-Gabe und sozialem Rückzug. Aus dem Traum von einer eigenen neuen Wohnung, einem Studienplatz und einer neuen Perspektive. Und aus dem Traum von Gesundheit. Ich dachte auf einmal wieder ständig daran, dass ich einfach nur wegwollte. Einfach weg, weit weg von allem. Die wunderbare Erkenntnis am See, dass ich bislang wegwollte, weil ich weg von meiner Krankheit wollte, gab es nicht mehr. Jedenfalls verlor sie an Gültigkeit. Ich hielt es wieder für sinnvoll, meine Sachen zu packen, um irgendwo neu anzufangen.

Bevor Anfang dieses Jahres meine Schübe begannen, hatte ich schon bereits davon geträumt, an einem neuen Ort neu anzufangen. Nachdem ich mein Abi erfolgreich auf dem Zweiten Bildungsweg geschafft hatte und Lia weggezogen war, stand für mich fest, dass auch ich wegziehen werde. Ich fühlte mich, seitdem Lia weg war, verlassen, einsam und irgendwie weniger wertvoll. Wieder hatte mich ein Mensch, der mir so viel bedeutet, verlassen. Lia und ich hatten eine einzigartige Freundschaft. Sie bestand daraus, dass wir nie voreinander geweint haben, aber immer wussten, wenn der andere traurig war. Wir hatten uns. Egal was jemals passierte. Lia wusste über alles Bescheid und ich wusste alles über Lia. Ohne dass einer von uns gesprochen hat, wussten wir, was der andere denkt. Wir waren immer füreinander da, ohne dass wir darüber sprechen mussten, was uns bedrückte. Wir hatten immer zur selben Zeit auf dasselbe Gericht Appetit, aßen gut und gerne und schauten uns zehn Mal die erste Staffel Grey's Anatomy an. Manchmal fuhren wir einfach so stundenlang Zug, ohne dabei miteinander zu sprechen. Wir waren eins. Wie eine Symbiose. Plötzlich war sie weg und ich alleine. Lia hätte meinen Schmerz mit ausgehalten, wenn sie nicht selber ein Teil des Grundes dafür wäre. Sie war die Einzige, die immer wusste, wie es mir ging. Aber nun war sie weg. Ab da behielt ich meine Gefühle nur noch für mich, teilte meine Gedanken mit niemandem mehr, ich fuhr kein Zug mehr, schaute kein Grey's Anatomy mehr und aß nicht mehr so, dass ich Spaß und Genuss dabei empfand.

Nachdem ich letztes Jahr mein Abi absolvierte, nahm ich wieder meinen Beruf als Krankenschwester auf. Mein Plan zu studieren stand. Um die Wartezeit zur Immatrikulation zu überbrücken, ging ich übergangsweise zurück in meinen alten Beruf. Meistens machte ich Nachtdienste, hatte also tagsüber viel Zeit, wenn ich nicht schlief. Da ich mein Abi beendet hatte, nicht mehr lernen musste und Lia auch nicht mehr da war, hatte ich deutlich mehr Zeit. Das bedeutete, dass meine Freizeit aus wenigen Treffen mit anderen Freunden bestand. In der Konsequenz hatte ich viel Zeit mit mir selber zu verbringen, was nicht unbedingt einfach für mich war. Mir war oft langweilig. Die Langeweile in Kombination mit der Einsamkeit führte dazu, dass ich beschloss, meinen Körper verändern zu wollen. Und zwar meine Figur. Ich fing ich an, Sport zu treiben und auf die ein oder andere Pizza oder Süßigkeit zu verzichten, die Lia und ich sonst so gerne gemeinsam aßen. Schon nach wenigen Wochen verlor ich an Körpergewicht, was mein Selbstwertgefühl wieder etwas nach oben pushte. Außerdem hatte ich eine Beschäftigung. Denn durch die Langeweile, die ich hatte, trat eine Stille ein, die ich kaum aushalten konnte. Ich füllte die Stille damit, Sport zu machen, meinen Tagesablauf zu planen und mich um eine gesunde Ernährung zu kümmern. Es fühlte sich gut an, denn ich konnte mich beschäftigen und war nicht mehr ganz so traurig. Zudem etablierte ich mir nach und nach eine Struktur, in der mir kaum langweilig wurde, die funktionierte, die Ergebnisse lieferte und die mir ein Gefühl von Sicherheit und Kontrolle gab.

Mit dieser Struktur lebte ich, bis ich dann die Symptome der MS, also die Taubheit an meiner Flanke und das Kribbeln in den Beinen bekam und die Cortison-Therapie starten musste.

Während ich nun die zweite Cortison-Therapie erhielt, wohnte ich weiterhin bei meiner Mutter, bei meinem Bruder Marvin und meinem Stiefvater Thomas. Ich wusste nicht, wie die Therapie in doppelter Dosis wirken würde, aber sicher nicht weniger schlimm als die einfache Portion Cortison. Da meine Mutter mir anbot, weiterhin bei ihnen zu bleiben, bis sich mein Zustand beruhigte, nahm ich ihren Vorschlag an. Ich konnte weder einen eigenen Haushalt führen noch einkaufen gehen. Außerdem hatte ich nachts immer Angst, mir würde auf körperlicher Ebene etwas passieren, aber das sagte ich meiner Mutter nicht. Es war nachts einfach schön zu wissen, dass jemand da war, den ich rufen konnte, wenn es mich drängte.

Sicher war ich mir mit Folgendem: Sobald der ganze Mist vorbei ist, hau ich ab und fange ein neues Leben an!

Am späten Nachmittag nach der zweiten Cortison-Gabe saß ich in meinem Zimmer und das Cortison drückte wieder auf meine Stimmung. Ich bemerkte, wie einsam ich doch war. Ich dachte darüber nach, wo meine positive Sicht auf das Leben geblieben war. Wo war Spaß an meinem Leben?

Während ich mir all diese Fragen stellte und meine Gedanken wieder auf Lia umschwenkten, bemerkte ich nicht, dass meine Traurigkeit wieder in Wut umschlug.

Wo verdammt ist Lia? Mit ihr konnte ich immer über meine Themen sprechen. Ich vermisse sie. Ich vermisse meine beste Freundin. Meine Seelenverwandte. Die, die mich immer verstanden hat. Warum ist sie weg? Weg von mir? Warum fragt sie nicht nach mir?

Das alles verärgerte mich jetzt. Ich war so sauer, dass sie sich nicht meldete.

Sie verzieht sich und führt ihr tolles perfektes Leben. Sie interessiert sich nicht. Nicht für das, was in ihrer Heimat abgeht und erst recht nicht für mich! Ach, niemand interessiert sich für mich. Nur meine Mutter und meine Oma. Aber wahrscheinlich nur, weil sie es müssen, beurteilte ich.

Indes mir diese wutgeladenen Gedanken durch den Kopf gingen, hörte ich, wie jemand die Haustür aufschloss. Marvin kam unerwartet früher nach Hause.

„Moin", rief er von unten.

Ich strengte mich an, schob meine Wut beiseite, zückte meine Lieblingsmaske, die darstellt, dass alles gut ist und ging die Treppe hinunter. Ich setzte mich zu Marvin in die Küche. Irgendwie freute es mich, dass Marvin nach Hause kam. So fühlte ich mich nicht ganz so einsam.

Vor meinem Auszug und meinem Schritt in die Selbstständigkeit, war ich froh, endlich alleine zu sein. Aber dieses Mal freute ich mich. Ich freute mich, dass ich nicht alleine sein musste. Er rettete mich quasi aus meinem Gedankenkarussell.

Pfeifend machte er es sich in der Küche bequem. Er zückte sein Handy, schmunzelte über das, was er wieder im Netz entdeckte, startete den Backofen und wartete, bis der Backofen seine geliebte Lasagne durchgeheizt hatte.

Während der Backzeit saßen wir gemeinsam allein am Tisch und hantierten mit unseren Smartphones.

Er hob seinen Kopf und schaute mich grinsend an.

„Na, wie ist die Lage?" Wie ein Kind, das sich auf eine Überraschung freut, schaukelte er sitzend auf dem Stuhl seine Beine in der Luft. Vor und zurück.

„Joa, ganz gut", antworte ich.

Ganz gut?, überdachte ich. Natürlich geht es mir nicht gut! Ich komme gerade von der zweiten 2000 mg Cortison-Gabe. Aber was sonst sollte ich meinem jüngeren Bruder sagen? Mein jüngerer Bruder? Derzeit ist er eher wie mein älterer Bruder. Aber die Tatsache, dass er de facto jünger ist und ich für ihn die große starke Schwester sein will, hält mich davon ab, ihm meine verletzliche Seite zu zeigen.

Gleichwohl erkannte ich an diesem Tag am Küchentisch, dass er von uns Beiden der Größere, der Reifere, der Standsichere und Gesundere ist.

Ich beobachtete ihn weiter, während er sich am Handy über diverse Instagram Stories amüsierte und seine Lasagne aß. Dabei fühlte ich mich klein und nichtsnutzig und ertappte mich, wie ich ihn um seine Reife beneidete. Er hat seinen Job, nette Arbeitskollegen, ein festes Einkommen, einen geregelten Alltag, einen stabilen Freundeskreis, abwechslungsreiche Hobbys, eine Freundin und scheint völlig im Leben angekommen zu sein.

Er hat sein Leben voll im Griff, das wurde mir klar.

Ich verlor mich wieder in meinen Gedanken.

Was habe ich schon im Griff? Nichts. Was hat mich im Griff? Sie. Die Multiple Sklerose. Ich wohne wieder zu Hause, bin seit Wochen krankgeschrieben, unzufrieden in meinem Job, möchte mich weiterentwickeln und studieren, aber ich kann nicht! Ich habe keine Lust und Kraft an Freizeitaktivitäten, spalte mich von meinem Umfeld ab und weiß einfach nicht, wohin ich will. Wohin ich gehöre!

Wie ein kleines hilfloses Kind fühlte ich mich und bemerkte, wie sich durch diese Gedankengänge wieder die Wut bemerkbar machte.

Heute weiß ich, dass es meine Lebensumstände waren, die mich in diesem Moment nicht wie eine Erwachsene fühlen ließen, mich aber im Nachhinein dafür umso reifer gemacht haben. Ich hatte zwar das Gefühl, dass ich nichts auf die Reihe kriegen würde, aber es waren meine Gedanken, die dieses Gefühl erst produzierten. Mein Verstand bastelte sich Gedanken zusammen, die zu meiner inneren Überzeugung wurden.

Während das Radio im Hintergrund lief und mein Bruder weiter mit den sozialen Medien beschäftigt war, tat ich so, als sei ich auch beschäftigt. Ich spielte mit meinem

Handy und tat so, als hätte ich total viel zu regeln. Aber warum eigentlich? Als ob es ihm besser gehen würde, wenn er denkt, ich hätte genau wie er etwas zu tun.

Marvin stellte das Geschirr in die Spülmaschine und schob den Stuhl an den Tisch.

„So, bin wieder weg, ich fahre zu Leonie und danach zum Sport."

„Alles klar, viel Spaß. Und bestell liebe Grüße!"

Entschlossen schnappte er sich seine Jacke und verließ das Haus.

Leonie war seine Freundin, ich mochte sie. Auf mich wirkte ihre Beziehung gelassen und voller Leichtigkeit. Gelassen und voller Leichtigkeit. So war auch Marvin. So wäre ich in dieser Zeit auch gern gewesen.

Er war fort. Das Ende seines Satzes aktivierte meinen Verstand.

Hm. Zum Sport. Noch mehr Neid stieg in mir hoch. Ich hatte schließlich kurz vor der ersten Cortison-Therapie angefangen zweimal die Woche Sport zu treiben und auf meine Ernährung geachtet. Durch die anfängliche Gewichtsabnahme hatte ich mich besser gefühlt. Doch dann ließen die Cortison-Gaben meinen Appetit ansteigen (typische Nebenwirkung) und meinen Körper zudem Wasser einlagern. Grausam! Gewichtszunahme!! Ich fühlte mich unwohl und aufgedunsen. Schon bei der ersten Cortison-Gabe von 1000 mg über drei Tage nahm ich schon – wenn auch nur wenig – zu, obwohl ich streng darauf achtete, was ich aß. Aber dieser dämliche erneute Schub und diese beschissene zweite erhöhte Cortison-Therapie sorgte mit seinen üblichen Nebenwirkungen wieder dafür, dass ich nicht nur noch mehr Hunger hatte, sondern mich auch noch weniger bewegen konnte als es mir mit dieser Krankheit ohnehin schon möglich war. Ein verdammter Teufelskreis! Ich wollte mich bewegen! Aber das ging nicht! Ich hatte

Hunger. Musste essen. Ich wollte Sport treiben. Aber das erlaubte mein Körper gerade nicht. Ich verzweifelte. Mich erschlug die Erkenntnis, dass all die viele Arbeit, die ich in mich investiert hatte, das Joggen, die workouts, der Verzicht auf meine Lieblingssüßigkeiten, das Fasten und das Durchforsten des Internets nach Low Carb Rezepten nur einen Effekt hatte, denn es war umsonst gewesen!!! Verdammt! Vor der aller ersten Cortison-Gabe war ich auf einem so guten Weg!

Bei diesen Gedanken blieb ich hängen, die Gewichtszunahme machte mich rasend und ich kam recht schnell zu einem Entschluss: Ich will wieder abnehmen.

Da ich mich vor der Krankheitsaktivität schon etwas mit Low Carb Rezepten beschäftigt hatte, hatte ich einige davon im Hinterkopf. Zudem hatte ich Zeit genug, um herauszufinden, welche Rezepte die wenigsten Kalorien hatten. Eine neue Aufgabe wartete auf mich!

Obwohl mein Stiefvater mir anbot, mich täglich zur Therapie in die Praxis zu fahren, nahm ich den Bus. Mit meinem derzeitigen Zustand konnte ich noch nicht wieder selber Auto fahren, aber ich konnte vor meiner Haustür in den Bus einsteigen, der mich zur Haltestelle direkt vor der Praxis brachte. Also fuhr ich die nächsten drei Tage jeden Morgen mit dem Bus zur Praxis und ließ das Cortison durch meinen Körper laufen.

Im Bus hatte ich genügend Zeit mir Gedanken über kalorienarme Rezepte zu machen. Ich achtete bei den Rezepten streng darauf, welche Lebensmittel enthalten waren und wie viele Kalorien jedes Gericht hatte. Ich ging im Kopf akribisch durch, wie lange mich das entsprechende Gericht satt halten würde. Da ich durch die Nebenwirkungen des Cortisons ständig Hunger hatte, aber wenig essen wollte, musste ich also nur herausfinden, welche Lebensmittel wenige Kalorien hatten und mich lange sättigen konnten.

Denn so konnte ich - ohne schlechtes Gewissen - auch mehr davon essen, ohne dabei zuzunehmen.

Ich erstellte mir perfekte Essenspläne. Dementsprechend hatte ich meine Kalorienzufuhr unter Kontrolle. Denn da ich aufgrund meines derzeitigen physischen Zustandes nichts auf sportliche Art und Weise verbrennen konnte, aß ich eben nur die Hälfte meines Kalorienbedarfs.

Meine nächsten drei Tage bestanden aus: Kalorienrechnen, Kochen, Essen, Cortison und Grübeln über mich und meine Zukunft.

Die Nebenwirkungen waren im Grunde der ersten Cortison-Gabe ähnlich, allerdings fielen sie um ein Vielfaches intensiver aus.

Ich fühlte mich wieder abgeschnitten vom Rest der Welt, fast so, als würde ich betrunken sein. Physisch war ich zwar anwesend, aber mental war ich vom Rest der Welt getrennt. Durch die Nebenwirkungen konnte ich noch schlechter laufen als vor der Gabe und auch das Sehen fiel mir wieder sehr schwer. Alles war verschwommen. Ich war wieder in dieser Blase gefangen, aus der ich die Außenwelt nur sehr dumpf wahrnehmen konnte. Meine Stimmung war eine Mischung aus Wut und Trauer, die ich geheim hielt. Ich traf mich mit niemandem. Ich wollte niemanden sehen. Mir reichten schon die Begegnungen mit den Menschen, die mit mir im Bus oder im Wartezimmer meines Neurologen saßen.

Die ersten vier Tage meiner Cortison-Therapie waren geschafft, aber die Symptome der Multiplen Sklerose verschwanden immer noch nicht. Ganz im Gegenteil, denn sie wurden immer stärker. Weiterhin spürte ich schmerzhaftes Kribbeln, Taubheit und Gangunsicherheit. Da meine Krankheitsaktivität scheinbar Lust auf noch mehr hatte, bekam ich dazu noch eine neue Art des Kribbelns.

Dieses neue Symptom trat ganz plötzlich immer dann auf, wenn ich meinen Kopf nach unten Richtung Brust neige. Binnen einer Sekunde durchzog mich ein schmerzhafter elektrisierender Schlag von meiner Halswirbelsäule bis in meine Zehen hinunter. Fachsprachlich nennt man es: Lhermitte-Zeichen. Warum genau das Kribbeln in den Beinen, Händen oder im ganzen Körper beim Neigen des Kopfes auftritt, ist medizinisch mal wieder nicht zu erklären. Manche Mediziner vermuten, dass dies eine Warnung für einen neuen Schub sein könnte. Doch das stimmte nicht mit meinem Verlauf überein. Eine Warnung für einen neuen Schub konnte es bei mir nicht sein, schließlich steckte ich seit Monaten in immer neu auftretenden und ineinanderfließenden Schüben. Andere Mediziner vermuten, dass das Lhermitte-Zeichen ein Begleitsymptom bei MS sein könnte. Diese Variante passte etwas besser zu mir, wobei aber auch das seltsam war, da ich das Lhermitte-Zeichen während der Behandlung mit Cortison bekam. Denn während einer Cortison-Therapie ist das Auftreten neuer Symptome eher unwahrscheinlich.

Doch auch dagegen konnte ich nichts tun als weiter darauf zu hoffen, dass die Cortison-Therapie endlich ihre erhoffte Wirkung zeigt.

Am fünften Tag war ich randvoll mit dem Teufelszeug Cortison. Obwohl ich weiterhin noch von den Nebenwirkungen und den Symptomen der MS geplagt war, war ich froh, dass die Therapie vorerst beendet war. Nicht erfolgreich, aber beendet.

Im Gegenteil zu Lia, die weiterhin nichts von sich hören ließ, schrieb Hannah mir immer wieder über WhatsApp.

„Geht's dir besser? Willst du mit in die Stadt zu dm?"

„Hey, sorry, muss mich noch um ein paar Sachen kümmern, wird ein bisschen knapp, aber Ende der Woche können wir ja wieder was machen", log ich zurück.

Ich hatte Hannah oft die Wahrheit über meinen gesundheitlichen Zustand verschwiegen. Es war mir unangenehm, seit Wochen weder körperlich noch mental mithalten zu können. Es war mir nicht möglich, wenn auch nur für eine Stunde, mit ihr in die Stadt zu fahren. Ich war froh, wenn ich gerade mal zehn Minuten auf den Beinen stehen konnte, ohne mir einen Sitzplatz suchen zu müssen. Das war die körperliche Seite. Die emotionale Seite war meine Depression. Ich wollte einfach nicht unter Menschen. Ich wollte einfach nur alleine sein. Die einzige Person, die bei mir sein durfte, war ich selbst.

Hannah ließ aber nicht locker und schrieb mich immer und immer wieder an. Ich verschob jedes Treffen auf einige Tage später, doch sagte dann auch das Treffen wieder ab.

Nachdem sie mich zum fünften Mal gefragt hatte, ob es mir besser gehen würde, nahm ich meinen Mut zusammen und antwortete ihr annähernd ehrlich.

„Mir geht's schon ok soweit, es wird ja gerade nicht schlimmer, nervt halt nur alles. Bin froh, wenn das Cortison aus meinem Körper raus ist. Ich melde mich, wenn ich wieder fit genug bin."

Hannah akzeptierte diese Nachricht und stellte keine Nachfragen. Ich musste mich also nicht weiter erklären.

Es fühlte sich einerseits gut an, dass sie endlich wusste, dass ich noch nicht wieder fit genug für ein Treffen war, aber andererseits fühlte ich mich noch schwächer als vorher. Ich hatte das Gefühl, mich mit dem Eingeständnis über meinen wahren Zustand schwächer gemacht zu haben als ich sowieso schon war. Ich hatte mich offenbart und das war eine Seltenheit bei mir. Sie war die einzige Person neben meinem Neurologen, die nun ansatzweise wusste, dass es mir körperlich nicht gut ging.

Meiner Mutter musste ich gar nichts sagen, sie sah mir meine körperliche Verfassung täglich an und stellte zum

Glück keine Fragen. Nachfragen waren nicht nötig. Mein Anblick genügte. Ich war müde, träge und unkonzentriert. Mein Bewegungsablauf und meine körperliche Reaktion glichen der einer Schildkröte. Das einzige, was meine Mutter beim Anblick meiner Erschöpfung äußerte, war:

„Ach Spatz, das wird schon wieder. Du siehst heute schon ein bisschen besser aus als gestern."

Ich versicherte ihr, dass sie richtig lag. Das war allerdings gelogen.

Bis das Cortison mit seinen Nebenwirkungen komplett aus dem Körper verschwindet, dauert es bei den meisten Patienten sehr lange. Dabei kommt es auf den körperlichen Allgemeinzustand der Patienten sowie auf die Dosis und Dauer der Cortison-Gaben an. Bei mir dauerte es immer ungefähr sechs Wochen. In diesen Wochen zog ich mich weiterhin zurück und beschäftigte mich mit Rezepten, die ich mit gutem Gewissen zubereiten und essen durfte. Dazu zählte eine strenge Low Carb Diät.

Das waren meine ersten selbst auferlegten Regeln, die sich um das Thema Essen drehten. Aus meiner heutigen Sicht waren dies die nächsten Schläge gegen mich selbst. Gegen meinen Körper. Schließlich hätte ich bzw. hätte mein Körper gerade in dieser erschöpfenden Therapiephase ausreichend Energie, nämlich Nahrung, gebraucht.

Neben Rezepten las ich noch den ein oder anderen Roman. Meistens ging es darum, wie Menschen, die schwere Schicksale erlitten, wieder in ihre Kraft kamen und zurück in ein Leben voller Freude fanden. Ich mochte diese berührenden Geschichten. Sie machten mir Mut, inspirierten mich und gaben mir das Gefühl, weniger alleine zu sein.

Zugleich machte ich jeden Tag kleine Spazierversuche vor der Haustür. Jeden Tag konnte ich ein paar Schritte mehr gehen. Die frische Luft tat mit gut. Vielmehr aber der Gedanke, dabei Kalorien zu verbrennen.

***

Nach den bekannten sechs Wochen, bemerkte ich endlich, wie das Cortison mehr und mehr aus meinem Körper verschwand. Es ging mir langsam, aber sicher ein bisschen besser. Nicht nur mein Körper wurde wieder beweglicher, auch mein Kopf wurde wieder klarer. Ich konnte die Welt um mich herum wieder besser wahrnehmen, verstehen und realisieren. Ich sah die Außenwelt deutlicher und klarer. Ich wurde langsam wieder wach. Ich verließ meine Blase, die mich von der Außenwelt fernhielt. Ich konnte wieder aufatmen.

Von Tag zu Tag kam ich immer mehr in meine geistige Kraft zurück. Doch da ich noch nicht in der Lage war, körperliche Aktivitäten auszuhalten, ohne ständig Pausen einzulegen und ohne einen gequälten Gesichtsausdruck aufzusetzen, wurde mir extrem langweilig. Mein Geist war klar, doch mein Körper war im Verhältnis dazu noch schwach. Die Schübe der MS waren weiterhin da. Meine Beine kribbelten und mein Rücken war taub. Auch das Lhermitte-Zeichen war mein stiller Begleiter geworden. Die Cortison-Therapie hatte nichts verändert. Doch immerhin verabschiedeten sich endlich die Nebenwirkungen des Cortisons!

Geistig war ich also ziemlich aktiv. Ich nahm die Energie in meinem Körper wahr. Doch durch körperliche Bewegung konnte ich sie nicht frei setzen, weshalb ich innerlich sehr unruhig wurde. Ich war richtig hibbelig und angespannt, weil diese neugewonnen Energie nicht in Bewegung kam.

Also fing ich an, die Energie über meinen Verstand fließen zu lassen und begann, meinen Alltag zu planen. Die

Langeweile und die gleichzeitig bestehende Unruhe äußerten sich dann in kognitiven Beschäftigungen wie Schreiben. Und zwar Schreiben von Plänen. Unzähligen Tagesplänen. Ich plante sehr detailliert. Es blieb jetzt nicht mehr bei meinen Ernährungsplänen, sondern ging über in Tagespläne. Ich plante, was man nur planen konnte. Alles, was man im Alltag so machen konnte, wenn man krank war. Alles, was ich plante, wurde zu einer festen Aufgabe. Ich begann sogar das Putzen zu planen.

Zum einen wollte ich meiner Mutter damit eine Freude machen und ihr Beweisen, dass ich nicht nur eine Last war, die wieder Zuhause wohnte, sondern auch eine helfende Last sein konnte, die im Haushalt behilflich war und zum anderen, um Kalorien zu verbrennen! Beim Putzen kann ich schließlich ordentlich ins Schwitzen geraten, was zum erhöhten Kalorienverbrauch führt. Gleichzeitig freut sich Mama über ein sauberes Haus. Eine klare „Win-Win-Situation", erkannte ich.

Zwar konnte ich nicht lange auf den Beinen stehen, aber die Fenster konnte ich ja auch putzen, indem ich mir einen Stuhl zum Sitzen dazu holte.

Da ich bemerkte, wie gut meine Pläne aufgingen und ich richtig Spaß daran bekam, Dinge, die in meiner Macht standen, zu organisieren und zu planen, plante ich mehr und mehr. Meine Tage verliefen reibungslos, da alles, was ich mir vornahm, funktionierte. Mein Tagesplan füllte sich mit immer weiteren Aufgaben. Mein Ziel war die Vertreibung meiner eigenen Langeweile durch einen straffen Tagesplan. Ich musste immer etwas zu tun haben. Mir fiel es schwer, Stille zu ertragen. Sobald Langweile aufkam, trat Ruhe ein, die mich unruhig machte.

Es war wie vor ein paar Monaten als Lia weggezogen war, da hielt ich die Ruhe auch nicht aus. Da plante ich auch schon Dinge, um keine Langeweile haben zu müssen und um nicht in den Kontakt mit der Stille kommen zu müssen.

Da jeder Plan im Minutentakt perfekt erledigt wurde, trat aufgrund meines ambitionierten timings jedoch immer wieder die Stille auf. Also suchte ich mir neue Aufgaben und plante auch Dinge, die nicht zu planen nötig waren. Ich plante, wie lange ich morgens im Bad brauchen durfte, ich plante, welche Frisuren ich ausprobieren könnte. Ich nahm mir zudem alle drei Tage meinen Kleiderschrank vor. Die Idee, verschiedene Kleidungsstücke miteinander zu kombinieren, bis ich das perfekte Outfit hatte, war im Nachhinein völlige Zeitverschwendung gewesen. Denn die kombinierten Outfits zog ich kein einziges Mal an. Ich wusste zwar, dass es sowieso niemand sehen würde, da ich kaum jemanden traf, aber das Gefühl einer perfekten Kombination aus Kleidungsstücken zu haben, führte in mir zu einem stolzen Gefühl. Es gab mir Sicherheit für den Fall, dass ich mal ein genau solches Outfit benötigen würde. Ich fotografierte jedes Kleidungsstück. Am Ende hatte ich über 50 Fotos auf meinem Smartphone, die ich mir nie wieder anschaute.

Obwohl ich gar keine Lust dazu hatte, plante ich, den Keller auszumisten und Fotos, Videos und Sprachnotizen auf dem Handy oder PC zu sortieren sowie Weiteres, um die Zeit zu vertreiben. Nicht nur das Planen meiner Aufgaben musste perfekt sein, sondern auch die Ausführung. Ich durfte mir nun keine Fehler mehr beim Erfüllen meiner Aufgaben erlauben. Einfach alles musste perfekt sein. Jeder Gedanke, der aufkam und darum ging, was ich tun könnte, musste verplant werden. Alles, was ich dachte, musste ich tun. Wenn nicht sofort, dann geplant.

Perfekt planen und ausführen. Diese neue Verhaltensweise kam schleichend und wurde automatisiert, ohne dass ich es mitbekam. Es machte mir Spaß. Es funktionierte. Ich hatte etwas im Griff. Doch es wurde zum Zwang.

Obwohl ich wie verrückt plante und ausführte, um nicht denken zu müssen, kam ich gedanklich kaum noch zur Ruhe. Je mehr ich tat desto lauter wurde mein Verstand. Die meiste Zeit kreisten meine Gedanken allerdings um meinen Körper und darum, was ich essen durfte.

Der Gedanke, dass ich vor dem Cortison Gewicht abgenommen hatte, vitaler und aktiver war, ließ mich einfach nicht mehr los! Der Entschluss, kurz nach der zweiten Cortison-Gabe wieder abzunehmen, war schon vier Wochen her. Ich reduzierte meinen Kalorienbedarf um die Hälfte und aß nur noch das, was ich für richtig hielt. Wenige Kalorien! Langsam verlor ich in diesen Wochen an Gewicht. Es dauert etwas, weil ich durch die Nebenwirkungen des Cortisons noch sehr viel Wassereinlagerungen in meinem Körper hatte. Doch die Waage zeigte immer wieder ein paar Gramm Körpergewicht weniger an.

Ich nahm ab, doch sah kein Ende. Ich wollte immer weniger auf die Waage bringen. Ich visierte immer wieder neue Ziele. Sobald ein Ziel erreicht war, bestand mein nächstes Ziel aus der Wiederholung des letzten Zieles. Wieder weniger Körpergewicht. Es waren kleine Ziele. Schließlich wollte ich sie auch erreichen, da mussten diese auch realistisch bleiben. Ich setzte mir jedes Mal, sobald ein Ziel erreicht war, ein weiteres Ziel von -200g Körpergewicht innerhalb weniger Tage.

Nicht nur das Planen von alltäglichen Gedanken gab mir das Gefühl, etwas leisten zu können, vor allem das Ergebnis auf der Waage gab mir das Gefühl, etwas schaffen zu können. Wie herrlich es war, dass mein Ernährungsplan Erfolg zeigte und meine mühsam recherchierten Rezepte immer weiter zum Gewichtsverlust führten.

Naja, logisch, wenn man auf die Hälfte des Kalorienbedarfs reduziert.

Ich hatte weiterhin so viel Zeit, dass ich jedes Lebensmittel abwiegen konnte, aufschrieb, aß und zelebrierte. Die Beschäftigung mit kalorienarmen Lebensmitteln machte mir immer mehr Spaß und verlieh mir das Gefühl von Kontrolle und Sicherheit. Da das Essen im Schnitt drei Mal am Tag stattfindet, konnte ich die meiste Zeit des Tages damit verbringen, mich ausreichend um jede Mahlzeit zu kümmern, ohne dabei die Kontrolle zu verlieren.

Dabei waren diese Handlungen der Beginn meiner scheinbaren Kontrolle.

Um weiterhin meinen gewünschten Abnahmeeffekt zu erzielen, fing ich neben der möglichst geringen Kalorienzufuhr mit leichten workouts an. Körperlich wurde ich über die Wochen jeden Tag ein bisschen mobiler. Joggen klappte noch nicht, aber ich war so fit, dass ich mich an Sit-Ups wagte. Das war zwar sehr, sehr anstrengend, doch der Gedanke daran, dass ich dadurch Kalorien verbrennen würde, motivierte mich, über meine körperlichen Grenzen hinauszugehen.

Die Waage lieferte mir immer mehr mein gewünschtes Ergebnis. Die Zahl war immer weniger als in der Woche zuvor. Der regelmäßige Blick auf die gewünschte Kilogrammzahl führte dazu, dass ich mich emotional stärker fühlte. Ich verspürte jedes Mal, wenn die Waage weniger Kilogramm anzeigte, ein Gefühl von Erfolg, ich fühlte mich stärker und wertvoller. Immer wenn ich mir ein Ziel, eine Aufgabe oder eine Herausforderung stellte und diese auch noch perfekt erfüllte, ging es mir blendend.

Die depressive Stimmung war fast verschwunden. Meine Tage waren gefüllt mit Aufgaben und Erfolgen. Ich beschäftigte mich mit nichts anderem mehr. Also plante ich meine Morgenroutine, meine körperlichen Aktivitäten, meine Kleiderwahl, mein Make-Up, meinen Schmuck, meine Telefonate, meine Serien, meine sanften Spaziergänge und meine Mahlzeiten. Ich plante im Minutentakt meinen Minutentakt. Es durfte also NICHTS schief gehen, aber da alles, was ich plante, in meiner Macht stand, ging mein Plan auch meistens auf. Daraus zog ich den Entschluss, dass das, was ich machte, gut sei.

***

Da die Cortison-Therapie nicht anschlug und mich weiterhin die Schübe der Multiplen Sklerose quälten, war ich noch nicht wieder arbeitsfähig. Ich bewegte mich weiterhin sehr langsam, hatte Schmerzen und brauchte immer wieder Pausen, die mir am Arbeitsplatz definitiv nicht möglich gewesen wären. Als Krankenschwester ist es schwierig, sich um körperlich kranke Patienten zu kümmern, wenn Pflegende selber krank sind. Also war ich überdies krankgeschrieben.

Obwohl der eigentliche Sinn der Cortison-Therapie ist, die aktiven Entzündungsherde zu hemmen bzw. zu stoppen, veränderte sich nichts. Das Cortison hatte seine Aufgabe verfehlt. Das schmerzhafte Kribbeln, die Gangunsicherheit und die Taubheit waren unverändert da.

Also beschloss ich, die Symptome zu ignorieren. Bei meinen workouts kribbelte und schmerzte mein Körper zwar, aber es war mir egal. Ich kämpfte gegen ihn. Ich ignorierte die Schreie meines Körpers. Damals beschloss ich, keine Zeit mehr für meinen Körper haben zu wollen, schließlich war er lange genug laut gewesen. Außerdem hatte ich ja jetzt etwas gefunden, was ich gut konnte, mir Spaß machte und sogar funktionierte, da war keine Zeit mehr für meine Krankheit.

Planen und Abnehmen wurde zu einem System, in dem ich mich wohlfühlte. In der Zeit, in der ich plante und mich nur um mein Essen und Gewicht kümmerte, nahm ich deutlich weniger negative Gefühle wahr. Weder Trauer noch Wut ließen sich blicken. Ich war durch das Planen so abgelenkt, beinahe fasziniert, dass ich nichts mehr fühlen musste.

Ich wurde in Bezug auf die Beschwerden meines Körpers derart ignorant, dass ich sogar nicht mehr sauer auf die Multiple Sklerose war. Ich war einfach nur gefühlslos. Ich ignorierte meinen Körper, sein Weh, seine Unfähigkeit. Ich hatte keinerlei Mitgefühl für meinen Körper. Obwohl er mich mein Leben lang schon begleitete und ein Teil von mir war, war ich nicht bereit, eine Beziehung mit meinem Körper zu führen, weil alles, was er tat, nicht liebenswert war. Dennoch war er da. Also ignorierte ich ihn.

Damals dachte ich, es sei gut so wie ich mich verhielt. Ich wollte einfach nichts mehr fühlen und das hatte zunächst funktioniert. Zu diesem Zeitpunkt wusste ich es nicht besser. Mir war damals nicht bewusst, was und warum ich all das tat.

Heute weiß ich, dass ich aus der Not heraus gegen meinen Körper, gegen mich handelte. Ich war hilflos. Das war ein unbewusster Prozess. Mir war nicht klar, dass ich durch das Planen, welches immer mehr zum Zwang wurde, meine negativen Gefühle unterdrückte. Wenn ich abnahm oder einen Plan perfekt umsetzen konnte, entwickelte ich aufgrund der Erfolge kurzfristig positive Gefühle. Doch sobald das Erfolgserlebnis in den Hintergrund rückte, verschwand auch die scheinbare Zufriedenheit. Automatisch stellte ich mir die nächste Aufgabe, um wieder etwas zu schaffen und zu leisten, damit das gute Gefühl wiederkam.

Die Kontrolle über meinen Körper und damit über viele meiner Lebensbereiche ist mir genommen worden, genommen durch die Schübe der Multiplen Sklerose. Durch das Planen und Abnehmen, was ich in meiner Macht stand, wollte ich mir die Kontrolle und auch mein Selbstwertgefühl wieder zurückholen.

Die nächsten Tage begannen konsequent mit der Zubereitung eines kalorienarmen Frühstücks und anschließendem kleinen workout für meine Körpermitte. Die meisten Bauchübungen fanden auf dem Rücken statt, deswegen konnte ich das trotz meiner Schwäche leisten, wenn auch nur für zehn bis fünfzehn Minuten.

Meine besten Freunde waren die Küchen- und Personenwaage geworden. Andere wollte ich derzeit ja sowieso nicht haben.

Über die Multiple Sklerose hatte ich keine Kontrolle, aber mit der Küchenwaage holte ich mir die Kontrolle über meinen Körper zurück. Ich kontrollierte mit meinen Augen jedes Gramm, welches ich dann sorgfältig dokumentieren konnte. Ich wog also morgens mein Frühstück ab. Eine Tasse Buttermilch mit einer trockenen Maiswaffel wurde mein tägliches Frühstück. Damals war ich so erstaunt und froh, wenn ich bemerkte, wie mich die Buttermilch für den ersten Moment sättigte, obwohl mein Frühstück kaum Kalorien und somit auch keine Energie hatte.

Bemerkt hatte ich allerdings nicht, dass dieses Handeln das Schlimmste war, was ich meinem Körper direkt nach der hohen fünftägigen Cortison-Dosis mit je 2000 mg antun konnte. Selbst ohne eine Krankheit ist dieses magere Frühstück eine Quälerei für den menschlichen Körper.

Ich war verblendet davon ausgegangen, dass mein Körper kaum Energiezufuhr benötigen würde, weil er ohnehin kaum leistungsfähig war. Das war natürlicher völliger Mist.

Mein Körper war nicht nur geplagt von einer hoch aktiven entzündlichen Krankheit, sondern auch geplagt mit hochdosiertem Cortison. Er war somit unglaublich geschwächt. Doch statt meinem Körper die Ruhe und Energie zu geben, die er dringend benötigt hätte, entzog und verweigerte ich ihm auch noch notwendige Energielieferanten, die ihm das Gesunden ermöglich hätten. So viel zum Thema ignorantes und gefühlloses Verhalten.

Mein Geist hingegen war guter Stimmung, schließlich hatte ich meine Pläne im Griff. Stetige Erfolgserlebnisse begleiteten mich. Nach einiger Zeit fühlte ich mich dann sogar so gut und motiviert genug, um mich mal wieder mit Hannah zu treffen.

Hannah hatte ich lang genug von mir ferngehalten. Wir schrieben zwar viel über WhatsApp, doch bisher war ich nicht bereit für ein Treffen gewesen. Ich fühlte mich erst jetzt wieder bereit, mich mit einer Freundin zu treffen. Wir verabredeten uns zu einem kleinen Spaziergang. Ich warnte sie vor, dass wir langsam laufen müssten und ich nicht wüsste, wie lange ich mich auf den Beinen halten könnte.

Sie vorab über meinen körperlichen Zustand zu informieren, nahm mir den Druck einer körperlichen Erwartung entsprechen zu müssen, die meinem Älter glich.

Das Wiedersehen mit Hannah tat gut. Wir gingen in der nahe gelegenen Bauernschaft entlang der Felder spazieren. Das Wetter an diesem Tag war wunderschön. Die Sonne strahlte, es waren die kräftigsten Frühlingsstrahlen in diesem Jahr. Zwischendurch zogen wir sogar schon unsere Jacken aus, weil die Sonne so kraftvoll war. Es waren bestimmt über 20 Grad. Die Luft war klar, unser Weg leer. Ich musste Hannah zwischendurch immer wieder daran erinnern, etwas langsamer zu gehen. Ich nehme an, sie hat meinen körperlichen Zustand überschätzt. Wir sprachen kein Wort über meine derzeitige Lebenssituation. Weder über meine Behandlung, meinen Zustand noch über die MS. Wir unterhielten uns eigentlich nur über andere Menschen. Das tat mir aber mal ganz gut. Ich war ja auch neugierig, was die anderen Menschen in meinem Umfeld so machten.

Ich war nicht gerade stolz darauf, Hannah schon nach 30 Minuten darüber informieren zu müssen, dass wir gleich umkehren müssten, weil meine Beine langsam schlapp machten. Doch dafür war ich stolz darauf, überhaupt wieder in Gesellschaft vor die Tür gegangen zu sein.

Genauso stolz war ich auf mich, als ich wieder zuhause ankam und mir mittels Google Maps errechnet hatte, wie viele Meter ich gelaufen war. Es waren fast 3,2 km! Sofort errechnete ich mir meinen neuen Kalorienbedarf und freute mich schon auf die Zahl der Waage in den nächsten Tagen.

Leider blieb das Treffen das einzige für die nächsten Tage. Ich verschanzte mich wieder in meiner kleinen Welt. Denn die Zunahme meiner körperlichen Fitness bedeutete für mich, noch mehr Sport machen zu können. Mein Planen im Minutentakt hatte nun einen weiteren Parameter, denn ich konnte nun auch noch mehr Sport einplanen. Ich konnte mich über den Kalorienverbrauch diverser Sportarten informieren. Ich hatte eine weitere Aufgabe, die sehr viel Zeit in Anspruch nahm. Und die ich wie besessen ausübte.

Die Taubheit am Rücken, das Kribbeln und die Instabilität in den Beinen blieben ferner bestehen. Daher hielt ich an meiner neuen Strategie fest: weitermachen und ignorieren!

***

Da ich nun mehr Kalorien durch meine wiedergewonnene Bewegung verbrannte, durfte ich auch wieder mehr essen. Das kam mir ganz gelegen, denn mittlerweile hielt mich die Buttermilch am Morgen nicht mehr bis zum Mittag satt.

Kein Wunder, wenn ich die ganze Zeit nur auf den Beinen war und dazu noch Sport trieb.

Wie besessen suchte ich im Netz weiter nach den kalorienärmsten Mahlzeiten und besorgte alle Zutaten. Da ich viele neue Diät-Rezepte für mich entdeckte, ging ich fast täglich in aller Ruhe einkaufen und bereitete mir meine Mahlzeiten zu. Jedoch natürlich nie, ohne vorab die Kalorienzufuhr auszurechnen. Ich kochte jeden Tag. Meistens zweimal. Mittags und abends. Immer etwas Neues. Immer etwas Anderes. Hauptsache wenige Kalorien! Es machte mir Spaß. Ich bereitete mir immer das zu, was meiner Auffassung nach für meinen Körper erlaubt war. Meine Mahlzeiten waren dabei immer von meiner körperlichen Aktivität abhängig. Ich hatte Spaß am Recherchieren, Rechnen, Einkaufen, Zubereiten und Essen.

Eines Mittags bemerkte meine Mutter mein seltsames Verhalten. Als sie von der Arbeit kam, begrüßte sie mich in der Küche mit den Worten:

„Du bist ja schon wieder in der Küche!"

Ich weiß nicht genau was es war, aber mit diesem Satz hatte sie einen wunden Punkt getroffen. Sie löste etwas in mir aus.

„Ich hätte auch lieber ein normales Leben und was anderes zu tun", entgegnete ich zornig.

„Also mit dir könnte ich auf Dauer nicht zusammen wohnen, das ist ja nervig, wenn du jeden Mittag und Abend für Stunden in der Küche bist. Was machst du denn da immer?"

Sie tat mir mit ihren Worten weh. Sie verletzte mich und ich fühlte mich fehl am Platz, falsch und nutzlos.

Ich erinnere mich noch genau an diesen Moment. Obwohl ich bemerkte, wie wütend und traurig sie mich machte, wollte ich mich den Gefühlen mal wieder nicht stellen. Stattdessen widmete ich mich wieder meinem System: Kalorienzufuhr und Kalorienverbrennung. Was könnte ich am nächsten Tag wohl essen?

Trotz des Kommentares meiner Mutter stand ich auch weiterhin mehrere Stunden am Tag in der Küche, kochte und aß ausgiebig, ohne dabei auch nur ein Gramm zuzunehmen. Ganz im Gegenteil, denn ich nahm weiter ab, indes ich der Überzeugung war, mir die Macht über meinen Körper zurückerobert zu haben. Mit Normalgewicht als Ausgangspunkt war ich innerhalb weniger Wochen im Untergewicht angekommen. Ich klammerte mich nicht nur an die Zahl auf der Körperwaage, sondern auch an die Zahl des Body Mass Index.

Das alles geht also auch ohne viel Extremsport, bestätigte und freute ich mich. Für mich war ein Tag nur gut, wenn ich Gewicht verlor. Ich investierte meine gesamte Lebensenergie darin, Bewegungs-Essens- und Tagespläne zu schmieden. Dabei hätte mein Körper die Energie anderweitig gebraucht, doch diese entzog ich ihm auf brutalste Art und Weise. Ich zerstörte mich selbst.

Von da an konnte ich mir nicht mehr vorstellen, jemals wieder mit dieser Form von Perfektionismus, mit der zwanghaften Kontrolle meines Kalorienbedarfs- und Verbrauchs und der minutiösen Tagesplanung aufzuhören. Alles wurde zum Zwang. Das Planen und Vorbereiten meiner Mahlzeiten, das Abwiegen der Lebensmittel und das Ausführen meiner Gedanken über diverse Pläne.

Dabei wurde nicht nur der Bereich Essen zum Zwang. Alles, was sonst noch im Alltag geplant werden konnte, musste ich planen. Ich plante meine Kleiderauswahl für die nächsten Tage, ich legte mir alles am Vorabend zurecht. Alles musste an Ort und Stelle liegen. Sogar das Geschirr, welches ich zum Frühstücken benötigte, musste am Vorabend perfekt vorbereitet an der richtigen Stelle stehen. Ich plante Telefontermine und wenn das Telefon außerhalb meines Plans klingelte, ging ich selten dran. Ich stellte meinen Wecker am Morgen immer auf dieselbe Uhrzeit. Ich hatte immer genau 17 Minuten, um mich morgens im Bad fertig zu machen, es sei denn, ich ging morgens duschen, dann waren es 32 Minuten. Ich plante, was ich nur planen konnte. Meine tägliche Planung wurde zur Routine. Zum Zwang. Es war unvorstellbar für mich, nicht zu planen. Schon bei dem Gedanke, nicht mehr zu planen, bekam ich Panik. Ich bekam Angst. Angst davor, dass etwas Unvorhersehbares eintreten könnte, worauf ich dann nicht zu reagieren wüsste.

Meine Einkäufe, meine Mahlzeiten, meine Spaziergänge und natürlich auch meine Sporteinheiten waren mein umfassendster (und einziger) Lebensinhalt.

Sobald ich Termine im Außen hatte, fühlte ich mich verängstigt. Schließlich musste ich dann von meinen routinierten Pfaden abweichen. Ich musste mein System verlassen. Es war schon außerhalb meiner Komfortzone, die perfekte Busverbindung herauszusuchen, um pünktlich bei einem Termin zu erscheinen. Doch es ging nicht nur um die Planung der Busverbindungen. Es ging vor allem darum, was ich vorher essen durfte, was ich anschließend essen durfte und was ich essen dürfte, wenn ich schon Hunger bekommen würde, bevor ich wieder Zuhause war. Ich wusste nicht, wie viele Kalorien ich an den Tagen, an denen ich Termine hatte, verbrennen würde. Das war purer Stress für mich, weshalb ich am Vortag schon dafür sorgte, mehr Sport als nötig zu machen, falls ich mich am Tag des Termins weniger bewegen könnte. Meinen gezwungenen Alltag zu verlassen, um einen Termin im Außen wahrzunehmen, war maximale Anstrengung für mich.

Das ging über Wochen so, bis ich (endlich) den Spaß an meiner täglichen Planung verlor. Der Spaß und die Freude am Planen und Kontrollieren erfüllte mich nicht mehr, sondern stressten mich. Dennoch schaffte ich es nicht, das Planen zu unterlassen. Es veränderte sich also nichts, außer dass ich keinen Spaß mehr daran hatte, Dinge zu Planen.

Wenn ich mich mal mit Freunden traf, tat ich immer so, als wäre ich in bester Stimmung. Ich traf mich nicht mit Menschen, weil ich Lust dazu hatte, sondern damit ich nicht ganz das Gefühl von Geselligkeit verlor. Auf dem Weg zum Treffen zählte ich meistens schon die Stunden, die vergehen mussten, damit ich wieder alleine sein konnte. Außerhalb meines Systems fühlte ich mich unsicher. Mein System bestand aus dem Alleinsein, Planen und Kontrollieren. Sobald ich nicht planen und kontrollieren oder vorhersehen konnte, wie etwas verlaufen könnte, bekam ich Panik. Ich war immer wieder froh, sobald ich Zuhause war, denn da fühlte ich mich wieder sicher.

Auf der Waage spürte ich nun auch weniger Erfolgserlebnisse. Mein Körpergewicht stagnierte. Ich nahm nicht mehr wöchentlich ab. Mein Höhenflug hatte sein Limit erreicht. Obwohl jeder Tag so verlief wie ich ihn plante, spürte ich keinen Erfolg mehr. Mein diesbezügliches Selbstwertgefühl verabschiedete sich langsam. Jeder Tag fühlte sich wieder schwer und mühevoll an, mit jedem Schritt, den ich machte, schossen Schmerzen und fürchterliches Kribbeln in meine Beine. Meine Strategie, die Schreie meines Körpers zu ignorieren, war fehlgeschlagen. Das Cortison war zwar mittlerweile schon lange aus meinem Körper verschwunden, doch die Schübe bildeten sich kein Stück zurück, sondern blieben bestehen wie vor der Cortison-Gabe.

Heute weiß ich, dass ich mit meinem damaligen Verhalten alles dafür gegeben hatte, dass sich mein Körper von den Schüben nicht erholen konnte. Im Nachhinein betrachtet ist es also kein Wunder, weshalb die Multiple Sklerose nicht verschwand.

Wieder erzählte ich niemandem, wie es mir wirklich ging. Ich sprach mit kaum jemandem, denn ich lebte ja weiterhin in meinem geschlossenen System.

Nur meinem Neurologen, den ich weiterhin noch alle vierzehn Tage besuchte, sagte ich die Wahrheit. Aber auch nur vordergründig, denn ich sprach mit ihm nur über mein körperliches Empfinden. Manchmal war das Kribbeln in meinen Beinen so stark, dass ich fast weinen musste. Nicht weil ich traurig darüber war, sondern weil es höllisch weh-tat. Abgesehen von Dr. Schulz wusste niemand von meinen Schmerzen.

Meine Furcht war stets, dass mich meine Freunde nicht ernst nehmen würden, wenn ich ihnen sagte, wie es mir wirklich ging; sicherlich würden sie mir Übertreibung attes-tieren, dachte ich. Deshalb blieb ich lieber stumm.

Das Schlimme an der Multiplen Sklerose ist nicht nur, dass sie sich auf vielfältige Art bemerkbar machen kann und un-vorhersehbar auftritt, sondern auch, dass man sie nicht sieht. Es sind die unsichtbaren Symptome, die es den Be-troffenen zusätzlich schwer machen. Außenstehende sehen den meisten Betroffenen nicht an, dass sie erkrankt sind. Nervenschmerzen, Taubheit, Konzentrationsstörungen, Erschöpfung oder Sehstörungen kann man dem Menschen eben nicht ansehen. Das erleichterte es mir nicht gerade, über das Ausmaß meiner Krankheit zu sprechen. Schon vor den beschriebenen Schüben hatte ich mit Sehstörungen und Gangunsicherheit in den Beinen zu kämpfen.

Bei der Arbeit und in der Schule hatte ich oft das Ge-fühl, meine Kollegen und Mitschüler würden mich nicht ernst nehmen. Ich dachte oft, mein Umfeld würde meinen, ich würde mit meinen Symptomen übertreiben oder sogar gar keine körperlichen Beschwerden haben.

Dazu kommt, dass die Multiple Sklerose an einem Tag sehr ausgeprägt sein kann und am anderen Tag wieder verschwunden ist. So bleibt die Krankheit zwar nicht konstant, was zwar definitiv von Vorteil ist, aber so macht sie es deutlich schwerer, im Umfeld für Verständnis zu sorgen. Oft bekam ich (bekomme ich) zu hören: „Hä, gerade konntest du doch noch normal laufen, wieso jetzt auf einmal nicht mehr?" Oder „Ruh dich aus, dann wird das schon wieder, morgen biste wieder fit."

Innerhalb meines Freundeskreises wurde ich oft enttäuscht, wenn ich die Partys, auf denen wir waren, vorzeitig verlassen musste oder mich abseits der Tanzfläche hinsetzte, weil meine Beine anfingen zu zittern. Ich sagte zwar oft, dass ich nur kurz eine Pause bräuchte und mich hinsetzen müsste, doch leider schaute an diesen Abenden dann niemand mehr nach mir. Ich wurde nie gefragt, ob es mir besser ging. Ich wurde auch nie gefragt, was genau los sei. Ich wurde nie gefragt, ob ich Hilfe bei etwas bräuchte. Wenn ich eine Feier früher verließ, kam Stunden danach nur selten die Nachfrage, ob es mir besser gehe oder ob ich gut Zuhause angekommen sei. Es wurde einfach nicht nachgefragt. Um es direkt zu sagen: Die Multiple Sklerose wurde ausgeklammert und nicht ernst genommen. Wir sprachen nicht darüber. Ich sprach nicht darüber. Niemand sprach darüber.

Ich dachte, wenn sich sowieso niemand für mich interessiert, wieso sollte ich dann erzählen, welche Probleme mir meine Beine gerade wieder machten?

Dabei hätte ich mir gewünscht, dass in meiner damaligen Clique mehr Platz für ernsthafte Themen wie z.B. die eigene Erkrankung gewesen wäre. Auch auf Partys! Krankheiten treten in der Regel ungeplant auf. Und Krankheiten nehmen auf Feiern keine Rücksicht. Mir fehlte der offene Umgang mit Themen, die nichts mit Make-up, Männern oder Alkohol zu tun hatten. Ich hatte das Gefühl, nur dazuzugehören, wenn ich gut drauf war und Bock aufs Feiern hatte.

Ich konnte die oberflächlichen Blicke meiner Mitmenschen und die Äußerungen meiner Arbeitskollegen einfach nicht mehr sehen und hören. Also gewöhnte ich mir an, dasselbe zu tun und anstatt über die Krankheit Multiple Sklerose zu sprechen, sie auch zu ignorieren. So hatte ich nicht jedes Mal das Gefühl, enttäuscht zu werden, wenn mal wieder nicht nach meinem Befinden gefragt wurde oder ich den Eindruck hatte, nicht ernst genommen zu werden.

Ich fühlte mich alleine mit der Krankheit und wollte sie loswerden, damit ich wieder Teil der Gesellschaft werden konnte. Doch das war der völlig falsche Weg und funktionierte nicht. Es hat lange gedauert, bis ich erkannt habe, dass ich mich zu keiner Party quälen muss, nur um unter Menschen sein zu können. Denn ich durfte erkennen, dass nicht ich falsch bin, weil ich an MS erkrankt bin, sondern die Gesellschaft in ihrem Umgang mit Krankheiten eine Veränderung erfahren darf. Ich durfte verstehen, dass ich das ignorante Verhalten einiger Menschen nicht mehr auf mein Dasein übertragen brauche. Denn dass einige Menschen nicht mit Schicksalsschlägen umgehen können, hat schließlich NICHTS mit meinem Sein zu tun.

Ich weiß nicht, weshalb allgemein so selten über Krankheiten gesprochen wird. Sicherlich ist die Tatsache multikausal zu sehen. Einigen Menschen fehlt einfach der mentale Zugang zu diesem allgegenwärtigen Thema. Andere gehen in die Vermeidung, weil sie Ängste und Unsicherheiten spüren. Und wiederum Andere sind über Krankheiten wie Multiple Sklerose nicht aufgeklärt. Ein Umgang mit chronischen Krankheiten bedarf mehr Aufklärung, Rücksicht, Akzeptanz, Offenheit und Mitgefühl. Mitgefühl. Nicht Mitleid!

***

Bei einem weiteren geplanten Termin bei Dr. Schulz war das Thema überraschenderweise nicht mein unveränderter körperlicher Zustand.

Routiniert und das Übliche erwartend erschien ich in seinem Sprechzimmer. Doch plötzlich warf Dr. Schulz ein ganz anderes Thema in den Raum.

„Sagen Sie mal Frau Walter, wie viel wiegen Sie eigentlich?"

„Äh, keine Ahnung, wieso?"

„Ich habe das Gefühl, dass Sie seit Beginn der Therapie enorm an Gewicht verloren haben. Nein, ich hab' nicht nur das Gefühl. Es ist offensichtlich! Sie sehen wirklich nicht gut aus, wenn ich Ihnen das so sagen darf."

Ich geriet ins Stottern und erklärte ihm, dass es daran liegen könnte, dass ich seit der Therapie wenig Appetit hätte, aber dass ich auf dem Weg sei, wieder mehr zu essen.

Dr. Schulz sicherte sich mit weiteren Fragen ab und erkundigte sich, ob ich wirklich nicht bewusst weniger essen würde und ob ich vorhätte noch mehr abzunehmen. Ich verneinte beides, log ihm also knallhart ins Gesicht. Natürlich wollte ich noch mehr abnehmen, das war ja gerade erst der Anfang! Doch das behielt ich für mich. Er könnte ja sonst denken, dass ich jetzt neben meiner Depression auch noch eine Essstörung hätte.

Trotzdem war ich froh, dass er meine Gewichtsabnahme bemerkte. Ich war sogar etwas geschmeichelt. Endlich bemerkte mal jemand meinen „Fortschritt". Während meine drastische Gewichtabnahme für ihn eher ein Besorgnis war, war es für mich ein Kompliment. Dennoch erzählte ich ihm nun von meiner depressiven Stimmung. Ich schilderte ihm, wie sehr mich die Schübe beeinflussten, dass ich mich aus meinem sozialen Umfeld zurückzog und ich ziemlich angespannt war. Meine zwanghaften Verhaltensweisen (wie das Planen) ließ ich außen vor. Das war mir zu peinlich.

Dr. Schulz legte mir Nahe, dass es nun wichtig sei, die Spirale der Depression aufzuhalten, bevor diese in einer endlosen Schleife mündet.

Schon in meiner Jugend hatte ich immer wieder leichte depressive Episoden, befand mich aber nie in einer längeren Behandlung. Doch als ich Dr. Schulz ausreichend von meinem emotionalen Befinden erzählte, schlug er mir vor, eine ambulante Psychotherapie in Betracht zu ziehen. Ich war zwar etwas überrumpelt von seiner Idee, stimmte aber zu.

Als ich wieder Zuhause war, hatte ich eine neue Aufgabe, um die ich mich intensiv kümmern durfte. Die Suche nach der perfekten ambulanten Psychotherapie! Ich recherchierte im Netz auf unterschiedlichen Internetseiten nach Psychotherapeuten. Schon am selben Abend hatte ich eine Liste gefüllt mit Anschriften und Bewertungen, sodass ich mir am nächsten Morgen das Telefon krallte und meine Top 5 Ergebnisse anrief. Die Art des ersten Telefonkontaktes und die prognostizierte Wartezeit waren Gründe genug, um auszusortieren. Am Ende blieb noch genau eine Psychotherapeutin, die mir am Telefon sympathisch erschien. Und ihre Wartezeit betrug nur eine Woche! Die anderen lagen zwischen vier und zwölf Monaten.

Meine künftige Psychotherapeutin Frau Leugers hatte eine Woche später am Vormittag spontan einen Termin frei, da ein Klient von ihr abgesagt habe. Und weil ich sowieso noch krankgeschrieben war, kam mir diese Uhrzeit sehr gelegen.

Ich ging fortan einmal pro Woche zu Frau Leugers. Die Chemie zwischen uns war okay und ich erzählte ihr jedes Mal ein bisschen mehr von mir. Aber nur von einem Teil von mir. Der fröhlichen Emma. Nicht von der traurigen. So richtig öffnen konnte ich mich einfach nicht. Ich schauspielerte gut, alles war demnach okay. Ich suchte mir kleine Probleme, die wir besprechen konnten, die mir aber eigentlich gar keinen Kummer brachten. Hauptsache wir hatten irgendetwas zu besprechen. Ich hielt die Inhalte der Gespräche sehr oberflächlich, um eine große Distanz zu meinen Emotionen zu behalten. Trotzdem tat es gut, mir hin und wieder einiges von der Seele reden zu können. So sprach ich wenigstens mal mit irgendwem über mein Leben und mich. Diese neutrale Person, Frau Leugers, die weder mich noch irgendjemanden aus meinem Umfeld kannte, war passend dafür.

Insofern brachte mir die Psychotherapie wenig, denn von Tag zu Tag fiel meine Stimmung im selben Tempo nach unten wie mein Gewicht. Maximal an einem einzigen Tag in der Woche verspürte ich so etwas wie einen kurzen Moment der Freude. Der war immer dann, sobald die Waage mir das Ergebnis zeigte, welches ich fixierte. Es waren zwar immer nur wenige Gramm, aber das war mir egal. Hauptsache weniger.

Außer meinem Neurologen hatte mich noch niemand auf meine Gewichtsabnahme angesprochen, was mich etwas wunderte. Es waren zwar gerade erst ein paar Kilo, aber ich dachte, es würden mich mehr Menschen darauf ansprechen. Ich selber sah es mir ja schon an. Ganz zu Beginn meines Diätprogrammes hatte mich meine Mutter einmal gefragt, ob ich abgenommen hätte, aber da antwortete ich nur mit: „Nee, glaube nicht." Danach war das Thema auch durch. Schade, denn schließlich wollte ich, dass meine Leistung auch einmal im außen gesehen und anerkannt wird.

Auch wenn mich sonst niemand darauf ansprach, bekam ich einfach nicht genug davon abzunehmen. Vielleicht auch gerade deshalb. Manchmal redete ich mir ein, mich würde keiner darauf ansprechen, weil ich gar nicht schlanker aussehen würde als vor ein paar Monaten. Doch die Zahl auf der Waage erinnerte mich immer wieder daran, dass ich auf einem guten Weg sei. Manchmal ging ich sogar mehrmals am Tag auf die Waage, um immer wiederzusehen, dass ich weniger wog als ein paar Monate zuvor. Das gab mir jedes Mal ein gutes Gefühl, während es sonst nichts anderes mehr im Außen gab, was mich glücklich machte. Alles war grau. Immer grau. Nur die Zahl auf der Waage trug Farbe.

Irgendwann hatte ich mir eine neue Zahl als Ziel gesetzt, die erreicht werden musste. Wenn mich Zuhause immer noch niemand auf meinen Gewichtsverlust anspricht, muss ich eben etwas provokant werden, dachte ich. Gemäß meines BMI lag ich mittlerweile im Untergewicht und ich war mir sicher, dass meine Mutter meine Zahl auf der Waage als zu gering ansehen würde.

Schon nach kurzer Zeit hatte ich die magische Zahl auf der Waage, die ich mir einst zum Ziel setzte, erreicht. Nun plante ich, wie ich meiner Mutter mein Ergebnis zeigen konnte. Natürlich durfte das nicht geplant wirken, sondern völlig spontan.

Schon bevor meine Mutter eines Morgens ins Bad ging, war ich dort gewesen, um mich zu vergewissern, dass ich bei meinem Wunschgewicht geblieben bin. Ich wartete nun ab, bis meine Mutter ins Bad ging, um dann spontan dazu zustoßen. Als ich reinkam, stand meine Mutter vor dem Spiegel und trug ihre Tagescreme auf. Ich startete einen

Small Talk, während ich einen ungeplanten lockeren Tritt auf die Waage setzte.

„Boa, krass! Mama, guck mal!

Völlig „überrascht" zeigte ich ihr das Ergebnis meines Körpergewichts.

Sie schaute mir über die Schulter und entgegnete besorgt:

„Noch mehr abnehmen wirst du nicht, Emma! Langsam reicht es. Meinst du, das ist mir nicht aufgefallen?"

Diese Reaktion, die ich mir insgeheim auch erhofft hatte, löste etwas in mir aus: Freude. Erleichterung. Stolz. Ich hatte endlich etwas gefunden, was ich konnte und zudem bekam das auch noch Aufmerksamkeit.

Geil, jetzt noch mehr!, freute ich mich gedanklich. Natürlich tat ich so, als würde mich ihre Reaktion absolut nicht bewegen.

„Ach Mama, ich wusste das doch selber nicht, aber schon krass, wie viel eine Ernährungsumstellung bewirken kann."

Mit Ernährungsumstellung meinte ich den Verzicht auf alle Gerichte, die mir schmeckten. Aber das sagte ich ihr natürlich auch nicht.

Obwohl ich mit der Auswirkung der Multiplen Sklerose eigentlich genug Aufmerksamkeit haben konnte, aber kein Mitgefühl zulassen wollte, hatte ich das Verlangen, mir die Aufmerksamkeit auf anderem Wege zu holen. Und ich hatte verstanden, wie sehr mich das Spiel mit der Kontrolle reizte. Schließlich konnte ich meinen Körper endlich wieder kontrollieren, wenn auch auf ungesunde Art und Weise, aber das war mir zu dieser Zeit egal. Die Auswirkungen des Schubes waren wie bisher da. Da die Mediziner scheinbar nichts mehr machen konnten, fand ich mich mit Chance auf körperliche Besserung ab und flüchtete mich immer mehr in Sporteinheiten. Joggen gehen ging immer noch nicht. Aber meine workouts zuhause auf dem Boden saßen mehrmals täglich drin. Das genügte mir fürs Erste. Die Hauptsache war, ich konnte mich bewegen, auch wenn mein Körper kribbelte, schmerzte und zugleich taub war. Dabei trieb ich Sport nicht aus freiem Impuls heraus, sondern weil ich es musste. Es war eine Regel. Ein Zwang. Sport wurde zum Zwang, damit ich essen durfte, ohne zuzunehmen.

Zwar war ich eigentlich schon seit Wochen wieder in der Lage, wieder in meine WG zurückzukehren, aber aus irgendeinem Grund wollte ich weiterhin bei meiner Mutter, meinem Bruder und meinem Stiefvater wohnen bleiben. Das WG-Leben war gerade absolut nichts für mich! Abgesehen von den Partys, dem Gewusel und der Unruhe dort, hatte ich keine Lust auf gezwungene Gespräche und darauf, dass immer jemand da war. In der WG war ich nie alleine. Es war immer jemand da. In meinem Elternhaus war ich es mittlerweile gewohnt, oft alleine zu sein, während alle anderen ihrer Arbeit nachgingen. Ich konnte in Ruhe planen und kochen. Außerdem wollte ich meinen Mitbewohnern nicht erklären, warum ich die letzten Monate weg gewesen war. Wir waren eher eine Zweck-WG. Ich meldete mich zwischendurch über WhatsApp mit der Info bei meinen Mitbewohnern, dass ich noch etwas in meiner Heimat bleiben würde, nannte aber nie den wahren Grund.

Zuhause fragte auch keiner, wann ich denn mal wieder zurück in die WG gehen würde, deswegen blieb ich einfach Tag für Tag in meinem Elternhaus.

Ich besuchte mittlerweile seit über einem Monat die ambulante Psychotherapie. Meine Therapeutin war eine Verhaltenstherapeutin. Es war weiterhin eine reine Gesprächstherapie für mich, in der ich etwas über mein Leben redete, anstatt über mein eigentliches Problem, also die Ess- und Zwangsstörungen. An meinem Verhalten wollte ich nach wie vor nichts verändern. Ich erzählte der Psychotherapeutin nur, dass ich mich viel mit meiner Tagesplanung beschäftigen würde, weil ich viel Zeit hätte. Meine Therapeutin bestätigte mich darin, als sie sagte:

„Na, das ist doch was ganz Gutes, Sie sorgen gut für sich und achten darauf, dass Sie nicht wieder in eine Depression fallen."

Ich wusste, dass sie damit gemeint hatte, dass das Planen gut war, da es ja auch eine Ressource ist. Schließlich sorgte ich so für Struktur in meinem Alltag. Aber in meinem Fall übernahm das Geplante überhand und steuerte mein gesamtes Leben. Scheinbar war ich eine so gute Schauspielerin, dass sie das nicht bemerkte. Mein Alltag war geprägt von zwanghaftem Planen und Ausführen. Anfangs war es bloß eine Beschäftigung, doch dass diese ein extremes Ausmaß annahm und zu einer Essstörung und Zwangsstörung wurde, konnte ich ihr verheimlichen.

Einmal hatte ich das Bedürfnis, ihr von meinen Gedanken über das Essen und das Planen zu erzählen. Nach einigen Sitzungen sprach ich das Thema Essen an, auch wenn ich mein Ess- und Sportverhalten verharmloste. Ich erzählte ihr etwas von meinem Essverhalten und meinen strengen Regeln, doch gleichzeitig tat ich so, als hätte ich kein Problem damit. Ich erzählte ihr davon, wollte es aber nicht zum Problem machen. Ich wollte es nicht wahrhaben, aber zu diesem Zeitpunkt steckte ich schon mittendrin. Ich war noch nicht bereit, mir einzugestehen, dass ich eine Essstörung hatte. Also ruderte ich schnell mit diesem Thema zurück und erzählte ihr in den folgenden Sitzungen mehr über mein zwanghaftes Verhalten. Das war okay, das konnte ich zugeben. Doch behandeln lassen wollte ich mich auch da nicht. Ich wollte all das, was mit mir in diesem System lebte, nicht loslassen.

***

Es waren fast drei Monate vergangen und aus den anfänglichen Frühlingsstrahlen wurden kräftige Sommersonnenstrahlen. Die Tage wurden wärmer und nicht nur meine Mobilität, sondern auch meine mentale Stimmung besserte sich wieder etwas. Zwar gab es Tage, an denen ich oft in melancholischer Stimmung war, aber auch Tage, die ich - vor allem bedingt durch das strahlende Wetter – genießen konnte. Immerhin konnte ich auch wieder etwas länger an einem Stück laufen, dabei war die Natur mein positivster Stimmungsgeber. Die Natur bewirkte schon damals Wunder bei mir. Ich fühlte mich durch den Kontakt mit der Natur viel gelassener. Jeder Spaziergang vitalisierte mich genau wie jener am See einige Monate zuvor.

Eines Mittags schien die Sonne kräftig und da niemand im heimischen Garten war, der mich stören konnte, legte ich mich nach Jahren wieder zum Sonnen in unseren Garten. Zuletzt hatte ich das als Kind gemacht.

Zu Beginn dieses Tages war ich morgens sehr unruhig und sehnte mich nach Geborgenheit und Zuflucht. Als die Sonne kräftig schien und ich in unseren Garten schaute, war es, als würde ich dort hingezogen werden. Ich schnappte mir meine Kopfhörer und legte mich auf die kleine Wiese in unserem Garten. Kurzerhand beschloss ich, angeleitet zu meditieren. Ich hatte zwar schon viel über die positiven Wirkungen von Mediationen gehört und in den letzten Wochen immer wieder mal eine geleitete Meditation tagsüber ausprobiert, aber irgendwie konnte ich mich nie fallen lassen. Tagsüber funktionierte es einfach nicht. Ich war zu unruhig und nicht bereit, die Anspannung ziehen zu lassen. In den späten Abendstunden war es anders. In der Zeit der Cortison-Gaben hatte ich ständig Angst vor dem Einschlafen. Sobald ich zur Ruhe kam und meinen Herzschlag spürte, bekam ich Panik. Mediationen in Form von Schlafklängen und Fantasiereisen haben mir sehr dabei geholfen, weniger Angst zu haben. Zur Nacht hin waren die Meditationen mein Heilmittel. Sie haben mich durch die beruhigende Wirkung weniger allein und weniger ängstlich fühlen lassen. Es war ein bisschen so, als würde mich jemand in den Schlaf wiegen. Die Abendmeditationen halfen mir auch, meine Gedanken etwas zur Ruhe kommen zu lassen. Mein Kopf war meistens ein riesiger Affenzirkus. Sonst hörte ich zum Einschlafen Podcasts, in denen es meistens um einen guten Umgang mit Herausforderungen im Leben ging.

An diesem sonnigen Mittag war ich bereit für einen Versuch, mich auch tagsüber fallen zu lassen und startete eine geleitete Mediation. Ich kannte mich kaum mit geleiteten Meditationen aus und wählte somit völlig planlos irgendeine Meditation aus einer Playlist heraus. Die, die ich auf Spotify wählte, war die richtige für mich.

Während ich im Garten in der Sonne lag, konnte ich schon in den ersten paar Minuten der Meditation merken, wie sich etwas in mir veränderte. Ich konnte mich endlich auf die Abwesenheit meiner nervigen Gedanken einlassen und der Stimme, die mich durch die Meditation führte, achtsam zuhören. Ich vernahm, wie die stetige Anspannung in meinem Körper nachließ. Es war, als würde es einfach geschehen. Ich entspannte einfach. Ich ließ alle Gedanken und Körperanspannungen los. Ich dachte nicht mehr an mein Gewicht oder an all meine Pläne und hatte keine anderen zwangsgesteuerten Gedanken. Dieser beseelte Zustand kam wie gerufen. In dieser Meditation ging es um die energetische Heilung von Licht, in der ich visualisierte, wie die Sonne den Körper energetisch positiv auflädt. Dass diese Mediation davon handelte, wusste ich vorher nicht. Der Titel beinhaltete nur so etwas wie „Lichtdusche". Diese Erfahrung, in der ich mich liebevoll meinem Körper widmete, derweil die Sonnenstrahlen meinen Körper sanft umhüllten, war unglaublich schön. Ich fühle mich sicher und geboren.

Ich fühlte mich seit Wochen, ach, eigentlich seit Monaten endlich wieder verbunden mit meinem Körper. Ich spürte diese tiefe Verbundenheit zu mir, meinem Körper, der Natur und dem Rest der Welt.

Ich ließ die Entspannung am Ende der Meditation noch etwas wirken und ging dann wieder zurück ins Haus. Mein Körper kribbelte wieder, aber es störte mich nicht mehr. Es war okay. Es war wieder okay. Ich bewertete meine Körperreaktion nicht und ließ meinen Körper wieder das tun, was er wollte. Schmerzhaft Kribbeln.

Im Haus angekommen war ich völlig baff von dieser Erfahrung und setzte mich noch für einen Moment auf das Sofa ins Wohnzimmer. Das Gefühl der Entspannung war mir so fremd, dass ich binnen von Minuten bemerkte, wie sich alles in mir anspannte, wie sich eine Schwere auf meiner Brust bemerkbar machte und wie ich das Verlangen bekam, irgendetwas tun zu müssen.

Ich fühlte mich bedroht.

Ich bekam Angst.

Aus Angst wurde Panik.

Ich stand auf und lief unten im Wohnzimmer herum. Ich atmete schnell und flach. Ich hatte das Gefühl, schlecht Luft zu bekommen und verließ wieder das Haus. Vor unserem Haus lief ich die Straße auf und ab für den Fall, dass ich auf einmal umkippen sollte, damit mich jemand finden konnte. All die Menschen, die mir entgegenkamen, lächelten mich freundlich an. Ich erwiderte ihre Freundlichkeit mit einem aufgesetzten Lächeln. Dieses Schauspiel diente mir insofern, dass ich mich nicht weiter in die Panik hineinsteigern konnte.

Ich ging die Straße auf und ab und erinnerte mich an eine Achtsamkeitsübung von der ich mal gelesen hatte: Schritte zählen.

Mit jedem Schritt, den ich ging, atmete ich ein und wieder aus. Dann atmete ich zwei Schritte lang ein und wieder zwei Schritte lang aus. Dann atmete ich drei Schritte lang ein und drei wieder aus. Dann vier, dann fünf, dann sechs. Mehr schaffte ich nicht. Nachdem ich je sechs Schritte lang ein- und wiederum sechs Schritte lang ausgeatmet hatte, zählte ich wieder rückwärts. Fünf Schritte einatmend, fünf Schritte ausatmend. Dann vier, dann drei, dann zwei, dann einen. Ich wiederholte diese Übung ein paar Mal. So lenkte ich meine Aufmerksamkeit auf meinen Atem und nicht mehr auf die Angst.

Mein Körper entspannte sich langsam, die Panik in mir wurde von Minute zu Minuten weniger. Ich war so fasziniert und auch etwas stolz, dass ich es geschafft hatte, mich selber zu regulieren. Zwar hatte ich meine Angst etwas reduzieren können, doch die Entspannung war weiterhin eine Bedrohung für mich. Also sorgte ich dafür, nicht zur Ruhe kommen zu müssen.

Ich hielt diese Stille einfach nicht aus! Durch die Stille kam ich in den Kontakt mit mir. Das war befremdlich. So sehr, dass es nicht ertragen konnte. Da ich in den letzten Wochen darauf trainiert war, Stille mit „irgendetwas tun" zu überbedecken, führte ich auch diesen routinierten Mechanismus fort. Ich tat das, was ich gut konnte und was mir seit Monaten Sicherheit verliehen hatte. Planen.

Wie auf Autopilot geschaltet plante ich zuerst die Zubereitung neuer Rezepte, die ich wenige Tage zuvor im Netz entdeckt hatte.

Anschließend musste ich meine nächste Woche planen. Obwohl ich kaum feste Termine hatte, musste jeder Tag perfekt organisiert sein. Wann stehe ich auf, was ziehe ich an, was esse ich, wie viel bewege ich mich???

Meine Gedanken spielten in diesem Moment völlig verrückt. Es war, als hätte ich zehn Gedanken gleichzeitig, die auf der Suche nach Aufgaben waren. Ich fühlte mich als könnte ich nichts dagegen tun. Ich fühlte mich machtlos. Ich musste für alles einen Plan haben. Hatte ich keinen Plan für etwas, bekam ich Angst. Ich hielt diese Angst nicht aus. Ich hielt nur so lange aus, bis ich dem Druck nachgab und anfing zu planen. In meinem Kopf herrschte kein Fokus, keine Klarheit, keine Konzentration, in meinem Kopf herrschte: Chaos.

Mein Wochenplan war bis auf die Minute hin geplant und enthielt alles, was mir am wichtigsten erschien. Essen und Bewegung.

Da ich in den nächsten Tagen meine soziale Isolation bemerkte und mich nicht länger ausschließlich mit mir alleine beschäftigen wollte, entschied ich, wieder unter Menschen zu gehen. Das fiel mir schwer, denn sobald ich meine gewohnte Umgebung verließ, stand ich noch mehr unter Anspannung als zuvor. Im Außen konnte ich schließlich nichts kontrollieren. Trotz der Angst, nicht sicher zu sein, bemühte ich mich fortan, soziale Kontakte aufrecht zu erhalten.

Nicht nur meine Waage bemerkte zunehmend mein abnehmendes Gewicht, auch mein Umfeld bemerkte meine Gewichtsabnahme. In den Momenten, in denen ich von Bekannten oder Freunden auf mein Gewicht angesprochen wurde, bekam ich das Gefühl, gesehen zu werden. Kommentare und Äußerungen über mein viel zu niedriges Gewicht verliehen mir wieder mehr Selbstwertgefühl. Ich fühlte mich gesehen. Ich fühlte mich besser.

Auch wenn die Treffen mit meinen Freuden anstrengend waren, war es schön, nicht immer das Gefühl zu haben, einsam zu sein. Wir unternahmen keine großartigen Dinge, doch es war für mich abwechslungsreich genug, mal einen Kaffee trinken zu gehen und dabei über alles und jeden zu quatschen. Das kannte ich gar nicht mehr. Meistens traf ich mich mit Hannah oder mit meiner langjährigen Mädels-Clique. Zu meiner Verwunderung taten mir die Gespräche in der Clique, die inclusive mir aus fünf jungen Frauen bestand, total gut. Sie interessierten sich für meinen Gesundheitszustand, ohne mich zu bemitleiden. Sie ignorierten die Multiple Sklerose nicht. In dieser Runde fiel es mir auch nicht schwer, über die Auswirkungen der Multiplen Sklerose zu sprechen. Sie reagierten wertfrei und urteilsfrei. Sie fragten nach und hörten gespannt zu, ohne dass ich mich bedrängt fühlte.

Unsere Clique bildete sich vor vielen Jahren während meiner Ausbildung. Wir sahen uns zwar nach dem Examen nur alle paar Monate, doch unsere Treffen waren immer wunderschön. So ehrlich. So vertraut. So wie eine tiefe Freundschaft sein sollte. Das Beisammensein tat meiner Seele gut und lenkte mich zudem für ein paar Stunden von dem zwanghaften Drang zu planen ab.

Nach einer gewissen Zeit in meiner Clique bemerkte ich jedoch, dass ich unruhig wurde, was dazu führte, zu gehen, weil meine Gedanken an das Essen und das Ausführen meiner Pläne wieder sehr aktiv wurden.

Doch immerhin ging ich wieder vor die Tür und traf mich mit Menschen. Mit meinen Freunden. Das war die Hauptsache. So war ich wenigstens für ein paar Stunden aus meinem System befreit.

Im Gegensatz zu meiner festen Mädels-Clique fragte Hannah mich so gut wie nie, wie sich die Multiple Sklerose anfühlte. Zwar wollte ich nie Mitleid, aber etwas Interesse an meiner Gesundheit fehlte mir schon. Mir fehlten der offene Umgang und die Anteilnahme. Hannah und ich kennen uns schon seit unserer Säuglingszeit. In all den vergangenen Jahren durchlebten Hannah und ich schon sehr viel, doch unsere Gefühle teilten wir nie. Ich weiß, dass es nie persönliche Gründe gab, weshalb wir nie über unsere Gefühle sprachen, dennoch fehlte es mir in dieser Freundschaft. Ich glaube, ihr fehlte es auch. Wir wussten zwar immer, dass es dem anderen nicht gut ging oder was den anderen beschäftigte, aber wir sprachen nie im Detail darüber. Wir machten unsere Probleme, die man hin und wieder hatte, nicht durch Sprache zum Thema. Egal ob uns Liebeskummer, Ängste oder Sorgen vor der Zukunft beschäftigten, egal was, wir sprachen nicht darüber. Wenn wir mal feierten und Alkohol oder andere Drogen im Spiel waren, war es etwas anders. Sobald ein Pegel an Alkohol im Blut erreicht war, wurde die Stimmung hemmungsloser, sodass wir uns trauten über Dinge zu sprechen, die uns belasteten.

Dadurch dass wir immer so taten als sei alles gut, verstellte ich mich und setzte Masken auf, die ihr und mir sagen sollten, dass alles cool war. Dabei war es das nicht. Doch das wussten wir beide. Wir konnten es nicht besser. Wir hatten Angst, uns verletzlich zu machen, würden wir über unsere Gefühle sprechen. Wir haben es nicht anders gelernt. Wir haben es beide als Kind nicht gelernt. Jeder von uns hatte Gründe, die eigenen Gefühle bei sich zu behalten. Dafür gebe ich weder mir noch ihr die Schuld!

***

Eines Morgens entgegnete mir meine Mutter:
„Sag mal, wann und wie möchtest du eigentlich wieder arbeiten oder wie stellst du dir die nächsten Monate vor? Möchtest du immer noch nach Köln und da studieren? Nee, oder?"

Fragen über Fragen.

Köln? Immer noch weg von hier? Und wie! Jetzt habe ich erst recht Lust darauf, das Unbekannte und etwas Neues zu entdecken!, stellte ich fest.

„Doch, klar! Vor allem nach dem, was alles war! Mir geht's ja wieder besser und ich hab' richtig Lust auf Veränderung."

„Bist du dir sicher? Such dir doch einen Studiengang hier in der Nähe. Du kannst doch so nicht einfach wegziehen."

Was fällt meiner Mutter ein, mich als 'so' zu betiteln, dachte ich wütend.

„'So' nicht - was soll das denn heißen? Dieses ‚so' bin ich."

Ich reagierte laut und empört.

„Die Schübe der MS bilden sich ja scheinbar eh nicht mehr zurück! Ob ich sie jetzt hier aushalte oder mit in eine Stadt nehme, in der ich viel glücklicher bin, die Schmerzen und das Kribbeln bleiben."

Meine Mutter versuchte mich zu beruhigen.

„Emilia!"

Immer wenn meine Mutter etwas Ernst meinte, sprang sie von Emma auf meinen vollen Namen Emilia.

„Du weißt, wie ich das meine. Du bist nun mal krank und die Krankheit kann dich jederzeit wieder Schachmatt setzen. Du bist doch jetzt auch noch nicht wieder richtig fit."

„Aber fit genug, um endlich das zu tun, was ich will! Die MS begleitet mich nun mal. Ich hab's kapiert. Aber die MS bin nicht ich! Und erst recht wird sie mir nicht meine Träume versauen! Ich schaffe das wohl alleine, ich bin nicht dumm", äußerte ich entsetzt.

Heute weiß ich, dass meine Mutter sich einfach nur sorgte und Angst hatte, dass ich mich nicht ausreichend um mich kümmern könnte, wenn ich weiter weg alleine wäre.

Ihre Reaktion hatte nichts damit zu tun, dass sie denken würde, ich sei dumm. Heute überrascht mich diese Erkenntnis nicht. Schließlich wohnte ich zu jener Zeit bei ihr, weil ich nicht alleine zurechtkam. Wie soll eine Mutter da schon reagieren, wenn ihr Kind, das monatelang auf Hilfe angewiesen war, plötzlich in eine fremde Stadt ziehen möchte?

Noch am selben Tag traf ich mich mit Hannah. Hannah war ganz auf meiner Seite. Auch wenn wir keine tiefen emotionalen Gespräche führten, unterstütze und bestätigte sie mich dabei, meinen eigenen Weg zu gehen.

Ich erzählte Hannah, dass meine Mutter meinem Entschluss, wegzuziehen, nicht zustimmen würde.

„Ja, Mütter halt! Mach auf jeden Fall, was du für richtig hältst. Wenn die Stadt nichts für dich ist, dann kommst du halt wieder."

Hannahs Reaktion stärkte mir den Rücken, sodass ich mich noch am selben Abend auf die Wohnungssuche im Internet machte.

Passend zur Wohnungssuche startete die Bewerbungsphase für das kommende Wintersemester. Zwar hatte ich schon eine Zusage für das Sommersemester, doch da konnte ich ja nicht starten. MS und Cortison und so. Doch nun war ich mir sicher: zum Wintersemester wird es klappen! Ich werde in drei Monaten ein neues Leben beginnen!

Dank meiner eifrigen Wohnungssuche auf verschiedenen Portalen im Internet, hatte ich schon in der folgenden Woche einige Termine zur Besichtigung in Köln. Hannah unterstützte mich und war so nett, mich quer durch Köln zu fahren. Bislang konnte ich noch keine langen Strecken selber fahren.

Ich schaute mir drei Wohnungen an. Zwei 1-Zimmer-Wohnungen und eine WG. Zwar wollte ich nicht mehr in einer WG wohnen, aber in Köln war es verdammt schwierig, eine kleine bezahlbare Wohnung zu finden. Außerdem war es eine Zweier-WG, die ich mir anschaute und der potenzielle Mitbewohner, so sagte er jedenfalls, sei selten zu Hause.

Alle drei Wohnungen entsprachen meiner Vorstellung. Hauptsache Köln.

Als ich abends mein E-Mail-Postfach öffnete, sah ich eine Mail mit dem Betreff: „Ich habe mich für Dich entschieden :)"

Gierig öffnete ich die Mail, las sie einmal, und ein zweites Mal, um sicherzugehen, dass ich mich nicht täuschte.

Ja, endlich! Geil! Ich habe eine WG gefunden! Ich bekam die erhoffte Zusage für ein WG-Zimmer in Köln. Ich werde in Köln studieren! Ich werde nach Köln ziehen! Dann wird alles besser, freute ich mich.

Über die Zusage des Studienplatzes machte ich mir keine Sorgen. Ich ging fest von einer Zusage aus. Schließlich bekam ich diese ja auch schon Anfang des Jahres zum Sommersemester.

Als ich meiner Mutter überglücklich davon erzählte, hatte ich nicht das Gefühl, als würde die Freude auf Gegenseitigkeit beruhen. Sie schien sehr skeptisch und immer noch nicht überzeugt davon, dass meine Entscheidung das Richtige für mich sei.

Seit der Wohnungszusage stieg die Lust und Freude an meinem Leben. Ich hatte wieder eine Perspektive. Sie gab mir Hoffnung, dass mein Leben wieder vorwärts gehen würde. Meine psychische Verfassung wirkte sich auch auf meine körperliche Gesundheit aus. Nach weiteren Tagen guter Laune veränderten sich sogar die Auswirkungen des Schubes! Das schmerzhafte Kribbeln und auch die Taubheitsgefühle am Rücken und an den Beinen gingen langsam zurück. Mal war es besser. Mal schlechter. Aber es gab Tage, da war das Kribbeln so sanft, dass es sogar nicht mehr schmerzte.

Mir wurde zum ersten Mal klar, dass Körper und Geist in Verbindung stehen. Wenn es mir psychisch nicht gut ging, ging es meinem Körper auch nicht gut und wenn es mir körperlich nicht gut ging, ging es mir psychisch nicht gut. Als würden Körper und Geist miteinander kommunizieren.

Ich war motiviert, mein Leben wieder in die Hand zu nehmen. Alles verlief so wie ich es mir vorstellte. Sogar körperlich fühlte ich mich in der Lage dazu, mich im Fitnessstudio anzumelden. Schließlich hatte ich weiterhin nicht nur häusliche oder berufliche Ziele, sondern auch körperliche. Obwohl ich letztere schon längst erreicht hatte. Doch ich wollte mehr und mehr. Abnehmen.

Mittlerweile war ich zu Hause sehr genervt, wenn jemand da war. Ich fühlte mich gestört und beobachtet. Zudem war ich gesundheitlich stabil genug, um zurück in die WG zu ziehen.

Zeitgleich nahm ich wieder meine Arbeit auf. Das freute meine Kollegen und vor allem meinen Arbeitgeber sehr. Im Job war ich motivierter als zuvor, weil ich wusste, dass ich nicht mehr lange dort arbeiten müsste, denn schon bald würde ich studieren. Ich bat meinen Chef, mir keine Wechselschichten mehr zu geben. Bisher bestand mein Dienstplan zwar überwiegend aus Nachtdiensten, dennoch auch aus drei unregelmäßigen Schichten. Frühschicht, Spätschicht und Nachtschicht.

Natürlich wusste ich schon vor der Ausbildung zur Gesundheits- und Krankenpflegerin, dass mich eine Arbeit aus drei Schichten erwarten wird. Ich wusste aber nicht, dass ich eines Tages Multiple Sklerose haben werde.

Im Früh, Spät,- und Nachtdienst zu arbeiten, ist für einen gesunden Menschen schon Stress. Wenn die Schichten dann noch täglich wechseln, kann es einen in den Wahnsinn treiben. In eine Krankheit.

Seit ich die ersten Symptome der Multiplen Sklerose hatte, war es noch schwieriger in dem Schichtsystem zu funktionieren. Das machte Stress. Besonders die MS hasst Stress. Es ist mittlerweile bekannt, dass Schübe bei MS vor allem durch Stress ausgelöst werden. Da wechselnde Schichten auf Dauer generell Stress für den Körper sind, war es mir wichtig, regelmäßige Arbeitszeiten zu haben.

Langfristiger Stress ist für jeden Menschen ungesund. Die meisten Menschen (und da gehörte ich zu) ignorieren Stress. Häufig unbewusst.

Viele Krankheiten zeigen dem Menschen auf, dass Stress ungesund ist. Vorab sendet der Körper Warnzeichen wie Schlafstörungen, Konzentrationsschwierigkeiten etc. Wenn der Mensch diese Warnzeichen ignoriert, schickt der Körper eine Krankheit, die ihn dann dazu zwingt, sich auszuruhen und zu entspannen. Körper und Geist stehen nicht nur in Verbindung miteinander, sie kommunizieren auch miteinander.

„Geh Du vor", sagte die Seele zum Körper, "auf mich hört er nicht. Vielleicht hört er auf Dich."

„Ich werde krank werden, dann wird er Zeit für Dich haben", sagte der Körper zur Seele.

(Ulrich Schaffer (*1942), Fotograf und Schriftsteller)

Ich konnte mich bei meinem Arbeitskollegen durchsetzen und die meisten Nachtschichten übernehmen. Obwohl Nachtdienste auf Dauer nicht gut für mich waren, konnte ich so immerhin die körperliche Anstrengung mindern. Denn ich betreute nur einen Patienten, der in den meisten

Nächten durchschlief. Die Pflege meines Patienten war in der Nachtschicht also kein Thema.

Es tat mir sehr gut, wieder zu arbeiten. Die Arbeit verlieh mir Struktur. Auch wenn ich bei der Arbeit oft Gedanken an das Essen und an meine Bewegung hatte, waren es deutlich weniger als ohne Arbeit. Mein Verstand hatte in dieser Zeit eben eine andere Aufgabe.

Was nicht bedeutete, dass ich den Rest der Zeit keine zwanghaften Gedanken mehr hatte. Weiterhin musste ich meinen Alltag bis ins Detail planen, um mich abgesichert zu fühlen. Genauso wie ich mein Essen weiter plante und abwog. Neben meiner Dreißig-Stunden-Stelle ging ich regelmäßig mindestens alle zwei Tage zum Sport, die restlichen Tage machte ich meine workouts von Zuhause. An den Wochenenden ging ich sogar ab und zu mal wieder aus.

Auch wenn ich nach der beschriebenen ersten Meditation in einen panischen Zustand verfiel, dachte ich oft an die Mittagsmeditation im Garten zurück. Ihre anfängliche wohltuende Wirkung ging nicht spurlos in mir vorbei. Obwohl mir die Entspannung anschließend Angst machte, wurde das Meditieren zur Routine für mich. Zwar wagte ich mich zunächst nur noch an kurze Meditationen, bei denen ich das Gefühl hatte, die Kontrolle zu behalten, aber ich entspannte. Wenn auch nur etwas. So halb.

Trotzdem verlieh mir die tägliche Meditation unglaublich viel Energie und Kraft, indes mir meine Gedanken, die sich um das Essen und die Planung drehten, den restlichen Tag über Energie raubten. Die Meditation nährte mich mit positiver Energie und vor allem: mit Frieden. Auch wenn ich die Entspannung und die Ruhe nach der Meditation weiterhin schlecht ertragen konnte und wieder direkt ins Tun kommen musste, konnte ich während der Meditation das Nichtstun, die Stille, die Entspannung, die Ruhe und die

Verbundenheit zu mir immer etwas besser genießen. Ich baute die Meditation in meine Morgenroutine ein.

Zur Gesprächstherapie ging ich nur noch alle drei Wochen. Ich hatte das Gefühl, als würde ich keinen Gesprächsbedarf mehr haben. Ich hatte schließlich alles im Griff. Dachte ich.

Die Essstörung war weiterhin fester Bestandteil meines Lebens. Sie war für mich schon normal geworden. So normal, dass ich sie nicht mal als Krankheit wahrnahm.

Einmal fragte ich mich, ob ich mir für einen Tag erlauben könnte ohne meine Ess- und Sportregeln zu leben. Ich stellte mich selbst auf die Probe. Am nächsten Tag versuchte ich einen Tag lang intuitiv zu essen, keine Regeln zu befolgen, mein Essen nicht zu tracken und nicht wie geplant ins Fitness-Studio zu gehen. Dieser Versuch scheiterte schon beim Frühstück. Ich bemerkte, wie sehr mich die Gedanken an das Essen und den Sport stressten und einengten, aber ich konnte auch nicht damit aufhören. Es schien mir so vertraut. Denn es lief ja immer alles nach Plan und dieser lief perfekt! Mit der Essstörung fühlte ich mich sicher. Den Gedanken, eine Essstörung zu haben, verdrängte ich allerdings.

Es veränderte sich nicht viel, außer dass ich wieder arbeiten ging und zeitgleich immer tiefer in die Essstörung rutschte.

Doch das bemerkte ich gar nicht.

Mein System - mein Schutzkäfig - war somit vollständig von mir erbaut worden.

Als ich die Tür verriegelte

Die anfängliche Motivation in meinem Leben verschwand langsam. Alles, was am Tag anstand, wurde gehetzt abgearbeitet, um am Ende erschöpft ins Bett zu fallen. Wenn ich zu Bett ging, war ich zwar kaputt, jedoch meistens entspannt. Schließlich gingen meine Pläne weiterhin auf. Das Muss war erledigt, also konnte ich durchatmen. Bis zum nächsten Morgen. So verging ein Tag nach dem anderen.

Meinem Körper gefiel meine Lebensführung gar nicht. Er meldete sich wieder. Das Kribbeln und die Schmerzen in den Beinen wurden mit der Zeit wieder intensiver. Beim Radfahren taten mir meine Beine manchmal so weh, dass ich sogar nicht mehr in die Pedale treten konnte. Zuerst berichtete ich meinem Neurologen nicht davon. Ich war ängstlich, schließlich lief doch gerade alles so gut! Dachte ich. Also hoffte ich darauf, dass die körperlichen Beschwerden schnell wieder verschwinden würden und änderte nichts an meiner Lebensführung.

Mir war nicht bewusst, wie ungesund ich lebte.

Ich habe ja nicht mal richtig gelebt! Ich habe bloß Dinge, an denen ich keine Freude hatte, abgearbeitet. Insofern kann ich meinem Körper im Nachhinein danken, dass er mich aufmerksam machen wollte, etwas an meiner Lebensführung zu verändern. Doch auch da hörte ich seine Schreie in Form von Symptomen wieder nicht. Während ich auf Verbesserung hoffte, wurden das Kribbeln und die Schmerzen nur noch intensiver.

Also vereinbarte ich notgedrungen doch einen Termin bei Dr. Schulz. Diesmal hatte ich ziemlich Angst vor seiner medizinischen Beurteilung. Was wird er mir wohl dieses Mal sagen?

Nach einem kurzen Gespräch und der Routinediagnostik, ordnete Dr. Schulz ein MRT meiner Halswirbelsäule an.

Ein MRT-Bild dient dazu, Entzündungsherde im Körper zu erkennen, welche Auskunft über die Krankheitsaktivität der Multiplen Sklerose geben.

Die Tatsache, dass die MRT-Untersuchung verordnet wurde, verschonte mich mit Cortison. Wenn man Cortison vor der MRT-Untersuchung verabreicht, kann es sein, dass die aktive Entzündung auf dem MRT-Bild nicht mehr erkannt werden kann. Schließlich wird Cortison verabreicht, um die Entzündung zu bekämpfen. Daher ist die Cortison-Gabe vor der Diagnostik in dieser Hinsicht problematisch.

Dr. Schulz schien sich sicher zu sein, dass auf einem erneuten MRT-Bild ein aktiver Herd zu sehen sein würde. Mein Neurologe wollte genau wissen, wo sich der neue Herd verstecken würde, um meinen Krankheitsverlauf besser einschätzen zu können. Schließlich war der Verlauf seit einigen Monaten schon kaum zu verstehen.

"Ich verabreiche Ihnen erstmal kein Cortison. Wir warten den MRT-Befund ab. Für den Fall – und davon gehe ich aktuell leider aus –, dass eine erneute Stoß-Therapie notwendig ist, schlage ich wieder 1000 mg über fünf Tage vor. Aber auf Dauer darf das kein Zustand sein. Das wäre die dritte hochdosierte Cortison-Therapie innerhalb von nicht mal einem Jahr! Cortison macht Ihre Knochen kaputt und ich glaube nicht, dass Sie noch an Osteoporose erkranken wollen."

„Äh, ne?! Aber wir können ja auch den MRT-Befund abwarten, bevor wir über das dämliche Zeug oder andere Krankheiten reden.“

Um nicht allzu unhöflich zu klingen, lächelte ich leicht.

Doch Dr. Schulz' Gesichtsausdruck verriet eindeutig, dass meine genervte Laune zu ihm durchdrang.

Dieses Genervt sein war zu diesem Zeitpunkt mein Schutz davor, in Weinen auszubrechen. Dahinter steckte einfach nur die A N G S T.

Vor einem neuen Schub.

Vor Cortison.

Vor der Unbeweglichkeit.

Vor dem Zunehmen.

„Ich organisiere Ihnen sobald wie möglich einen MRT-Termin. Wenn die Symptome sich ausweiten sollten, dann kommen Sie bitte vorher vorbei. Aber wie gesagt, ich würde mir lieber ein Bild ohne Cortison ansehen, weil es die Einschätzung und Darstellung des Entzündungsprozesses verdecken könnte."

„Ja, ach, wird schon nicht schlimmer."

Er schaute mich an, zog seine Augenbrauen hoch, atmete tief ein und fragte mich besorgt, wie viel ich denn abgenommen hätte.

Völlig erschrocken bekam ich zuerst kein Wort heraus. Mit dieser direkten Frage, die nichts mit der Multiplen Sklerose zu tun hatte, hatte ich nicht gerechnet.

Nach einem kurzen unangenehmen Schweigen antworte ich:

„Öh, weiß nicht, glaube… nicht wirklich viel. Ich wiege mich ja nicht."

Das war natürlich wieder gelogen.

„Gehen Sie denn noch zu der ambulanten Psychotherapie? Ich denke, es ist aktuell ein gutes Angebot für Sie und das sollten Sie wahrnehmen."

„Ja, bin da zwischendurch mal. Aber mir geht's ja soweit gut."

Dr. Schulz bemerkte, dass ich gerade kein Interesse hatte, darüber zu sprechen. Schließlich hatte ich andere Probleme: eine aktive Multiple Sklerose und eine bevorstehende MRT-Untersuchung. Zu meiner Beruhigung ließ er dann den Versuch, mit mir über mein Körpergewicht zu sprechen, sein.

Auf dem Weg nach Hause in meine WG genoss ich jedoch die Bemerkung von Dr. Schulz, die auf mein Gewicht und meine psychische Gesundheit abzielte. Damit wären wir wieder bei der seltsamen Logik, dass ich mir mit der MS genügend Aufmerksamkeit hätte einholen können. Doch ich ließ die Aufmerksamkeit auf diesem Wege nicht zu, sondern genoss die Aufmerksamkeit, die ich durch den Verlust meines Gewichts bekam.

Leider motivierte mich das auch dazu, weiter mehr abzunehmen, um noch hilfloser und schwächer zu erscheinen.

Schon am Folgetag wurde das MRT-Bild in einer radiologischen Gemeinschaftspraxis, bei der ich durch die vorherigen zahlreichen bildgebenden Verfahren bekannt war, gemacht.

An jenem Tag würde sich herausstellen, wie weit die MS fortgeschritten war und ob eine erneute Therapie notwendig sein würde. Ich war sehr nervös. Wie immer hatte ich das Verlangen, stark bleiben zu müssen. Stark für mich. Ich dachte, dass sowieso Niemand meine Ängste verstehen würde. Mein Bedürfnis war jedoch ein anderes. Ich hätte mich so gerne in die Arme eines Menschen fallen lassen, bei dem ich sicher war, er könnte meine Last aushalten. Aber diesen Menschen gab es nicht. Ich wollte da nicht wieder alleine durch, aber mit jemandem darüber sprechen, wollte ich auch nicht. Zwischen dem Wunsch nach Zuflucht und dem Wunsch nach Schweigen, entschied ich mich für Letzteres. Mit wem sollte ich darüber sprechen, wenn doch sowieso niemand da war, der mich verstand, dachte ich.

Somit lag ich wieder in der MRT-Röhre. Mittlerweile kannte ich die Prozedur ja schon auswendig. Die Vibration und die Enge des MRT-Gerätes machten mir nichts mehr aus. Aus dem klopfenden, lauten, klirrenden Geräusch erzeugte ich meine eigene Melodie. Ich summte das Klopfen, das aus dem Gerät kam und in welchem ich lag, mit. Mal summte ich eine Oktave höher und dann wieder tiefer. Ob die Assistenten mich hörten? Keine Ahnung. Es war mir auch egal. Ich wollte einfach nur, dass es vorbei ging. Ich merkte, wie das kalte Kontrastmittel über einen Zugang in meine Armvene hineinlief. Es war kalt und prickelte leicht.

Die meisten Menschen haben Angst vor der Enge des MRT-Gerätes. Ich hingegen hatte Angst vor dem Kontrastmittel. Sobald ich spürte, dass das Kontrastmittel meinen Arm erreichte, bekam ich immer die schreckliche Vorstellung, ich würde allergisch darauf reagieren. Was wohl daran lag, dass ich einmal auf ein anderes Medikament mit einem allergischen Schock reagiert hatte. Seitdem hatte ich lange Zeit enorme Panik vor jeglichen Medikamenten. Immer wenn das Kontrastmittel in mich hineinlief, beruhigte ich mich, indem ich mir vorstellte, das Kontrastmittel sei Licht, welches meinen ganzen Körper durchströmte und dafür sorgte, die aktiven Entzündungen sichtbar zu machen. Wie eine Taschenlampe.

Bei einer MRT-Untersuchung ist das Kontrastmittel bei einem Verdacht auf einen akuten Schub notwendig, damit aktive Entzündungen bei der Diagnostik auch gesehen werden können. Daher ergab sich für mich nie die winzige Möglichkeit, es abzulehnen.

„Soo, das war es schon wieder", erklang es außerhalb der Röhre.

Ein Assistent schob mich heraus.

„Die Bilder geben wir Ihnen auf einer CD mit und den Bericht schicken wir an Ihren Neurologen. Warten Sie für die CD einfach vorne im Wartebereich."

Ich kleidete mich wieder vollständig an, wartete im Wartezimmer auf meine Bilder und verließ das Gebäude. Gut, dass ich zu dieser Zeit wieder in meiner WG wohnte, so musste ich meiner Mutter nicht erklären, wo ich den ganzen Nachmittag gewesen war.

Nach der Untersuchung ging ich zum Sport. Auch wenn ich nicht die Leistung erbringen konnte, die ich an den Tagen vor dem Wiederauftreten der Symptome erbrachte, zog ich mein geplantes Programm durch. Gegessen hatte ich davor und danach kaum. Das tat meinem Körper weniger gut.

An diesem Abend schlief ich jedoch den Umständen entsprechend gut. Ich fühlte mich lediglich ängstlich und einsam. Aber das mit dem Alleinefühlen hatte ich immer noch selbst in der Hand. Schließlich hätte ich mit jemandem über meine Situation sprechen können, aber das wollte ich ja nicht.

„Oh, da sind Sie ja schon wieder."

Mit einem Lächeln begrüßte mich die medizinische Fachangestellte der neurologischen Praxis.

Na sowas aber! Hab ja sonst nichts zu tun, dachte ich genervt.

Ich reagierte nur leise. „Ja, woanders zu sein wäre mir auch etwas lieber."

Wie immer war die Praxis ziemlich voll. Somit stellte ich mich auf eine lange Wartezeit ein. Doch gerade als ich mein Buch aus meiner Handtasche ziehen wollte, wurde ich schon aufgerufen. Von meinem Arzt persönlich. Den Blick, den er mir zuwarf, kannte ich. Es war kein guter.

Ich lief Dr. Schulz hinterher, indes ich mich bemühte ruhig und langsam weiter zu atmen.

In seinem Sprechzimmer angekommen, fragte er mich, ob sich die Symptome verschlimmert hätten. Das war zum Glück nicht der Fall.

Gerade als ich seine Antwort freudig verneinen konnte, äußerte er, dass sich wieder ein neuer Herd aktiviert hätte. Es war wie er befürchtet hatte.

Auch wenn ich irgendwie auf diese Nachricht vorbereitet war, war ich bestürzt. Ich blickte teilnahmslos nach links aus dem Fenster. Mir fehlten die Worte. Ich konnte es nicht fassen. Ich wollte es nicht fassen.

Während er mir deutlich machte, dass in kurzer Zeit viele neue Entzündungsherde im Kopf, in der Brustwirbelsäule und nun in der Halswirbelsäule dazukamen, bemerkte ich, wie mein Herzschlag schneller wurde. Ich wusste genau, welche Botschaft mich durch seinen nächsten Satz erreichen würde. Ich verstummte wie bislang und hatte nur einen Gedanken: KEIN CORTISON!

In diesem Moment bemühte ich mich, das Positive zu sehen. Schließlich waren es nur Symptome, die ich bislang schon kannte, die nur eben wieder etwas intensiver geworden sind. Immerhin konnte ich normal zur Toilette gehen und sprechen. Andere haben dabei Probleme. Ich habe „nur" Schmerzen, Sensibilitätsstörungen und bin etwas Gangunsicher, besann ich mich.

In Wahrheit konnte ich meine Sorgen allerdings nicht besänftigen, es funktionierte nicht. Dabei waren die Symptome ja auch nicht mein eigentliches Problem, sondern das bevorstehende Cortison!

Die ersten Worte, die aus mir herauskamen, waren ein Versuch, herauszufinden, ob es möglich wäre, mich dieses Mal ohne Cortison zu behandeln.

Wie erahnt antwortete Dr. Schulz:

„Nein, es tut mir Leid, aber das geht nicht. Der Herd wird weiter wachsen und sich ausbreiten, wenn wir jetzt keine Maßnahme ergreifen. Sie wissen das doch, Frau Walter. Ich möchte Ihnen wirklich ungern schon wieder so viel Cortison zumuten, doch leider kenne ich keine andere Lösung."

Um ehrlich zu sein, war meine Sorge nicht, dass mein Körper wieder „Gift" bekommen würde, sondern dass ich nun wieder in diesem Krankheitsgefühl gefangen sein würde, wieder kein Sport machen könnte und zunehmen würde. Mit meinem Körper hatte ich kein Mitgefühl, dafür umso mehr mit meinem Gewicht. Aber das sagte ich ihm nicht.

„Wir fangen sofort mit der ersten Cortison-Infusion an. Wir starten heute mit 1000 mg. Dennoch wieder je fünf Tage."

Da ich die bevorstehende Cortison-Gabe geahnt hatte, aß ich an diesem Morgen extra nichts. Schließlich hatte ich an diesem Tag auch nicht mehr die Gelegenheit, meine aufgenommenen Kalorien durch exzessiven Sport zu verbrennen.

„Möchten Sie ins Krankenhaus oder trauen Sie sich das Procedere wieder ambulant, also von Zuhause aus, zu? Sie könnten wie bei den letzten Behandlungen jeden Morgen herkommen, die Infusion erhalten und anschließend könnten wir so jeden Tag wieder Rücksprache halten."

Niemals ins Krankenhaus! Da kann ich ja weder mein Essen noch meine Bewegung kontrollieren, entschied ich mich direkt, aber schweigend.

Ich nickte Dr. Schulz zu.

„Am Wochenende müssten Sie dann allerdings in die Ambulanz eines Krankenhauses, weil wir dieses Mal mitten in der Woche starten und die Therapie nicht unterbrochen werden sollte. Sie können aber, sobald die Infusion durchgelaufen ist, sofort nach Hause."

„Ja, klingt gut so."

„Haben Sie denn zu Hause wieder jemanden, der sich um Sie kümmern kann?"

„Ja, habe ich."

Währenddessen fiel mir ein, dass ich eigentlich doch Niemanden Zuhause hatte und somit auch nicht daran vorbeikommen würde, meine Mutter zu benachrichtigen.

Nachdem ich also wieder an den Tropf angeschlossen wurde, schrieb ich meiner Mutter.

Ich verharmloste die Situation insofern, als sei die Cortison-Gabe nötig, damit die alten Herde nicht wieder aktiv werden könnten. Zudem teilte ich ihr auch mit, dass in einem erneuten MRT-Befund noch kein Stillstand der Krankheitsaktivität zu sehen sei, weshalb sicherheitshalber eine erneute Therapie gemacht werden würde. Ich hatte ihr nie erzählt, an welchen Stellen in meinem Körper ich mittlerweile Entzündungsherde hatte. Welche aktiv waren und welche nicht. Im Besonderen verschwieg ich ihr, dass sich mein schubförmig remittierender Verlauf zum sekundär chronischen progredienten Verlauf entwickelte.

Kurz bevor der Tropf durchgelaufen war, kam Dr. Schulz zurück ins Infusions-Zimmer. Er setzte sich neben mich auf einen Stuhl, schnaufte lautstark durch die Nase aus und schaute mich mit einem strengen Blick an.

Dr. Schulz begann mich an die Relevanz einer Basistherapie zu erinnern.

„Ich kann Sie nur ermutigen weiterhin darüber nachzudenken, ob Sie eine Basistherapie in Angriff nehmen möchten. Die MS geht gerade in eine hochaktive Verlaufsform über. Sie sind noch sehr jung. Ich denke, Sie wollen noch viel erleben, ohne körperlich eingeschränkt zu sein, oder?"

Das Thema Basistherapie war schon seit der Diagnose ein Thema.

Die Basistherapie bei einer MS wird nicht nur bei einem akuten Schub in Betracht gezogen, sondern durchgehend. Eine Basistherapie soll dem Fortschreiten der Krankheit entgegenwirken. Wie bei jedem Medikament gibt es dafür keine hundertprozentige Sicherheit, dass die Krankheit nicht voranschreitet.

Es gibt verschiedene Basistherapien. Im Idealfall überlegt der Arzt zu Beginn der Diagnose gemeinsam mit dem Betroffenen, welche Basistherapie die passende sein könne. So sollte es jedenfalls sein! Bei mir war es etwas anders. Mir wurde damals, ein Tag nach meiner Diagnose, ohne ausreichende Aufklärung ein MS-Medikament verschrieben. Über die allgemeine Wirkung und die Nebenwirkungen wurde ich nicht aufgeklärt. Die für mich ausgewählte Basistherapie sollte ich mir regelmäßig selbst spritzen. Zum Glück bin ich Krankenschwester, das machte mir also nichts aus. Der Arzt tat allerdings so, als sei die eigenständige Injektion selbstverständlich.

Leider stand ich kurz nach der Diagnose ziemlich hilflos da, sodass ich meinem Körper unwissend das Medikament zuführte. Anstatt dass mich mein damals behandelnder Arzt, also dieser Neurologe, in einer ruhigen Minute mit den verschiedenen Basistherapien vertraut machte, verordnete er mir bloß eine.

Basistherapien sind keine Bonbons. Jeder Körper reagiert unterschiedlich auf die verschiedenen Basistherapien. Manche eben auch gar nicht. Ich hatte immer starke Nebenwirkungen. Mein Körper mochte die Medikation nicht. Genauso wie mein Kopf. Wahrscheinlich deswegen. Nach kurzer Zeit setzte ich die Medikation damals ab.

Ich hatte heftige Nebenwirkungen, über die ich nicht aufgeklärt wurde! Dieser Mangel war mit einer der Gründe, weshalb ich meinen Neurologen wechselte.

Immer wieder schlugen mir meine nachfolgenden Neurologen eine neue Basistherapie vor, die bei einer aktiven Verlaufsform eingesetzt werden würde, aber dementsprechende Nebenwirkungen mit sich bringen könnte. Doch die Nebenwirkungen von jenen Medikamenten haben mich fast genauso beeinträchtigt wie die Schübe selbst. Bis ich mich dazu entschieden hatte, erstmal keine Basistherapie mehr zu machen.

An dieser Stelle möchte ich hervorheben, dass jeder Körper anders auf Medikamente reagiert. Außerdem darf und sollte jeder Mensch selber entscheiden, ob und welches Medikament in Frage kommt. Jeder Betroffene sollte ausreichend beraten und informiert werden. Es gibt Gründe, die für und gegen eine Medikation sprechen.

Dr. Schulz klärte mich an diesem Tag wieder über weitere Basistherapien auf und gab mir die Möglichkeit, Fragen zu stellen.

Aber zunächst stand für mich das Thema Cortison auf dem Programm. Diese fünf Tage der Cortison-Therapie liefen jedoch anders als zuvor ab. Diese Therapie-Tage waren viel stressiger, denn meine Zwangsgedanken und Zwangshandlungen, die mit der Essstörung einhergingen, wurden immer stärker und unberechenbarer. Anstatt mich nur auf meine Genesung zu konzentrieren, gestaltete ich diese fünf Tage gehetzter denn je. Getrieben von Zwängen. Diesmal widmete ich mich auch nicht mehr meinem Körper. Jedenfalls nicht liebevoll.

Bei den letzten Stoß-Therapien schenkte ich meinem Körper wenigstens ein bisschen Aufmerksamkeit und Mitgefühl. Nun hatte ich all das, was ich in den letzten Monaten für mich gelernt, gelesen und entdeckt hatte, vergessen. All die Achtsamkeit, Entspannung und Selbstfürsorge, die ich durch die Mediationen oder naturnahen Spaziergängen erfahren durfte, praktizierte ich nicht mehr. Diese fünf Tage Cortison-Gabe bestanden daraus, dass ich mich und meinen Körper so richtig folterte.

Schon am zweiten Tag der Therapie stieg meine Angst, denn durch das Cortison hatte ich wieder weniger Kontrolle über meinen Körper. Dadurch kletterten die Essstörung und der Planungszwang um ein weiteres Level nach oben. Schließlich musste ich mir die Kontrolle anderweitig zurückholen!

Ich wusste nicht, was ich tat. Ich war hilflos. Ich habe es zu diesem Zeitpunkt so gut gemacht, wie ich konnte.

Obwohl ich nur einen einzigen Termin am Tag hatte (den Arzttermin wegen der Cortison-Gabe), plante ich alles, was ich tun konnte, im Minutentakt. Die Kontrolle über meinen Körper zu bewahren stresste mich. Jeden Tag war ich angespannt und stand unter Druck, weil ich dachte, alles planen zu müssen. Ich musste jede Minute mit Dingen verplanen, die ich an mir und meinem Körper kontrollieren konnte. Ich wurde immer perfektionistischer.

Ich lebte hektisch, angespannt und aggressiv durch die Tage. Immer im selben geplanten Rhythmus. Mein Taktgeber war die Angst. Die Angst, nicht genug zu sein, Angst, einsam zu sein, Angst, nicht geliebt und getragen zu werden.

Am dritten, vierten und fünften Tag der Cortison-Therapie verbot ich mir das Frühstück. Stattdessen machte ich heimlich direkt nach dem Aufstehen ein paar sportliche Übungen in meinem Zimmer, indes ich absolut keine Kraft hatte. Mein Körper war so schwach wie noch nie. Ich bemerkte während des Sports, dass ich keine Kraft hatte und mein Körper lahm war, das machte mich wütend, sodass

93

ich unter Wut und Aggression meinen Körper dazu zwang, sich auch nur irgendwie zu bewegen. Ich hielt mich die meiste Zeit dort auf, wo niemand war, um heimlich Sport machen zu können. Diesen Anblick wollte ich niemandem gewähren! Nicht einmal mir selber.

Dieses Mal war ich während der Therapie so erschöpft, dass ich das Angebot meines Stiefvaters, von ihm in die Praxis bzw. in die Ambulanz gebracht zu werden, annahm.

Während das Cortison durchlief, nahm ich meine erste Mahlzeit zu mir, die ich mir von Zuhause mitgebracht hatte. Ich trank meine geplante Buttermilch. 200 ml.

Die Cortison-Gabe dauerte meistens 60 bis 90 Minuten. Sobald das Zeug durchgelaufen war, verließ ich die Praxis und ging wieder spazieren, um die aufgenommene Nahrung wieder zu verbrauchen. Mein Stiefvater Thomas fuhr mich also jeden Vormittag und holte mich nach dem Mittag wieder ab.

Ich rief Thomas nicht direkt nach der Cortison-Gabe an, um ihn darüber zu informieren, dass er mich abholen könne, sondern erst nach meinem Spaziergang. Ich musste ja geheim halten, dass ich kaum aß und mich bewegen musste. Obwohl mein Körper so müde war, mein Kreislauf nicht stabil war und ich nicht mehr klar denken konnte, konnte ich nicht aufhören, mich zu bewegen und wenig zu essen.

Thomas und ich redeten wie eingangs beschrieben wenig bis gar nicht über die mich begleitende Krankheit Multiple Sklerose. Wir redeten generell wenig über unglückliche Umstände. Wir hatten eher ein emotional distanziertes Verhältnis, dennoch ein vertrautes. Er war immer jemand, der da war, obwohl wir nicht viel miteinander teilten. Er war wie ein stiller Begleiter, der seine Hilfe nicht durch Gespräche oder eine Umarmung zeigte, sondern z.B. durch die Fahrerei zur Praxis. Er war immer da, wenn ich mich meldete. Ein stiller Begleiter eben. Ich wusste damals schon, dass es ihm unangenehm war, über Gefühle oder Schicksalsschläge zu sprechen. Ich nehme an, aus derselben fehlenden Erfahrung, die ich gehabt habe. Es wurde in der Kindheit, im Jugend- und im Erwachsenenalter nie über Emotionales gesprochen. Dass er mich nie auf die Multiple Sklerose angesprochen hatte, auf die Art der Therapie und warum die Infusion immer so lange dauern würde (was ja auch nicht so war), war mir zu dieser Zeit sehr Recht. So musste ich mich nie erklären.

Wir redeten während der Autofahrten über belanglose Dinge, wie darüber, welcher Einwohner in unserem Dorf mittlerweile eine Eigentumswohnung hatte oder weshalb ein neuer Kreisverkehr gebaut wurde. All diese Dinge interessierten mich nicht, lenkten aber von meiner Situation gut ab.

Sobald ich an den Therapietagen nach der Infusion Zuhause ankam, bereitete ich mir meine erste richtige Mahlzeit vor. Doch bevor ich das aß, machte ich oben in meinem Zimmer noch ein kleines workout, das hauptsächlich aus sit-ups und Kurzhantel-Übungen bestand. Denn so konnte ich meine Beine, die schließlich am Nachmittag wieder dran waren, schonen. Nach dem Mittagessen machte ich wieder einen großen Spaziergang und plante indes schon, was ich in den nächsten Tagen kochen könnte. Daheim versuchte ich mich mit anderen Dingen zu beschäftigen wie z.B. mit dem Putzen der Wohnung oder einer Liste mit Lebensmitteln, die ich kaufen könnte. Jeden Abend rechnete ich mir meine Kalorienzufuhr für den nächsten Tag aus. Meine Mahlzeiten waren fest verplant. Bevor das nicht vor dem Schlafengehen erledigt war, schlief ich nicht. Ich habe in dieser Zeit nicht ein einziges Mal geschlafen, ohne meinen Folgetag mit Essen, Bewegung und anderen Aktivitäten geplant zu haben. Alles musste ausgiebig geplant sein! Das Planen und Verzehren meiner Mahlzeiten war ein Mittel für mich, welches mich für den Moment glücklich stimmte. Ich wollte mich in jener Zeit gut fühlen. Und da meiner Überzeugung nach niemand für mein Wohl – außer mir – sorgen konnte, plante und zelebrierte ich mein Essen. Meine Mahlzeiten waren quasi geplante Freude.

Andererseits fühlte ich mich anschließend schlecht, weil ich dachte, ich würde nun fett und hässlich sein. Und da ich mich sowieso weniger wert fühlte, wollte ich wenigstens durch mein Gewichtsreduktion in Form von Leistung Anerkennung bekommen. Obwohl ich körperlich nicht in der Lage war, Sport zu machen, tat ich es trotzdem. Die anfänglich sanften Sporteinheiten verwandelten sich in den letzten Monaten schon längst in exzessive Sporteinheiten, welche ich nun beibehielt. Ich ignorierte die nicht vorhandenen Kräfte meines Körpers. Wenn ich mich vor Schmerzen und Schwäche nicht mehr auf den Beinen halten konnte, machte ich sit-ups, fuhr Fahrrad oder führte andere schweißtreibende workouts durch.

Ich erstellte mir sogar eigene Trainingspläne, die so perfekt sein mussten, dass ich absolut keinen Zweifel an der Effizienz des Plans haben durfte. Wenn ich sit-ups machen musste, dann setzte ich mir immer eine krumme Zahl, die ich in drei Sätzen erreichen musste. Ich nahm mir z.B. vor, drei Mal 43 sit-ups machen zu müssen. Dann wurde es zum Zwang. Es durften keine 30 oder 45 sein, es mussten 43 sein. Wenn ich spazierte oder mich bemühte zu joggen, setzte ich mir die Zahl 8,07. Falls ich an den 8,07 km vorbeilief, musste ich 9,07 laufen. Wenn ich keinen Sport trieb, äußerten sich meine Zwangsgedanken anderweitig.

Hatte ich z.B. eines Tages den Gedanke, ich könnte Briefmarken gebrauchen, dann ging ich los, welche kaufen. Obwohl ich keine Briefe verschicken musste, musste ich Briefmarken kaufen. Es war ein einfacher Gedanke, den ich ausführen musste. Alles, was ich dachte, musste ich ausführen. Nicht, wenn es an der Zeit gewesen wäre, nicht am nächsten Tag. Sondern sofort. Immer jetzt. Ich musste mich um alles kümmern, was mir in dem Kopf kam.

Oft plante ich Kleidungsstücke in verschiedenen Kombinationen für den Fall, dass ich einmal auf eine Hochzeit oder eine andere Feier eingeladen werden könnte, auf der man etwas seriöser auftauchen erscheinen sollte. Wenn ich keinen perfekten Plan für meine erdachten Anlässe bekam und meine Kleidung nicht übereinstimmte, bestellte ich mir neue Kleidung, die dazu passen könnte. Dabei verglich ich jedoch das ausgewählte Kleidungsstück noch mit fünf anderen online-shops in den Punkten: Versand, Kosten, Herstellung und Material. Alles musste perfekt sein!

Es war unfassbar anstrengend. Ich nahm zwar wahr, dass dieses Verhalten nicht mehr normal war, aber ich konnte nicht aufhören. Nicht aufhören zu denken. Ich konnte das Nichtstun nicht ertragen. Die Stille war nach wie vor mein Feind. Ich erkannte, dass ich den Kontakt mit meinem Selbst nicht aushielt. Deshalb war ich ständig in Aktivität. Ich wollte mich nur mit mir selber beschäftigen, weil ich wusste, dass ich die einzige war, die für sich planen konnte. Wäre jemand bei mir gewesen, hätte ich nichts planen können. Ich hätte keine Kontrolle über das Verhalten meines Gegenübers und somit auch weniger Kontrolle über mich gehabt. Deswegen blieb ich lieber allein. So konnte ich mir sicher sein, alles planen und kontrollieren zu können, was mein Leben betraf.

Heute weiß ich, dass es meine Angst war, die dahintersteckte. Denn wenn ich nichts tat und es still wurde, war genügend Raum für Gefühle und Ängste da. Ich hatte Angst, mir und anderen Schwäche zu zeigen, während alle dachten, ich sei stark. Ich schaffte es nicht mal mehr, mir selber Trauer, Wut oder die Angst an sich einzugestehen. Ich hatte Angst vor meinen eigenen Gefühlen. Stille wurde für mich zur Bedrohung. Deshalb flüchtete ich mich unbewusst in schädliche Verhaltensweisen, um den Kontakt mit meinem Selbst zu vermeiden, damit ich nicht ins Spüren meiner Gefühle geriet. Die Zwänge waren reine Ablenkungs- und Vermeidungsstrategie, die ich mir über Monate aneignete. Ich fühlte mich einsam und verloren. Ich fühlte mich nicht sicher und dachte unbewusst, wenn ich meine Gedanken ausführe, wäre ich abgesichert und mir könnte nichts passieren. Ich dachte, ich wäre nur so in Sicherheit. Zudem war ich so immer abgelenkt. Diese Art von Kontrolle war für mich der einzige Lösungsweg, um mich vor meinen Gefühlen und vor der Angst schützen, nicht sicher, schwach, allein und anders zu sein.

Zudem hatte ich schon früh gelernt, alleine für mich sorgen zu müssen und alle Angelegenheiten mit mir alleine zu klären. Deswegen musste ich alles sofort erledigen, damit mir nichts mehr passieren konnte. Ich fühlte mich erst gut, wenn ich alles erledigt hatte. Denn dann dachte ich, wäre ich in Sicherheit. Damals war es egal, ob es sich um Angelegenheiten handelte, die wirklich überlebensnotwendig waren oder die unbedeutend waren. Alles war gleich wichtig für mich.

Nach der fünftägigen Cortison-gabe bemerkte ich keine körperliche oder seelische Besserung. Die Schmerzen in den Beinen, die Instabilität und das Kribbeln, das sich meinen ganzen Rücken hochzog, wurden immer intensiver. Sogar meine Handinnenflächen fingen an schmerzhaft zu kribbeln und auch zu stechen. Die rechte Hand verkrampfte und wurde teilweise sogar steif.

Rückblickend erkenne ich, dass das eine klare Antwort an mich von meinem Körper war.

„Wenn du mich so behandelst, wird es schlimmer. Soll ich Dich also ganz außer Gefecht setzen, damit Du mich wieder wahrnimmst und liebst?"

Wenn mein Körper sprechen könnte, hätte er mir das gesagt.

***

In den folgenden Wochen wollte ich niemanden mehr sehen, nichts erleben, nichts mehr lernen, nichts mehr erfahren. Stattdessen wollte ich nur noch in meinem Käfig aus Planen und Kontrollieren leben. Aber irgendwie auch nicht, doch ausbrechen konnte ich auch nicht. Ich wollte die Kontrolle nicht mehr loslassen. Ich konnte es einfach nicht. Ich wollte gar nichts mehr machen, außer mich um mein Körpergewicht kümmern.

Frau Leugers, meiner Verhaltenstherapeutin, erzählte ich weiterhin nichts von meinem Spiel mit der Kontrolle. Ich ging sowieso immer seltener hin. Wenn ich dort war, dann schob ich die Multiple Sklerose als Sprechstundenthema vor.

Da sich meine körperlichen Symptome durch das Cortison wieder nicht einschränken ließen, war ein erneuter Arztbesuch fällig.

Die letzte Cortison-Gabe sollte ich wie zuvor 14 Tage abwarten, da sie ja noch nachwirken könnte. Doch das tat sie wieder nicht. Also besuchte ich Dr. Schulz.

„Ich hab' langsam echt keine Ahnung, warum das Ganze nicht wenigstens etwas besser wird, aber das Lhermitte-Zeichen, also dieses unangenehme elektrisierende Gefühl, das ich habe, wenn ich meinen Kopf nach unten neige, ist jetzt auch schon da, sobald ich meinen Kopf auch nur ansatzweise in Richtung Brust bewege. Es schießt meinen ganzen Körper hinunter! Vom Kopf bis in meine Fingerspitzen und in die Zehen. Wie kann das sein, dass das alles nicht mit Cortison weggeht, sondern immer schlimmer wird?", fragte ich Dr. Schulz.

„Ich wünsche, ich könnte Ihnen eine eindeutige Antwort darauf geben, doch leider ist die Multiple Sklerose dafür bekannt, dass sie manchmal unerklärlich verläuft. Manchmal schlägt das Cortison an, dann wieder nicht oder es dauert eben eine Weile. Noch mehr Cortison verträgt Ihr Körper aber nicht. Ich werde mich mit einem Kollegen beraten und mich dann wieder mit Ihnen in Verbindung setzen, um schnellstmöglich den Verlauf zu mildern."

Ich hörte einfach nur zu und nickte.

„Es gibt noch eine andere Therapie, die eine Idee wäre. Ich denke an eine Plasmapherese. Bevor wir da aber weiter einsteigen, würde ich mich gerne beraten. Diese Therapie müsste im Krankenhaus stattfinden."

Als Krankenschwester weiß ich, was eine Plasmapherese ist, ich wusste bis dahin aber noch nicht, dass diese auch bei Multiple Sklerose eingesetzt werden kann. Bei einer Plasmapherese wird das Blut gefiltert und bestimmte Blutbestandteile (die bei der MS für die Entzündungsprozesse zuständig sind) werden somit entfernt. Dafür muss ein Katheter im Halsbereich gelegt werden.

Noch am selben Nachmittag rief Dr. Schulz mich wieder an.

„Ich habe mit einem sehr erfahrenen Kollegen gesprochen, der als Neurologe in einem Krankenhaus arbeitet. Sie können nächste Woche zu einem Aufklärungsgespräch kommen. Es gibt gewisse Risiken, aber es wäre eine Chance, dass Sie mit weniger oder sogar ganz ohne Beschwerden laufen könnten."

„Hm, okay", sagte ich leise.

„Ich weiß, das klingt erstmal beunruhigend, aber hören Sie es sich an. Der Termin wäre sogar schon nächste Woche Dienstag."

Ich stimmte dem Aufklärungsgespräch zu. Was blieb mir auch anderes übrig? Bis zum vereinbarten Termin waren es noch acht Tage. Solange war ich verschont.

Als wir das Telefonat beendeten, zog ich direkt wieder meine Sportkleidung an und legte los. Sport, Sport, Sport. Eine Stunde, zwei Stunden, drei Stunden. Mal wieder war das meine unbewusste, automatisierte Strategie, um nichts fühlen zu müssen. Dabei war ich nach dem Telefonat wütend, ängstlich und traurig zugleich. Ich ließ nichts davon frei, sondern kompensierte diese Gefühle mit exzessivem Sport.

Wie bisher wohnte ich weiter in meinem Elternhaus, doch von dieser bevorstehenden Prozedur erwähnte ich Zuhause nichts. Warum jetzt schon viel Lärm machen, wenn es doch eh noch laut genug wird?, beratschlagte ich mich.

Mein anfänglich - wenig - zugenommenes Gewicht (durch das Cortison) verlor ich schon nach wenigen Tagen. Meine Mutter brachte mein Untergewicht immer häufiger zur Sprache. Hin und wieder äußerte sie, dass ich sehr mager aussehe, dass es langsam nicht mehr gesund aussehen würde und mahnte, dass ich nicht noch mehr abnehmen dürfe. Ich vermerkte ihre Bemerkungen als ein Kompliment und Motivation, weiterzumachen, anstatt damit aufzuhören. Immerhin war ich neben meinen dysfunktionalen Zwangs- und Essgewohnheiten wieder bereit, mehr Selbstfürsorge in meinen Alltag zu integrieren. Klingt paradox, ich weiß. Aber diese ersten Schritte der Selbst(be)achtung waren die besten, die ich gehen konnte. Aufs Neue etablierte ich die Meditation zum festen Bestandteil meiner Morgenroutine.

Zwar brauchte ich die Zwangs- und Essstörung weiterhin, aber ich fing an, Ruhepausen in meinen Alltag einzubauen.

Ich und meditieren? Da sein und nichts tun? Dass mir das mal so guttun würde, hätte ich niemals gedacht.

Die Bereitschaft, mich mit dem Meditieren auseinanderzusetzen, war und ist ein Geschenk für mich. Dieses Geschenk habe ich den Schüben der Multiplen Sklerose zu verdanken. Die Schübe brachten meinen Geist dazu, zur Ruhe kommen zu wollen. Mein Körper zeigte mir, wie notwendig es war, sich endlich zu entspannen. Die körperlichen und psychischen Auswirkungen verhalfen mir dazu, den Frieden in mir zu spüren. Besser gesagt: sie zwangen mich fast schon dazu. Heute bin ich dankbar, dass ich durch meine damals geschwächte körperliche Verfassung zu meditieren begann. Das Meditieren unterstützt mich auch heute noch bei jeglichen Herausforderungen.

Durch die Meditations-Praxis bemerkte ich, wie ich eine Verbindung zwischen mir und meinen Körper herstellen konnte. Ich spürte in jenen Momenten oft, dass es eigentlich keine Probleme zwischen mir und meinem Körper gab. Ich hatte dann sogar nicht mal das Bedürfnis, etwas zu planen. Ich fühlte mich schwerelos und im Frieden mit mir, meinem Körper und meiner Krankheit.

Ich begann sogar einige Tage später mit Yoga. Yoga hatte ich schon vor längerer Zeit ausprobiert, doch aus irgendwelchen Gründen war ich nicht konsequent dabei geblieben. Nun zog es mich aber wieder auf die Yoga-Matte. Ich verspürte den Impuls, Yoga zu machen, obwohl ich nicht wusste, wie es ging. Da ich jeden Abend sowohl körperlich als aus psychisch ziemlich erschöpft war, wollte ich meinem Körper anstelle von schweißtreibenden Sporteinheiten sanfte Bewegungsabläufe genehmigen.

Nicht nur mein Körper profitierte von den sanften Yoga-Einheiten, sondern auch mein Geist. Jedes Mal, wenn ich mit meiner Yoga-Praxis anfing, verspürte ich ein beruhigendes Gefühl. Yoga verlieh mir und meinem Körper ein Geschenk von Ruhe, Frieden und Gelassenheit. Diesen beseelten Zustand nahm ich oft mit in den Tag oder in die Nacht. Es war ähnlich wie das Gefühl während der Meditation.

Leider ergaben sich schleichend sowohl beim Yoga als auch beim Meditieren feste Regeln. Die Meditations- und Yoga-Praxis wurden wieder zur Aufgabe, die ich erledigen musste. Also zur zwanghaften Aufgabe mit festen zeitlichen Regeln und Routinen, die ich nicht brechen durfte.

Meditieren durfte ich erst, wenn ich mich ausreichend bewegt hatte. Manchmal musste ich meine abendlichen Yoga-Stunden für den Morgen planen, denn so bewegte ich mich morgens wenigstens schon mal ein bisschen, bevor ich meditierte. Auch wenn diese Art der Selbstfürsorge zwanghafte Züge hatte, tat mir diese sehr gut. So gut, dass ich das Bedürfnis bekam, noch tiefer in das Thema Selbstfürsorge einzusteigen. Also verschaffte ich mir noch mehr Bücher, die von Selbstliebe, Selbstverwirklichung und davon, wie man wieder Lebensfreude gewinnen und in die eigene Schöpferkraft zurückfinden kann, handelten. Die letzten Monate hatten einiges in mir bewegt, weshalb mein Interesse an solchen Themen so riesig geworden war. Mal waren es Sachbücher, mal Romane oder Fabeln. Beim Lesen der Romane konnte ich über die Identifikation mit den Protagonisten den Inhalt besser mit meiner Realität verknüpfen und fühlte mich oft verstanden. Es war sehr bereichernd. Nicht nur für meinen intellektuellen Horizont, sondern vor allem für meine Seele.

Aus meinem jetzigen Erkenntnisstand muss ich zugeben, dass ich damals noch nicht bereit war, das Gelesene zu leben. Vor allem das Thema Selbstliebe fand ich spannend und ich verstand es auch. Aber nur auf der intellektuellen

Ebene. Ich wollte das Geschriebene nicht fühlen. Mit Selbstliebe mir gegenüber hatten meine Verhaltensweisen ja auch wenig zu tun. Denn fortan war das Paradoxe an der ganzen Selbstfürsorgepraxis, dass ich mich zwar mit Meditation, Yoga und dem Lesen von Büchern über Selbstliebe beschäftigte, meinen Körper aber weiter durch zwanghaftes Planen und Abmagern quälte. Ich befasste mich mit meiner körperlichen und seelischen Erschöpfung, doch nicht mit der Ursache des Ganzen.

Dennoch entwickelte ich ein verbundenes Gefühl zu meinem Körper. Durch die Achtsamkeitspraxis wurde ich hinsichtlich meiner Körperempfindungen sehr sensibel. Ich kümmerte mich regelmäßig um die Symptome der Multiplen Sklerose. Ich sprach mit dem Kribbeln und den Schmerzen in meinen Beinen und mit den Entzündungen in meiner Wirbelsäule. Eines Vormittags hatte ich einen sehr intensiven Moment mit meinem Körper:
Wie so oft bemerkte ich nach dem Sport ein starkes Kribbeln in meinen Beinen. Anstatt es wie sonst zu ignorieren, hielt ich inne. Ich registrierte, wie viel mein Körper in den letzten Monaten durchmachen musste! Nach so langer Zeit nahm ich endlich meine Füße, die mich jeden Tag laufen ließen, liebevoll wahr. Täglich stand ich mit meinen Füßen im Kontakt mit der Erde und nun erkannte ich, wie sehr mir diese Erdung fehlte. Diese Verbundenheit zwischen mir und der Erde, hatte ich bislang nie bewusst wahrgenommen. Dabei war und bin ich immer von der Erde getragen! Ich blickte von oben auf meine Beine hinab, starrte meine Beine an und nahm das Kribbeln wahr. Dabei spürte ich, wie sich schleichend Emotionen in meiner Herzgegend fühlbar machten. Plötzlich schossen mir Tränen in die Augen. Die Tränen überrannten mich. Weinen? Das kannte ich nicht mehr von mir. Meine Tränen über-

nahmen die Kontrolle. Meine Emotion war stärker als die Kontrolle über meinen Verstand. Ich nahm wahr, wie schockiert ich über das unkontrollierte Fließen meiner Tränen war. Gleichzeitig bewunderte ich wieder die Kraft der Multiplen Sklerose. Ich lenkte meine Aufmerksamkeit auf das schmerzhafte Kribbeln und schenkte meinem Körper endlich Beachtung.

Zum ersten Mal bemerkte ich so etwas wie Mitgefühl für mich. Darüber hinaus war ich so berührt von dem Mitgefühl mir gegenüber, dass die Tränen noch schneller flossen. Mir wurde klar, dass jedes Körperteil, jedes Organ für mich arbeitet. Jeder Knochen, jeder Muskel. Sogar jede einzelne Zelle funktioniert und arbeitet für mich. Sie liefert mir jeden Tag Energie, damit ich mein Leben erschaffen kann. Damit ICH LEBEN KANN! Dass der menschliche Körper überhaupt in seinen vielfältigen und komplexen Abläufen funktioniert, ist nicht selbstverständlich, es ist ein Wunder! All diese Gedanken stiegen mir, während ich dieses Wunderwerk, meinen Körper, anstarrte, in den Kopf.

Mit Schrecken bemerkte ich, dass mein Körper mein Zuhause ist! Er war immer für mich da. Sogar wenn ich nicht gerade nett zu ihm war. Ohne ihn wäre ich gar nicht hier, ich wäre nichts, ich könnte nichts. Weder gehen noch riechen, sprechen oder hören. Nichts wäre ohne meinen Körper möglich. Mein Körper ist da, um mir wundervolle Erfahrungen auf dieser Welt zu ermöglichen. Ich hatte mich noch nie bei ihm dafür bedankt!, stellte ich fest.

Ich erinnerte mich zurück an meine Jugend und daran, wie ich dort mit meinem Körper umgegangen war. In meinen jugendlichen Partynächsten gab ich ihm viel zu oft Schlafentzug und Drogen. Aber er funktionierte immer wieder ohne Einschränkungen, ohne Schmerzen, ohne Pause. Ich trank mich in toxische Beziehungen. Feierte wie verrückt. Konsumierte ungesundes Zeug. Unbewusst fügte ich ihm Schmerzen zu. Ich spielte durch betrunkene Autofahrten mit meinem Leben. Ich war naiv, gleichgültig und lebte ohne nachzudenken. Ich tat in vielen Jahren meiner Jugend vieles, aber nicht viel Gutes. Weder für meinen Geist noch für meinen Körper.

In diesem Moment begann ich zu reflektieren: Ist mein damaliges und mein jetziges Verhalten der Grund, dass die Multiple Sklerose mich nun begleitet? Ist sie der Grund, um aufzuwachen, damit ich endlich anfange, mein Leben zu erkennen, zu schätzen und zu genießen?

Als ich mich das fragte, fiel keine direkte Antwort vom Himmel, aber meine Schlussfolgerung fühlte sich stimmig an. Ja, es fühlte sich stimmig an, dass die Multiple Sklerose ein Weckruf für mein erfülltes Leben war und bis heute ist. Mein Körper hat mir auf diese Weise gezeigt, dass es Zeit ist, nicht gegen mich oder gegen das Leben zu leben, sondern für mich und für das Leben.

Seit dieser Erkenntnis ging es mir an den darauffolgenden Tagen deutlich besser. Obwohl ich körperlich nicht fit war, war ich mental beseelt wie lange nicht mehr.

Im Zuge dieser bereichernden Erfahrung überlegte ich, wie ich meinen Körper ohne medizinische Eingriffe (die bisher sowieso nicht halfen) unterstützen und weiter heilen könnte. Bei meiner Recherche stieß ich auf Alternativen. Dabei wurde ich auf die Osteopathie aufmerksam. Ich wollte alle Optionen, die mir zur Verfügung standen, ausprobieren, bevor ich die letzte medizinische Behandlungsoption, diese Plasmapherese, machen musste! Es graute mir schon davor, diesbezüglich bald den Termin zur Aufklärung anzutreten.

Auch wenn ich mir unter einer osteopathischen Behandlung nicht viel vorstellen konnte, rief ich dort an und bat um einen Termin. Auf Nachfrage schilderte ich der Osteopathin mein Problem. Aufgrund der Notwendigkeit meiner

Angaben bekam ich schnell einen Termin bei Frau Berger, meiner künftigen Osteopathin. Sogar noch vor dem Aufklärungsgespräch über die Plasmapherese! Denn schon am nächsten Tag behandelte sie mich.

Bevor ich ihr in einen angenehm warmen Behandlungsraum folgte, begrüßte Frau Berger mich herzlich. Im Behandlungsraum bat sie mich, den Verlauf der Multiplen Sklerose genau zu schildern. Ich war ihr gegenüber, in Bezug auf die Symptome der Multiplen Sklerose, sehr ehrlich. Ich erzählte ihr alles über den Verlauf und die aktuellen Auswirkungen der MS. Anschließend stellte sie mir noch ein paar Fragen und notierte sich etwas, bevor sie mit ihrer praktischen Arbeit startete.

Zu Beginn überprüfte Frau Berger die Mobilität all meiner Gelenke und verschaffte sich gemäß ihrer Behandlungsform einen Überblick über meinen Körper, indem sie verschiedene Körperbereiche abtastete. Anschließend übte sie mit ihren Händen leichten Druck auf diverse Punkte meines Körpers aus. Einige Stellen drückte sie punktuell, strich dann mit ihrer flachen Hand über die gedrückte Stelle und klopfte dann mit ihren Fingern auf meiner Schädeldecke herum.

Während ich ihre Arbeit über mich ergehen ließ, fühlte ich mich, auch wenn das alles sehr befremdlich war, auf der Behandlungsliege irgendwie wohl. Zwar unterhielten wir uns während der Behandlung, doch die meiste Zeit ging sie ihrer gewöhnungsbedürftigen Arbeit nach. Nach ca. 90 Minuten beendete sie die Sitzung mit den Worten: „Ich denke, das Taubheitsgefühl sollte in den nächsten drei Tagen weg sein."

Ich schaute sie fragend an, fragte aber nichts.

Ich dachte nur, was das jetzt sollte? Klopfen hier, Klopfen da und dadurch würde ich in vorhersehbaren Tagen meine Beschwerden loswerden?

Mir blieben von diesem Tag an nur noch vier Tage bis zum Termin im Krankenhaus. Ich war von ihrer Prophezeiung nicht überzeugt, doch hoffte darauf, dass sie bitte Recht haben möge. Aber schon am nächsten Tag dachte ich nicht mehr an die Behandlung bei Frau Berger. Außer daran, dass es außergewöhnlich war. Nicht außergewöhnlich gut oder schlecht. Einfach außergewöhnlich.

Längst war ich gedanklich wieder gefangen in meinen Plänen, dem Essen und dem Sport.

Am Tag vor dem Aufklärungstermin über die Plasmapherese stand ich morgens auf, erledigte alles in meiner ritualisierten Reihenfolge, im gewohnten Rhythmus mit meiner gewohnten Routine im gewohnten Zeitfahrplan. Ich ging ins Bad, um mich dort für den Tag frisch zu machen, doch als ich meine Schlafanzughose mit meiner Sporthose tauschte, war dies nicht wie gewohnt. Denn ich spürte, wie der Stoff meiner Sporthose meine Beine streifte.

Ich zog meine Hose schnell wieder aus und tastete meine nackten Oberschenkel ab. Ich konnte es kaum glauben, denn ich spürte meine Beine wieder! Ich hatte absolut keine Taubheit mehr in meinen beiden Oberschenkeln! Sofort prüfte ich auch die Haut meines Rückens, der allerdings noch nach wie vor taub war.

Doch ich spürte meine Beine wieder!

Ich werde diesen Moment niemals vergessen. Ich war so glücklich und überwältigt, dass ich sogar das Gefühl von „Schmetterlinge im Bauch" wahrnahm. Dieser Augenblick war zutiefst euphorisierend.

Anfangs stand ich dem alternativen Heilverfahren eher skeptisch gegenüber. Heute bin ich mir sicher, dass die mich behandelnde Osteopathin Frau Berger einen großen Teil dazu beigetragen hat, dass ich meine Beine wieder spüre. Ihre Prophezeiung wurde zur Realität. Dafür bin ich ihr so dankbar!

Ich weiß aber auch, dass ich selber einen Teil dazu beigetragen habe. Vor allem war ich bereit dazu, der osteopathischen Behandlung eine Chance zu geben. Ganz im Gegenteil zu dem Cortison. Bei dem Wort Cortison verspürte ich ja schon einen Widerstand. Zudem intensivierte und integrierte ich kurz vor der osteopathischen Behandlung meine selbstfürsorgliche Lebensweise in Form von Achtsamkeit, Yoga und Meditation in meinen Alltag.

Wie auch immer, ich denke, es war ein Zusammenspiel aus vielen Faktoren: meine wachsende mentale Stärke, meine Selbstfürsorge, meine Willenskraft und meine Entscheidung für eine alternative Heilmethode, also der Osteopathie.

Endlich!, dachte ich erleichtert. Ich habe mein Gefühl in den Beinen wieder! Jetzt muss ich mich bloß vorsichtig verhalten, sodass es auch so bleibt. Aber wie verhält man sich vorsichtig?, fragte ich mich.

Voller Dankbarkeit reflektierte ich das, was geschehen war. Ein Stück körperliche Heilung trat ein. Gleichzeitig hatte ich Sorge, dass das Gefühl in meinen Beinen wieder gehen könnte.

Trotz dieser Sorge führte ich meinen Plan an diesem Tag oder besser gesagt: meinen Zwang, Sport zu machen, aus. Auch wenn ich meinem Körper lieber Erholung und Dankbarkeit geschenkt hätte, musste ich ihn rennen lassen. Zu meiner Erleichterung kribbelten meine Beine nach dem Sport gewohnheitsgemäß zwar wie verrückt, doch die Taubheit blieb wie am Morgen auch weiterhin verschwunden.

Als meine Mutter mittags nach Hause kam, erzählte ich ihr von dieser großartigen und endlich einmal guten Nachricht. Ich war positiv berührt, wie sehr sich meine Mutter über diese Nachricht freute. Sie wirkte nach langer Zeit wieder entspannt. Sie nahm mich in den Arm und ich spürte, wie viel Erleichterung von ihr abfiel. Sie war stets sehr darum bemüht, nach außen stark zu wirken, doch in ihrem Innern, das war mir bewusst, schmerzte es sie unfassbar stark, dass sie die zunehmende körperliche Schwäche ihrer Tochter miterleben musste.

Meine Mutter und ich waren uns in dieser Hinsicht sehr ähnlich. Nach Außen schauspielerten wir die heile Welt, indes die Welt in unserem Inneren auseinanderfiel. Als ich meiner Mutter meinen Heilungsfortschritt mitteilte, war ich erlöst, ihr nicht mehr vorspielen zu müssen, dass es mir gut ging. Ich konnte endlich wahrhaftig behaupten, dass es mir gut ging!

Obwohl meine Taubheitsgefühle in den Beinen komplett weg waren und am darauffolgenden Tag sogar die Taubheit im Rücken nachließ, nahm ich den Termin zur Aufklärung für die Plasmapherese wahr. Es war ja nur ein Aufklärungsgespräch und etwas neugierig war ich ja schon. Ich hatte keine Scheu mehr vor diesem Termin, denn die Notwendigkeit des medizinischen Verfahrens war so gut wie ausgeschlossen.

„Nun, Frau Walter, wenn es Ihnen so gut geht wie Sie schildern, dann würde ich die Therapie nicht mehr durchführen wollen. Diese hat gewisse Risiken und mir erscheint es, als wären Sie gerade auf einem guten Weg. Jedenfalls erkenne ich aktuell keine Indikation für die angedachte Behandlung."

„Geil!", antwortete ich laut und strahlte.

Nachdem sich meine eigene Prognose, dass die Plasmapherese nun nicht mehr indiziert sei, bestätigt hatte, fühlte ich mich befreit. Befreit von medizinischer Versorgung. Ich war medizinisch nicht mehr abhängig! Eine so große

Last fiel von mir ab. Freudestrahlend verließ ich das Krankenhaus.

Noch am selben Tag befand ich mich abends endlich wieder in einem Zustand voller Tatendrang. Ich bekam wieder Lust auf meine Freunde, auf meine Umwelt, auf Abenteuer, auf das Leben! Mit dem Gefühl der Erleichterung und Freude schrieb ich Hannah über WhatsApp. Kurzerhand verabredeten wir uns für den nächsten Tag zu einem kleinen Ausflug. Zum Ausflugsziel erkoren wir uns eine Stadt in den Niederlanden mit der Absicht, einfach mal etwas sehen, unternehmen und erleben zu können. Shoppen, quatschen, Kaffee trinken.

Am nächsten Vormittag fuhren wir los. Nach Monaten war es dann endlich wieder so, dass unsere Fahrt von Späßen und Albernheiten begleitet war. Wir sangen – besser gesagt: quietschten - die Lieder, die wir während der Fahrt hörten, mit. Hannah und ich verhielten uns schon fast kindisch. Doch das tat richtig gut. Ich hatte schon viel zu lange nicht mehr so viel Leichtigkeit und Lebensfreude verspürt.

In der Stadt Enschede angekommen, schlenderten wir in aller Gemütlichkeit durch die Geschäfte und kauften das ein oder andere Kleidungsstück ein. Nach einer gewissen Zeit merkte ich allerdings, dass mich ja doch noch etwas begleitete. Zwar waren die Taubheitsgefühle weg, doch die Schmerzen, die Multiple Sklerose und auch das restliche Cortison hatten meinen Körper noch nicht ganz verlassen. Meine körperlichen Kräfte und auch meine Konzentration ließen nach.

Hannah merkte mir meine gesundheitliche Verfassung an, doch stellte keine Nachfragen. Stattdessen stimmte sie mir zu meiner Erleichterung sofort zu, als ich fragte, ob wir uns für einen Kaffee irgendwo hinsetzen wollen. Unsere Entscheidung für die Ruhe-Oase fiel auf ein kleines, gemütliches Café in einer Seitenstraße. Auf sofaähnlichen Stühlen an einem Fensterplatz ließen wir uns nieder. Hannah reichte mir die Speise- und Getränkekarte.

„Ich glaub, ich hol mir noch was zu essen zum Kaffee", äußerte sie.

Und obwohl mein Magen vor Hunger knurrte und ich fast nicht widerstehen konnte, bestellte ich mir nichts. Stattdessen tat ich so, als hätte ich keinen Hunger. Dass ich an diesem Morgen schon meine zwanghafte Sportroutine hinter mich gebracht und mein Frühstück aus einer Maiswaffel und Buttermilch bestanden hatte, erzählte ich Hannah nicht. Schließlich wollte ich nicht, dass Hannah mein Sport- und Essverhalten als ungesund wahrnehmen könnte.

Hannah hinterfragte meine Ablehnung nicht. Die einzige Äußerung, nachdem die freundliche Bedienung unsere Bestellung aufgenommen hatte, war: „Und du willst sicher nichts essen?"

Mit einem Gähnen verneinte ich wieder. Ich gab bloß kund, dass ich froh sei, gerade eine Pause vom Gehen machen zu können.

Ich wusste, dass sie in diesem Moment erkannte, dass ich ziemlich erschöpft gewesen war, doch wir sprachen wie sonst nicht weiter darüber. Weder über die Multiple Sklerose noch über mein deutlich zu geringes Gewicht, welches ihr mittlerweile aufgefallen sein musste. Stattdessen ließ sie mich einfach das machen und entscheiden, wonach mir war. Das war ihre Art damit umzugehen. Sie verurteilte mich jedenfalls nicht dafür, dass ich eine Krankheit hatte, die nicht nur mich, sondern auch sie bei einem Shopping-Ausflug einschränkte.

Nach der kleinen Pause im Café gingen wir noch etwas durch die Stadt, bevor wir uns wieder auf den Heimweg machten.

Als Beifahrerin blickte ich ziemlich erschöpft aus dem Fenster. Zugleich war ich froh, endlich mal wieder unterwegs gewesen zu sein. Es war so gut, auch wenn ich anschließend sehr k.o. war. Wir unterhielten uns auf der Rückfahrt nicht mehr viel. Nur darüber, dass bald ein neuer Lebensabschnitt für mich in Köln beginnen würde. Daran hatte ich fast kaum noch gedacht.

Zuhause angekommen, empfing meine Mutter mich ausgelassen.

"Na, mein Spatz, wie war dein Tag?"

"Sehr gut", antwortete ich und erzählte mit einem ehrlichen Strahlen im Gesicht, dass ich riesigen Spaß hatte und was wir gemacht hatten. Ich registrierte sofort, dass sie sich beinahe mehr über meinen erfüllten Tag freute als ich mich selber.

Doch im nächsten Satz stellte sie mir eine Frage, mit der ich gar nicht gerechnet hatte. Und vermieste mir meine Laune.

„Weiß dein Vater eigentlich, was du die letzten Monate durchgemacht hast und was alles passiert ist?"

„Nee, hab' länger nicht mit ihm gesprochen."

„Echt schade, Emma, dass er sich nicht mal für die Gesundheit seiner Tochter interessiert!"

„Oh, Mama! Er hat seine eigenen Baustellen und das ist okay. Selbst wenn er mich fragen würde, habe ich nicht vor, mit ihm darüber zu sprechen. Du weißt doch, dass ich damit lieber alleine klarkomme."

Meine Mutter kniff die Augenbrauen zusammen und schüttelte den Kopf.

„Trotzdem, er könnte sich ruhig mal melden. Er weiß doch, dass du krank bist."

Neben dem Versuch, meinen Vater zu verteidigen, wurden meine Worte lauter.

„Boah! Wir schreiben oder telefonieren ja manchmal. Aber selbst wenn er mich fragt, wie es mir geht, dann antworte ich immer, dass es mir gut geht! Es ist halt eben so verlaufen wie es ist und das ist okay für mich. Was soll das jetzt? Ich geh jetzt aber auch hoch ins Zimmer, ich bin echt kaputt."

„Wenn du meinst. Ich finde es trotzdem nicht in Ordnung. Aber ja, leg dich mal hin, du bist nach diesem Tag bestimmt erschöpft."

Kurz bevor ich oben in meinem alten Kinderzimmer angekommen war, rief ich meiner Mutter noch zu, dass ich am Sonntagabend wieder in die WG zurückziehen werde.

Ihre Reaktion war zurückhaltend.

„Ah, okay, dann reden wir morgen weiter, schlaf gut, Spatz."

Zwar hatte ich mir die Tage zuvor schon überlegt, wann ich wieder zurück in die WG ziehen würde, doch da hatte ich noch keinen genauen Plan. Die Aussage über den baldigen Auszug war also absolut nicht geplant. Ich fühlte mich zwar auch wieder fit und selbstständig genug, um alleine zu wohnen, doch diese Kundgabe fußte auf anderem Grund. Ich war sauer auf meine Mutter, dass sie kein Verständnis für das Verhalten meines Vaters hatte. Mit der trotzigen Aussage, ich würde wieder ausziehen, dachte ich, könnte ich ihr ein Zeichen geben, wie unverständlich ich ihre Kritik an meinem Vater fand. Ich konnte es noch nie haben, wenn meine Mutter unempathisch über meinen Vater sprach. Bei solchen Aussagen meiner Mutter flüchtete ich gerne. Wie auch an diesem Abend. Doch bevor ich mein Elternhaus wieder verließ, flüchtete ich erstmal in mein Kinderzimmer.

Heute weiß ich, dass meine Mutter einfach nur den Wunsch hatte, dass ich mich durch einen regelmäßigen sowie guten Kontakt zu meinem leiblichen Vater nicht immer so verlassen gefühlt hätte. Dabei war es ja auch meine Entscheidung, ihn nicht an meinem Leben teilhaben zu lassen.

Nach der Scheidung meiner Eltern hatte ich anfangs alle 14 Tage Kontakt zu meinem Vater. Damals war ich zehn Jahre alt. Marvin und ich besuchten ihn nur an den Wochenenden, doch als ich in die Pubertät kam, wurde der Kontakt immer unregelmäßiger. Mein Bruder Marvin hielt den Kontakt weiter aufrecht, ich aber irgendwie nicht. Wir beide, mein Vater und ich, unternahmen keine wirklichen Versuche, den Kontakt wieder zu beleben. Es ging von beiden Seiten aus. Ich entschied mich, die Wochenenden woanders (bei Freunden) zu verbringen. Er hinterfragte meine Entscheidung nie. Daraus zog ich die Überzeugung: Wenn er nicht nach mir fragt, bin ich ihm nicht wichtig genug. Außerdem hatte er mich ja sowieso verlassen, da kann ihm nicht viel an mir liegen.

Auch wenn ich meinen Vater immer seltener sah, erinnere ich mich noch genau, wie kühl und distanziert ich mich ihm gegenüber verhielt. Bewusst! Denn ich wollte ihm deutlich machen, ich würde nicht unter der Trennung und dem distanzierten Kontakt leiden. Was absolut nicht wahr war, aber ich wollte nicht, dass er bemerken könnte, dass ich unter der Trennung litt. Denn schon als kleines Kind spürte ich, dass er selber nicht mit der Scheidung zurechtkam. Ich wollte ihm keine emotionale Last sein, um die er sich sowieso nicht kümmern konnte oder wollte.

Also zog ich mich zurück und tat so, als würde mich all das kalt lassen. Ich wusste damals, er konnte sich nicht um mich kümmern, wie ich es mir von einem Vater gewünscht hatte. Aber das war schon damals irgendwie okay, denn ich hatte Verständnis dafür, dass er seine eigenen Baustellen hatte und es einfach nicht besser leisten konnte.

***

Die Tage wurden gefühlt wieder länger, ich wurde stärker und meine Motivation, wieder in den Alltag zu kommen, um meine Träume zu leben, immer größer. Zwar hatte ich meine „alten Körperfunktionen" nicht wieder, aber ich lernte, besser mit ihnen umzugehen. Ich achtete meinen Körper täglich mit all seinen Funktionen und begegnete ihm mit großer Dankbarkeit für alles, was er für mich tat. Ich war weiterhin einfach nur erleichtert, meine Beine wieder spüren zu können! Mir fiel es zwar leicht, meinem Körper für seine Funktion zu danken, dafür war es umso schwieriger, meine Körperform liebevoll anzunehmen. In jener Zeit schaffte ich es nicht, meinen Körper als Ganzes zu betrachten. Ich schaute mich nie im Spiegel an. Ich wertete meine Figur durch Gedanken wie „Du schwabbelige fette Missgeburt ab" und vermied jeden Anblick meines nackten Körpers.

Dennoch nahm ich das Leben, welches ich vor der letzten Cortison-Therapie gelebt hatte, wieder auf. Ich zog an jenem Sonntag wieder in meine WG, ging wieder zur Arbeit und traf mich mit Freunden. Zugleich meditierte ich weiterhin täglich und intensivierte meine Yoga-Praxis.

Meine Planungszwänge, meine Essens- und Sportpläne, begleiteten mich wie gehabt. Wie gehabt stressten mich die Pläne, die Verbote und Regeln. doch noch immer konnte ich nicht damit aufhören. Ich musste es einfach tun! Denken, planen, ausführen. Mein Gewicht war bis dahin weiterhin stabil geblieben.

Im stabilen Untergewicht.

Meine Mutter sprach mich, wenn ich sie besuchte, immer wieder an, wie viel ich wiegen würde, indes ich ihr mit Antworten begegnete, die ihr den Anschein geben sollten, dass ich darauf keinen Wert legen würde. Ich sagte immer nur, dass ich ja auch viel Sport machen würde, weshalb ich wahrscheinlich abgenommen hätte. Dass ich aber nach zwanghaften Regeln und Ritualen lebte, die meistens daraus bestanden, so wenig wie möglich zu essen, obwohl ich großen Hunger hatte, verheimlichte ich ihr.

Wiederholt stieg der Gedanke, bald nach Köln zu ziehen, auf. Die anfängliche Euphorie über diesen Umzug schwand von Tag zu Tag. Auch wenn ich sowohl einen Studienplatz als auch eine neue WG gefunden hatte, vernahm ich einen Widerstand gegen diese bevorstehende Veränderung.

Ich konnte einfach nicht wirklich identifizieren, ob ich diesen Schritt gehen möchte oder nicht. War es die Angst vor Veränderung oder meine Intuition, die mir sagen wollten, dass ich es nicht nötig hätte, wegzuziehen?

Die einzige Person, mit der ich darüber sprach, war meine Mutter. Nach langer Zeit hatte ich den Impuls, meine Mutter nach einem Rat zu fragen. Ich teilte ihr meine zwiegespaltenen Gefühle und Gedanken mit. Es fiel mir eingangs nicht einfach, mit ihr darüber zu sprechen, denn wir sprachen nie über emotionale Themen. Doch dieses Mal war es anders. Ich wollte einen mütterlichen Rat und schilderte ihr meine Sorgen und Zweifel.

Über eine Stunde wägten wir gemeinsam Argumente für und gegen den Umzug ab. Ich beschloss, unser Gespräch vorerst sacken zu lassen, um mehr Klarheit zu bekommen. Doch als ich am nächsten Morgen meine Augenlider öffnete, war mir sofort klar: Ich will bleiben. Hier bleiben!

Ich erinnerte mich wieder, dass ich schon einmal vor mir und vor der Krankheit Multiple Sklerose weglaufen wollte. Dabei hätte ich mich, sie und all meine Sorgen mitgenommen. Es war wie vor ein paar Monaten. Ich rekapitulierte, dass ich wegziehen wollte, weil ich dachte, dass dann alles besser werden würde. Als es mir schlecht ging, wollte ich weg, als es mir besser ging, wollte ich wieder zu Hause bleiben. Seit ich meine Beine wieder spürte und mit den Umständen der Multiplen Sklerose leben lernte, wollte ich Zuhause in der Nähe meiner Heimat bleiben. Ich hatte keinen Grund mehr weg zu wollen.

Ich dachte darüber nach, dass ich die Krankheit nicht zu Hause lassen könnte und ich mir gleichzeitig ein neues Zuhause suchen könnte. Was ich aber konnte, war anzufangen, Frieden mit mir und der Multiplen Sklerose zu schließen. Mein Fluchtgedanke war verschwunden. Es fühlte sich richtig an, den Studienplatz sowie die WG in Köln abzusagen.

Im Gegenzug entschied ich mich nun entschlossen für ein Studium in Münster, in der Stadt, in der auch meine WG war. Ganz besonders meine Mutter war froh über diese Wahl. Es waren zwar noch ein paar Monate bis zum Start der nächsten Bewerbungsphase für das Studium in Münster, aber mein Entschluss stand fest. Ich sagte also das Studium und das WG-Zimmer in Köln ab.

Aus der WG in Münster wollte ich aber nach wie vor ausziehen. Ich war mir so sicher, dass ich einen Studienplatz in Münster bekommen würde, dass ich mich schonmal auf die Wohnungssuche in Münster machte.

Scheinbar hatte ich gerade eine Glückssträhne. Denn ich bekam nach schon zwei Wohnungsbesichtigungen eine Zusage für eine bezahlbare Wohnung direkt im Zentrum von Münster!

In der Zeit bis die Bewerbungsphase der Uni startete, ging ich wieder als Teilzeitkraft arbeiten. Ich kehrte zurück zu meinem Pflegepatienten und verrichtete dort meine bekannte Arbeit.

Meine Freizeit gestaltete ich weiterhin mit Yoga, dem Lesen von Büchern, die zu meinem persönlichen Wachstum beitrugen, dem Treffen von Freunden und nun sogar mit Dates mit Männern. Das Fitnessstudio wurde erneut zu meinem zweiten Zuhause. Zwar nahm ich weder zu noch ab, aber ich musste mein Essen weiterhin bis auf einen Mil-

ligramm abwiegen und körperlich wieder durch Sport verarbeiten. Alles, was ich tat und aß, geschah wie zuvor nach
einem vorgefertigten Plan. Nur wenn alles erledigt war, ging
es mir gut. Da meistens weiterhin alles nach Plan verlief,
ging es mir abends also gut.

So vergingen die nächsten Wochen. Tagsüber lebte ich in
Stress, Druck, Anspannung und Hektik. Abends erlaubte
ich mir zu entspannen. Vorausgesetzt, meine Pläne wurden
erfolgreich abgearbeitet.

In dieser Zeit waren die Symptome der Multiplen Sklerose
nicht weniger geworden. Es gab dafür aber auch keine Ver-
schlechterung. Mit dem schmerzhaften Kribbeln in Händen
und Beinen sowie dem Lhermitte-Zeichen kam ich recht
gut zurecht. Dafür konnte ich meine Beine und auch meinen Rücken wieder spüren und: Ich konnte wieder richtig
gut laufen! So gut, dass ich auch wieder anfing zu joggen.
So richtig zu joggen! Lange, ohne Pause, viele Kilometer.
Auch wenn meine Beine anschließend wie verrückt
schmerzten und kribbelten, rannte ich. Das Kribbeln war
das einzige, was mich noch störte.

Also kontaktierte ich wieder meine Osteopathin Frau
Berger. Voller Begeisterung berichtete ich ihr von ihrem
Behandlungserfolg und fragte sie, ob die restliche Sympto-
matik auch zu behandeln sei.

Mit einem Schmunzeln in ihrer Stimme lud sie mich zwei
Tage später in ihre Praxis ein.

„Schön, dass es Ihnen besser geht, aber das habe ich mir
ja auch schon gedacht."

Sie wirkte gelassen und sicher im Umgang ihrer Worte.

„Ja, allerdings! Das ist ja fast schon ein Wunder! Erst habe ich Ihnen Ihre Prophezeiung nicht geglaubt, bis ich ein
paar Tage später bemerkte, dass meine Taubheit in den
Beinen und dann im Rücken verschwunden waren! Jetzt

habe ich allerdings noch dieses schmerzhafte, stechende Kribbeln in den Beinen, vor allem nachdem ich gelaufen bin. Können Sie das auch noch, äh, wegmachen?"

Sie lachte.

„Na, wegmachen klingt gut. Ich schau mal, ob und was ich dieses Mal erreichen kann."

Nachdem Frau Berger 90 Minuten lang mit derselben Vorgehensweise wie beim letzten Mal arbeitete, schaute sie mich an und sagte:

„Also, dieses Mal merke ich, dass immer noch extrem viel Ungleichgewicht in ihrem Körper herrscht. Einige Energieblockaden in ihrem Körper konnte ich öffnen, aber ich befürchte, heute werde ich nicht so viel erreicht haben wie beim letzten Mal. Ich komme da einfach nicht ran. Das kann verschiedene Ursachen haben. Vielleicht kam die Multiple Sklerose mir zuvor. Ich vermute, die Schübe sitzen zu tief, ich komme nicht dran."

Beim letzten Satz zögerte sie, lächelte aber.

„Okay, aber danke, dass Sie so ehrlich sind."

„Gerne. Falls es aber schlimmer werden sollte, melden Sie sich gerne. Ich hoffe natürlich, dass ich trotzdem irgendwie etwas in Ihrem Körper bewirken konnte. Ich wünsche Ihnen alles Gute, Frau Walter."

Ich verließ die Praxis und ging noch eine Runde spazieren. Schließlich konnte ich gerade 90 Minuten lang keine Kalorien verbrennen.

Die Nachricht, dass sie befürchtete, mich nicht weiter erfolgreich behandelt haben zu können, hatte mich gar nicht so aus der Bahn geworfen. Es war okay für mich. Es war eben ein Versuch.

In den nächsten Tagen stellte sich – wie sie vermutete - keine Verbesserung ein. Dennoch inspirierte mich Frau Bergers Arbeit und Vorgehensweise.

Zuvor war ich wirklich skeptisch, was die Arbeit mit Energien anging. Wenn ich mit den Begriffen Körperenergien oder Energieblockaden konfrontiert wurde, steckte ich diese in die Schublade „Esoterik". Esoterik war für mich lange Zeit negativ behaftet. Mittlerweile gibt es für mich kaum etwas Spannenderes als mich mit esoterischen Themen zu beschäftigen. Davon profitiere ich immer noch täglich. Genau wie von Meditation und Yoga. Ich bin fasziniert davon, wie sehr mich meine Beschäftigung mit spirituellen Themen persönlich wachsen lassen hat. Dieses geistige Wachstum unterstützt mich bei meinem stetig ganzheitlich heilenden Prozess. Spiritualität bedeutet für mich, an etwas zu glauben, was mir Kraft gibt. Viele Jahre zuvor war ich nie bereit, mich solchen Themen zu öffnen. Dank der Multiplen Sklerose war ich bereit dazu.

***

Als ich eines Mittags von meiner zwanghaften Joggingrunde zurück in meine WG kehrte, schaute ich auf mein Handy. Über dem Mail Icon meines Displays sah ich eine rote eins.

Eine neue E-Mail vom Studierenden-Sekretariat in Münster.

Ich öffnete gierig die Mail und war so aufgeregt, dass ich sogar für einen Moment mein geplantes workout vergaß.

YES! Ich habe die Studienzusage! Ich war so erfreut und hüpfte durch die Gegend. Ich schrieb etlichen Leuten, aber rief als Erstes meine Mutter an. Jeder beglückwünschte mich. Ich war glücklich!

Auch die Tage, bis ich endlich aus der WG ausziehen konnte, rückten näher. Die Vorfreude auf meine eigene Wohnung, in der ich endlich alleine wohnen würde, war riesig. Weder mich noch meine Mitbewohner nahm der bevorstehende Auszug emotional mit. Denn wie schon beschrieben, wir führten eher eine Zweck-WG, in der wir kaum miteinander sprachen und fast nichts von dem Leben des anderen mitbekamen.

Jedes Mal, wenn ich mich von meinen Mitbewohnern genervt fühlte, freute ich mich gedanklich auf meinen Auszug. Endlich lebe ich schon bald in meinen eigenen vier Wänden! Es kann mich niemanden stören. Ich habe meine Ruhe! Das ist mein letzter ersehnter Schritt in die Freiheit.

Doch unwissend war dieser ersehnte Schritt eine große Gefahr für mich und damit die Eintrittskarte in meine bedrohliche Magersucht.

Und aus Angst wurde Sehnsucht

Der Umzug war geschafft und ich fühlte mich weniger beobachtet als in meiner WG. In meiner neuen Wohnung hatte ich mich gut eingelebt. Auch die Uni war ganz okay. Ich studierte schon ein paar Wochen und wurde immer mehr mit dem Ablauf des Studiums vertraut. Leider hatte ich in dieser Studentenbutze aber gar keine Ruhe. Das ganze Haus bestand aus 1-Zimmer-Wohnungen, die von Studenten bewohnt wurden. Es fanden jeden Tag und jede Nacht Studenten-Partys statt. Das war wirklich nicht mehr meine Art zu leben. Ich war zu einem Menschen geworden, der viel Ruhe brauchte.

Als ich 18 Jahre alt war wie die meisten dort lebenden Studierenden, feierte ich auch noch nächte- und tagelang. Doch mittlerweile war ich schon fast 27 und hatte die letzten Monate viel Mist erlebt. Da war dieser Lärm nichts mehr für mich. Ich wollte meine Ruhe.

Wie die Bewohner des Hauses waren auch meine Mitstudierenden im Schnitt acht bis neun Jahre jünger als ich. Ich hatte zwar ein bis zwei Kommilitoninnen, mit denen ich mich mal zum Lernen traf oder mit denen ich gemeinsam zur Uni fuhr, aber mehr auch nicht. Irgendwie fühlte ich mich nicht zu meinen Kommilitoninnen freundschaftlich hingezogen und hatte auch nicht mehr das Bedürfnis mich mit jemandem anzufreunden. Ich hatte es versucht. Ich hatte versucht, mit den Mitstudierenden mal feiern zu gehen, um mich mit ihnen vertraut zu machen, aber es fühlte sich nicht stimmig an. Ich fühlte mich in ihrer Gegenwart nicht wohl bis ich irgendwann aufhörte, dem Druck zu folgen, mich mit fremden Menschen zu befreunden. Der Druck, dazu gehören zu müssen, hatte mich wirklich viel Energie gekostet. In Anbetracht meines Alters und der im Vergleich zu ihnen erhöhten Lebenserfahrung war es ja auch nicht verwunderlich, dass unsere Kombination nicht wirklich gut passte. Außerdem wusste ich, wer meine Freunde waren und schließlich war ich nicht an der Uni, um Freunde zu finden. Ich war ja auch soweit zufrieden mit mir, meinem Alltag und meinen wenigen, aber langjährigen Freunden.

Im Übrigen hatte ich sowieso wenig Zeit. Denn ich lebte ja in meinem eigenen System. In meinem straffen Zeitplan passte ohnehin nicht mehr viel rein.

Lesen, Meditieren, Yoga, Sport, Uni, Kalorienzählen, Essen, Sport, Nebenjob, Lernen, Kalorienzählen, Essen, Sport, Lernen, Lesen. Das war mein Alltag.

Die Multiple Sklerose war weiterhin sehr still. Das hieß für mich: Ich mache alles richtig. Naja, jedenfalls dachte ich das. Ich kümmerte mich um mich selbst und grenzte mich von dem ab, was mir nicht guttat. Das war doch der Extrakt all dessen, was ich in der vergangenen Zeit gelesen hatte: Selbstfürsorge, Zeit mit sich selbst verbringen.

Heute weiß ich, dass ich das Gelesene völlig verdreht angewandt hatte. Ich hatte mein Verhalten insofern verändert, dass ich mich noch mehr um mich selbst kümmerte und mich äußerem Stress nicht hingab. Ich habe Menschen und Situationen gemieden, die mir nicht guttaten. Ich bestimmte über mein Leben. Ich wurde selbstbestimmt. Leider zu selbstbestimmt. Denn gleichzeitig lebte ich in einem toxischen System, in das niemand hinein- und ich nicht mehr herauskam. Ich bewohnte meinen selbst erschaffenen Käfig, ohne es zu wissen.

Dass ich die ganze Zeit Verhaltensweisen ausübte, die langfristig total dysfunktional waren, war mir nicht bewusst. Kurzfristig fühlte es sich nämlich immer gut an. Planen, Sport und Hungern. Doch langfristig betrachtet war das nicht gesund. Eine Essstörung ist nicht gesund.

Jedes Mal, wenn ich in der Uni saß, musste ich anschließend Sport machen, weil ich mich nach 90 Minuten sitzen zehn Kilo fetter fühlte. Ich war während jeder Vorlesung angespannt und konnte mich oft nicht auf das Vorgetragene konzentrieren, sondern rechnete meine Kalorien für den aktuellen Tag aus und plante meine Sporteinheiten. Da das alles nicht immer im Kopf ging, musste ich die Zahlen aufschreiben. Manchmal saß jemand neben mir, also entwickelte ich Begriffe wie z.B. „Theorie", die für so etwas wie „39 kcal Buttermilch" standen. Im Statistik-Kurs brauchte ich keine Synonyme, da ging es ja sowieso nur um Zahlen und Formeln.

Ich hatte mich in meinem Käfig eingelebt. Und toxisch ausgeweitet. Ich brauchte diese Regeln, Rituale, diese Struktur, diese Sicherheit, diesen Rahmen. Ich beschäftigte mich mit nichts anderem mehr und es wurde von Tag zu Tag immer schlimmer. Ich war auch kaum noch zu Hause bei meiner Familie oder meinen Freunden, weil ich dazu gar keine Zeit hatte. An den Wochenenden lebte ich mich dann so richtig mit dem Sport aus.

Vor den Klausuren geriet ich noch mehr unter Druck. Die Zeit wurde knapper, weil ich mehr lernen musste. Ich lernte sowieso schon viel und fast jeden Tag, weil ich an mich selbst den Anspruch stellte, alles perfekt machen zu müssen. Ich musste nicht nur weiterhin einen perfekt geplanten Tag für meine Aktivitäten und mein Essverhalten haben, sondern auch meine kognitiven Leistungen mussten mit perfekten Ergebnissen bescheinigt werden. Wie auch immer ich das damals geschafft habe, aber am Ende meiner Uni-Klausuren, stand immer die Eins.

Die Zeit, die ich für Sport hätte aufbringen müssen, verlagerte sich in der Klausuren-Phase auf das Lernen. Also aß ich wieder weniger. Ich war schon eingeübt für solche Phasen. Sowieso hatte immer einen Plan B, C und D. Schließlich musste alles perfekt sein. Ich merkte, dass alle Strategien funktionierten, deswegen hörte ich nicht auf. Es war jedes Mal wie ein Gewinn. Mein komplettes Leben zu planen war nicht nur ein Zwang, das Abnehmen, das Kontrollieren und der Perfektionismus wurden unvermeidlich zu einer Sucht. In dieser Zeit hatte ich noch weitere fünf Kilo abgenommen. Selbst meinen Kommilitonen fiel auf, dass ich abnahm.

Ich nahm ab und schrieb gute Noten! Ja, ich war auf der Siegerspur! Es lief alles gut - dachte ich.

Zwar ging ich noch immer in sehr weiten und unregelmäßigen Abständen zu meiner Verhaltenstherapeutin Frau Leugers, doch wenn sie mich auf mein Gewicht ansprach, ließ ich mein Gewicht nach wie vor nicht zum Thema werden. Ich weiß nicht, wieso ich überhaupt noch dort war, ich denke, es lag daran, dass es mir guttat, über andere Dinge wie z.B. über meine anderen Stressfaktoren wie das Lernen zu sprechen. Schließlich war ich dauerhaft gestresst und angespannt, was ja auch kein Wunder war. Ich hetzte von To-do zu To-do. Wir unterhielten uns also, wenn ich überhaupt da war, über Strategien, Stress zu lindern oder zu vermeiden.

Die Präsenz in den Seminaren, das ständige Lernen und mein Nebenjob nagten ganz schön an meiner work-life-balance und somit auch an der verfügbaren Zeit für meinen Freundeskreis. In erster Linie nagten jedoch meine Zwänge bestehend aus dem Teufelskreis Essen-Planen-Sport-Essen-Planen an mir. Doch dass ich etwas verändern konnte, kam für mich nicht in Frage. Ich gestand mir meine Probleme sowieso noch nicht ein. Mir fiel aber auf, dass ich mich sehr zurückgezogen hatte. Ich ließ mich kaum noch in meinem Elternhaus blicken. Zwar pflegte ich online den Kontakt zu Freunden oder schaute an den Wochenenden mal für ein, zwei Stunden vorbei, aber auch nur, wenn alles perfekt geplant und strukturiert war und in meine Routine passte.

Meine Mutter war stolz auf mich, dass ich mein Leben - so äußerte ich es ihr gegenüber weiterhin – wieder so gut im Griff hatte. Doch dabei bekamen weder sie noch der Rest meiner Familie oder meine Freunde etwas von meinem Leben in meinem Wohnort Münster mit.

***

Nachdem ich alle Klausuren geschrieben hatte und das Semester sein Ende fand, begannen endlich die Semesterferien. Ich freute mich sehr auf diese Auszeit. In den Semesterferien schlug meine Mutter mir eines Tages vor, gemeinsam in den Urlaub fahren zu können. Darüber freute ich mich riesig! Endlich mal wieder raus aus dem Alltag. Ich freute mich auf die gemeinsame Zeit mit meiner Mutter. Auf die Zeit, in der ich mit meiner Mutter alleine sein würde. Auf die Zeit mit dem Menschen, der immer für mich da war.

Wir datierten unsere gemeinsame Reise schon auf den übernächsten Tag. Wir planten, in ein kleines Örtchen an die Nordsee zu fahren, in welchem ich noch nie zuvor gewesen war.

Endlich frische Luft, schöne und ruhige Natur, lernfreie Abende und Zeit mit meiner Mutter. Das malte ich mir bildlich in meiner Vorfreude aus. Dass meine gedankliche herbeigesehnte Entspannung jedoch fehlen würde, bemerkte ich schon vor der Abreise. Denn schon kurz nach der ersten Euphorie überkam mich die Angst, ich könnte meine Routinen und Rituale nicht einhalten.

Noch am selben Tag der Einladung in den Urlaub packte ich meinen Koffer. Nichtsahnend überforderte mich das Packen.

Was ziehe ich an, wenn es kalt ist, was ziehe ich an, wenn es wärmer wird, was kann ich alternativ noch mitnehmen, welche Outfits harmonieren miteinander, was hatte ich schon lange nicht mehr an, in welcher Hose sehe ich am fettesten aus? All diese Gedanken plagten mich schon zwei Tage vor der Abreise. Mein Stresspegel stieg empor. Und das kurz vor einer Entspannungsreise. Wie paradox! Doch meine bekannten Planungs- und Perfektions-Zwänge brachten mich wie immer dazu, Tage vorher schon alles zu organisieren und zu überdenken.

Nicht nur theoretisch, auch sportlich bereitete ich mich schon auf unseren Kurzurlaub vor. Ich machte mehr Sport als sonst, damit ich Kalorien verbrannte, um auf jedes Essen, was mich erwarten würde, vorbereitet zu sein. Außerdem wusste ich ja auch nicht, was wir essen würden. Was ich aber wusste, war, dass ich meine Sportroutinen nicht beibehalten könnte wie zu Hause.

Nachdem mein Koffer zeitintensiv und perfektionistisch gepackt war, herrschte am Vortag der Abreise noch einmal totales Chaos in meinem Kopf. Nun kreisten meine Gedanken um das morgige Frühstück.

Was esse ich morgen früh?, fragte ich mich immer und immer wieder.

Jeder, der ein normales Essverhalten hat, würde daheim noch frühstücken oder sich wahrscheinlich auf dem Weg in den Urlaub ein Brötchen beim Bäcker holen. Wie auch immer. Jedenfalls würde sich ein Mensch mit einem gesunden Essverhalten nicht den Kopf darüber zerbrechen.

Meine Gedanken hingegen waren folgend gestrickt: Ich sitze morgen früh mindestens drei Stunden nur im Auto. Ich kann in der Zeit also keinen Sport treiben, um Kalorien zu verbrennen. Somit darf ich kein belegtes Brötchen vom Bäcker essen. Das würde ich nicht aushalten. Das mit fetter Remoulade beschmierte Brötchen wäre in meinem Bauch und würde sich in meinem Körper ausbreiten, während ich einfach nur so dasitze.

Sehr, sehr viele Stunden dachte ich darüber nach, was ich morgen früh essen dürfte, was mich satt machen würde, so wenig Kalorien wie möglich hatte, aber mich nicht völlig hungrig ließe. Ich verlor mich durch diese Gedanken, ich zog die Gitterstäbe für meinen Käfig weiter hoch, indem ich in meinem Kopf nach einer perfekten Lösung suchte. Ich hetzte von einem Essensplan zum nächsten, die Gedanken um das Essen umkreisten mich, ich fing an wie ein Zootier hinter meinen Käfigstäben hin- und herzueilen. Ich kam aber einfach nicht auf eine passende Lösung. Nach ein paar Stunden wurde ich richtig sauer, keinen perfekten Plan zu haben. Es machte mich aggressiv. Also machte ich Sport, um den Druck loszuwerden und damit mir das morgige Frühstück, das ich essen werde, nicht zur körperlichen Last fallen würde.

Ich hätte auch einfach nicht frühstücken können, aber ich wusste nicht, wann wir ankommen würden. Und so ganz ohne Nahrung würde sowohl meine Stimmung als auch meine körperliche Verfassung kippen.

Wenn ich angespannt war und zudem wenig gegessen hatte, war meine Stimmung unerträglich. Ich wurde sehr schnell gereizt, unkonzentriert und wenig aufnahmefähig, sobald ich eine Mahlzeit ausließ. Auch körperlich wurde ich durch die entzogene Energie sehr schlapp. Ich hätte also eine miese Laune im Auto neben meiner Mutter. Ich musste demgemäß etwas essen. Durfte aber nicht. Das alles war so anstrengend.

Nach dem Sport kam ich endlich zu einer Frühstücks-Entscheidung. Ich holte ein Roggenbrot aus dem Schrank und bestückte es mit Möhren, Gurken und Tomaten. Das ist gut. Das ist gesund und unauffällig, bestätigte ich mich.

Kurz nach der Vorbereitung des Frühstücks dachte ich schon an das morgige Mittagessen. Mir fiel als Nächstes ein, dass ich nichts zum Mittag essen durfte, wenn ich mich noch nicht ausreichend bewegt hatte. Also sorgte ich anderweitig vor: Ich griff erneut nach dem Roggenbrot, teilte es durch zwei und nahm nur die eine Hälfte mit. Mein Abendessen bestand an diesem Abend aus der anderen Hälfte Roggenbrot.

Spätestens da hätte mir auffallen müssen, dass ich Hilfe brauchte.

Mir war zwar bewusst, dass ich Dinge planen musste, alles zum Zwang wurde und mein Essverhalten nicht gesund war, mir war aber nicht bewusst, dass es schon zu einer richtigen Krankheit geworden war.

Am nächsten Morgen holte meine Mutter mich mit dem Auto ab und es ging los Richtung Nordsee. Meine Stimmung war gut und die meiner Mutter auch. Wir hatten viel Spaß im Auto und freuten uns über die paar Tage Auszeit.

Doch leider erlaubte ich meinen nur vom Essen und Nicht-Essen gesteuerten Gedanken keine Auszeit. In den folgenden Tagen musste ich feststellen, dass meine Gedanken fast ausschließlich um das Planen meiner Mahlzeiten kreisten. Die gesamten drei Tage verbrachte ich damit abzuwägen, was ich essen dürfte und könnte. Natürlich heimlich.

Der Vorteil (für den essgestörten Anteil in mir) war, dass wir uns für drei Tage Fahrräder ausgeliehen hatten. So machte ich ein bisschen Sport. Da meine Mutter selber sehr sportlich war, fuhren wir am Tag viele Kilometer mit den Rädern und das Auto blieb die ganze Zeit stehen. Mein Bewegungsdrang hielt sich durch das ständige Unterwegssein in Grenzen. Vor allem bei dem herrschenden Gegenwind an der See verbrauchte ich Kalorien. Manchmal überlegte ich mir Ausreden wie "Ich gehe nochmal eben draußen telefonieren", wenn wir auf dem Hotelzimmer saßen und ich das Gefühl hatte, dass das Abendessen meinen Körper zum Platzen bringen würde.

Zum Frühstück aß ich im Hotel Haferflocken mit Wasser. Ich sagte meiner Mutter, ich hätte in den letzten Tagen keine Milchprodukte mehr vertragen können. Da ich seit Jahren Vegetarierin bin, konnte ich also auch meine Brote und Brötchen nicht belegen, denn in Käse war ja zu viel Milch und von Marmelade würde ich Bauchschmerzen bekommen. Da blieben mir also nur noch Haferflocken mit Wasser.

Zum Mittag gönnte ich mir dann immer etwas, was mir auch Energie verlieh. Einmal gab es sogar Pommes für mich, die Portion aß ich allerdings nicht ganz auf, obwohl ich es gerne getan hätte. Ich war angeblich noch satt vom Frühstück. Ich bemerkte, wie schlapp mein Körper war, verweigerte ihm aber jegliche Energie. Stattdessen versicherte ich ihm, am Abend ausreichend Nahrung zu erhalten. Bis dahin müsste er noch durchhalten.

Abends im Restaurant füllte ich meinen Magen. Aber nur mit Salat oder Gemüse. An einem Abend erlaubte ich ihm Kartoffeln und ein paar Stücke vom Baguette.

Anschließend fühlte ich mich schuldig.

Meine Mutter hingegen aß, wonach ihr war. Sie aß all die Sachen, die ich auch so gerne gegessen hätte. Ich beobachtete, wie leicht es ihr fiel. So intuitiv hätte ich auch gerne essen und genießen wollen. Meine Laune war gereizt, ich war nervös und unruhig. Gegenüber meiner Mutter bemühte ich mich, zufrieden zu erscheinen. Ich wollte ihr zeigen, dass ich ihr dankbar für die gemeinsame Zeit bin. Ich wollte zeigen, wie sehr ich die Zeit mit ihr genieße.

Mein seltsames Verhalten schien meiner Mutter dann doch langsam etwas aufzufallen. Sie machte öfter Anmerkungen über mein ungesundes Essverhalten, aber ich tat immer so, als läge sie mit ihren Gedanken falsch.

Ich bemerkte, wie schwierig es war, mein Essverhalten zu kontrollieren, Gelüste zu unterdrücken und energielos zu sein, während man diesen Kontrollstress vor anderen geheim halten musste. Zuhause war das einfach, aber dort war ja auch niemand außer mir. Niemand konnte meine seltsamen Essgewohnheiten hinterfragen. Fast schon sechs Monate lang konnte ich die Essstörung ungestört in meinem kleinen Reich ausleben.

Trotzdem war es ein schöner Urlaub mit meiner Mutter. Wir hatten eine harmonische Zeit zusammen. Die Zweisamkeit tat uns beiden gut. Seit meinem letzten Schub hatten meine Mutter und ich ein unglaublich wertvolles Verhältnis erschaffen. Wir konnten über vieles sprechen. Jedoch nicht über meine Essstörung.

Ich konnte mit niemandem über meine Essstörung sprechen. Nicht einmal mit mir selber. Ich hatte Angst, dass ich dann feststellen würde, wie krank ich doch gewesen war. Würde ich mir meine Erkrankung eingestehen, dann würde sie automatisch zu einem Problem werden und dann müsste ich sie behandeln lassen. Und loslassen. Das wollte ich nicht! Ich wollte sie bei mir haben. Die Essstörung gab mir das Gefühl, etwas gut zu machen. Sie gab mir ein (scheinbares) Selbstwertgefühl. Sie gab mir das Gefühl, ich hätte alles unter Kontrolle. Ich war davon überzeugt gewesen, sie war das einzige, was ich hatte, um meinem Leben einen Sinn und Halt zu geben. Sie war etwas, was ich (scheinbar) beherrschte.

Nach den drei Urlaubstagen saß ich abends alleine in meiner 1-Zimmer-Wohnung. Ich war sehr erschöpft und energielos. Vor allem mein Körper hatte wenig Kraft. Zugleich freute ich mich aber schon darauf, am nächsten Tag auf die Waage zu gehen, denn meine hoffnungsvolle Vermutung, an Gewicht verloren zu haben, war stark. Jedenfalls fühlte ich mich so. Dünner. Und das fühlte sich gut an. So gut, dass ich abends nichts gegessen hatte, damit sich die Waage am nächsten Morgen von ihrer besten Seite präsentieren konnte.

Tatsächlich! Ich habe abgenommen! Na dann hat sich das ganze Kopfzerbrechen im Urlaub ja doch etwas gelohnt, sagte mir eine Stimme in meinem Kopf, als ich die ersehnte niedrige Zahl auf der Waage sah. Ich hatte nicht zugenommen, obwohl ich keinen routinierten Sport gemacht habe und mein Essen nicht abwiegen konnte. Ich hab's einfach drauf!, freute ich mich.

In den restlichen Tagen meiner Semesterferien kam ich auf den Entschluss, mein Gewicht nun halten zu wollen. Denn ich bemerkte, je dünner ich wurde desto schwächer wurde mein Körper. Das wollte ich nicht mehr. Ich wollte wieder mehr Energie haben.

Seit dem Entschluss verbrachte ich meine Zeit höchst motiviert mit der Recherche nach neuen Rezepten. Doch nur weil ich mir vornahm, nicht noch mehr abnehmen zu dürfen, bedeutete dies nicht, dass ich zunehmen durfte. Auf gar keinen Fall!

Ich aß zwar mehr als zuvor, doch die Kompensation der Kalorienfuhr durch den Sport war weiterhin ein Muss. Dafür durfte ich nun aber alles essen. Sogar Pizza, Pommes und Burger. Doch nur, wenn ich ausreichend Sport getrieben hatte.

Das Ziel, durch steten Sport und wenig Nahrung abzunehmen, verlagerte sich. Ich hatte die Essstörung verlagert. Nun galt es, extrem viel Sport zu treiben, um sehr viel essen zu dürfen, dabei aber mein Gewicht zu halten. So hätte ich auch keine Gelüste auf Nahrungsmittel, die ich mir bislang verbot, dachte ich.

Mein Fokus verlagerte sich gleichzeitig vom Nicht-Essen auf Viel-Essen. Meine Gedanken kreisten nicht mehr wie bislang um verschiedene Rezepte, sondern nun auch um Süßigkeiten, die ich mir die letzten Monate verboten hatte. Dabei dachte ich weiter nur noch an Essen und hatte dadurch fast durchgehend Hunger.

Oft plante ich, am Abend sehr viele Kalorien zu mir zu nehmen. Ich nahm all die Süßigkeiten und Lebensmittel zu mir, die ich lange verbannt hatte.

Nicht in Maßen.

Nein. In großen Mengen.

In hatte geplante Essanfälle.

Manchmal hatte ich mich dabei nicht mehr unter Kontrolle, weshalb ich nicht mehr aufhören konnte zu essen. Danach ging es mir oft sehr schlecht. Sowohl körperlich als auch emotional. Während des Essanfalls dachte ich schon daran, morgen entweder Sport machen oder hungern zu müssen. Ich genoss meine Lieblingsnahrung nicht, sondern verschlang sie.

Hektisch.

Im zitternden Zustand.

Ich konnte nicht aufhören.

Es gab auch Tage, da schaffte ich es sogar nicht, meine ersehnten Lebensmittel herunterzuschlucken, obwohl ich sie essen wollte. Dann holte ich sie mir trotzdem, doch kaute nur und spuckte sie wieder aus. So hatte ich wenigstens den Geschmack in meinem Mund, ohne dabei zuzunehmen oder Sport machen zu müssen, meinte ich.

Mein Hunger und die Gedanken an das Essen blieben also bestehen.

Was heute nicht verwunderlich ist, denn ich verwehrte mir weiterhin eine kontinuierliche und ausgeglichene Nahrungszufuhr. Mein Leben stand nur noch auf zwei Pfeilern: den Gedanken an Sport und Essen und der Umsetzung dieser Gedanken.

Ohne es zu wissen, vermischte sich die Magersucht mit weiteren Formen der Essstörung: Bulimie und Binge Eating.

Rückblickend erkenne ich, dass ich damals ein starkes Verlangen nach meinen Lieblingslebensmitteln hatte, weil sie in mir ein Gefühl von Sicherheit auslösten. Im übertragenen Sinne nährten mich meine Lieblingsspeisen und Süßigkeiten.

Genährt werden, das war das einzige, was ich zu dieser Zeit wollte.

Ich fühlte mich sicher, wenn ich meine Lieblingslebensmittel bei mir hatte. Während ich meinen Gelüsten folgte und mein Loch der Sehnsucht nach Sicherheit durch Nahrung stopfte, ging es mir „gut". Doch nach jedem Essanfall fühlte ich mich wieder leer, einsam und unsicher wie vor dem Essanfall.

***

Das neue Semester startete. Doch ich musste feststellen, dass es nun noch stressiger war als das vorherige. Ich hatte nun weitaus mehr Vorlesungen und Seminare. Da ich nun mehr aß, musste ich mich auch mehr bewegen. Das bedeutete, dass ich mehr Zeit brauchte, um meine Mahlzeiten zu kompensieren.

Die neue Tagesplanung war für meinen perfektionistisch routinierten Verstand keine große Herausforderung. Nach der Uni machte ich einen langen zügigen Spaziergang oder fuhr schnell mit dem Rad nach Hause und trainierte, damit ich auch Mittagessen durfte. Daraufhin besuchte ich eine weitere Vorlesung. Dreimal pro Woche ging ich vor oder nach der Uni nebenbei arbeiten, diese Wege fuhr ich auch mit dem Rad. Anstatt nach dem Nebenjob einen Moment zu entspannen, trieb ich Sport, um mir ein ordentliches Abendessen zu gönnen. Meist mit geplanten Essanfällen. Nachdem ich zu Abend gegessen – oder besser - geschlungen hatte, holte ich den Stoff der Vorlesung nach. Anschließend ging ich eine Runde spazieren oder joggen.

Das war mein Alltag und somit auch mein Leben für die nächsten Monate.

In Gesellschaft aß ich kaum noch, da ich mich beobachtet fühlte. Es machte mich aggressiv, wenn mich jemand beim Essen anstarrte. Außerdem konnte ich mich so nicht in Ruhe auf die Kalorien und den bemühten Genuss konzentrieren. Zudem hatte ich Angst, ich könnte in Gegenwart anderer Essanfälle bekommen.

Wenn ich (und das war sehr selten) abends mal mit Freunden ins Kino ging und sich jeder außer mir Nachos mit Käsesauce holte, dann argumentierte ich damit, dass ich eine Magenschleimhautentzündung hätte, weshalb ich mir Maiswaffeln von Zuhause mitbrachte. Ich log jeden Menschen an, wenn es um das Thema Essen ging.

Das Schlimmste aber war, dass ich mich selber anlog.

Jeden Morgen war ich angespannt. An der Uni und bei der Arbeit tat ich so, als würde ich glücklich und zufrieden sein. Am Abend, wenn ich alles überstanden hatte, war ich es auch, denn ich hatte wieder all das geschafft, was ich mir vorgenommen hatte.

Als sich auch dieses Semester dem Ende neigte, musste ich noch mehr für die zahlreichen Klausuren lernen. Dieses Mal musste ich zudem noch Hausarbeiten schreiben. Das bedeutete nicht nur, dass ich mehr sitzen musste, sondern auch, dass ich erneut weniger Zeit für meinen Sport und die Essensplanung hatte.

Also begann wieder ein neuer (alter) Plan: Alles, was Kohlenhydrate, Fette und Zucker hatte, gehörte verboten. Für mich waren Nudeln sowie Kartoffeln tabu und ich fing an, jedes einzelne Reiskorn abzuwiegen. Zuvor erlaubte ich mir noch 1 ½ Kartoffeln, jetzt nur noch eine halbe. Durch den Nahrungsentzug stiegen meine Essanfälle empor. Ich lebte zwischen Magersucht und Binge Eating.

Mir ging es von Tag zu Tag schlechter. Ich hatte keine Lust mehr auf nichts und niemanden. Ich nahm mir vor, einiges an meiner Lebensweise zu verändern, sobald das Semester vorbei war. Ich war unzufrieden und frustriert, ich zog mich komplett von meinen Freunden zurück und traf mich auch nicht mehr zum Lernen mit meinen Kommilitonen. Sogar meine Freunde aus meinem Heimatdorf sah ich kaum noch. Ich wollte alleine sein. Ich lebte schließlich in einem straffen Plan aus Kontrolle und Zeit-Management. Doch so langsam bemerkte ich, wie sehr ich darunter litt. Mit meiner Therapeutin sprach ich weiter sehr selten. Ich erzählte ihr nur, dass ich gestresst sei und mich die Klausuren unter Druck setzen würde.

Ich weiß nicht wie, aber irgendwie bekam ich meine Pflichten immer noch geregelt. Auch meine Klausurnoten waren weiterhin brillant.

Dennoch nährten mich weder meine Essanfälle noch meine guten Noten. Ich wurde jeden Tag ein Stück einsamer. So einsam, dass ich Heimweh bekam.

Als die universitären Präsenzpflichten aufgehoben waren, fuhr ich wieder häufiger in meinen Heimatort. Ich war immer häufiger in meinem Elternhaus. Einfach, weil ich mich dort wohler fühlte, auch wenn tagsüber niemand im Haus war. Dort war ich zwar alleine, aber nicht einsam. Sobald ich wieder in meiner 1-Zimmer-Wohnung war, verspürte ich Sehnsucht. Sehnsucht nach Zuhause. Ich war nun nicht nur tagsüber dort, sondern übernachtete auch wieder in meinem Elternhaus. In meiner 1-Zimmer-Wohnung bekam ich nachts kaum ein Auge zu, weil ständig irgendwelche Partys waren.

Mein Stiefvater wohnte mittlerweile alleine in meinem großen Elternhaus. Meine Mutter hatte sich von ihm getrennt und auch mein Bruder, der langsam selbstständiger wurde, zog aus.

Ständig zwischen meinem Elternhaus und meiner Studentenwohnung pendelnd, bot mein Stiefvater mir an, ich könnte doch wieder nach Hause ziehen. Ich zögerte nicht lange und nahm das Angebot dankend an. So waren wir beide nicht mehr ganz alleine. Mein Einzug war also ein „Win Win".

In meinem Elternhaus gab es genügend Zimmer, um mich zurückzuziehen und um mich auszubreiten, das Haus war etwas bewohnter und mein Stiefvater hatte nicht das Gefühl, als wäre er ganz alleine. Da ich sowieso schon sehr oft zu Besuch war, konnte ich also auch wieder einziehen.

Die Verkehrsanbindung in die Stadt an meinen Studien- und Arbeitsort war zudem auch sehr gut. So konnte ich auch endlich regelmäßig meine Privilegien als Studentin ausnutzen: kostenfreies Zugfahren.

Der Umzug war innerhalb von einem Tag erledigt. Allein die Nächte, in denen ich besser schlafen konnte, waren es wert. Ich fühlte mich so viel wohler in meinem Elternhaus. Es fühlte sich gut an, wieder in dem Haus zu sein, in dem ich mich immer behütet und beschützt gefühlt hatte. Ein Ort, an dem ich mich sicher fühlte. Doch auch da war ich, wie ich später feststellte, nicht sicher genug vor mir selbst.

***

Eines Abends kam ich auf die Idee, mir eine Dating-App herunterzuladen. Irgendein Teil von mir sehnte sich nach einer Partnerschaft und bekam wieder Lust, einen Mann kennenzulernen. Nach den ersten Anwendungen der App ergaben sich auch schon zwei Treffen mit Männern meines Alters. Die Dates waren ganz okay, aber es gab keine zweiten Dates. Das erste Kennenlernen hat kein Interesse an einem zweiten in mir geweckt. Dennoch demotivierten mich die ersten Fehlversuche nicht und ich suchte weiter in der Dating-App nach passenden Männern für mich.

Schon bald entdeckte ich Manuel. Auf Manuels Profilbild erkannte ich nicht viel, aber das, was ich sah, war ansprechend. Wir schrieben ein paar Tage hin und her, bis wir uns zum Spazieren gehen verabredeten. Als ich am vereinbarten Treffpunkt auf ihn wartete, kam ein junger, sportlicher und verdammt gutaussehender Kerl auf mich zugelaufen. Er lächelte mich an und wir wussten beide sofort, dass wir diejenigen sind, die auf den Date-Partner warten. Er war sportlich gekleidet, hatte leicht gestylte dunkelblonde bis hellbraune Haare und ein herzliches Lächeln im Gesicht. Er gefiel mir sofort. Manuel war mein Typ. An diesem sonnigen Nachmittag hielten wir nicht nur Small Talk, sondern teilten persönliche Interessen und Gedanken, woraus sich schnell eine vertraute Stimmung ergab. Ich fühlte mich wohl in Manuels Nähe. Auch körperlich fühlte ich mich zu ihm hingezogen. Nach unserem ersten Treffen schrieben wir weiter über WhatsApp und verabredeten uns nach wenigen Tagen wieder. Die Zeit mit Manuel war wirklich schön. Wir hatten verschiedene Aktivitäten unternommen und ich lernte wieder, wie es war, meinen Tag mit Unternehmungen wie Schwimmen, Spazieren oder einfach nur mit Entspannung auf einer Liegewiese zu gestalten. Wir redeten viel, wir lachten viel und schliefen nach kurzer Zeit miteinander. Ohne dass ich mich dabei unwohl fühlte. Naja, ein bisschen schon, aber das war okay. Ich fühlte mich ja schon vor mir selber in meinem Körper nicht gut. Insofern fühlte ich mich auch vor Manuel nicht wohl. Doch das hinderte mich nicht daran, körperliche Nähe zuzulassen. In der Beziehung mit Manuel holte ich mir Bestätigung. Vor allem körperliche. Doch es war weitaus mehr als eine körperliche Beziehung.

Das Zusammensein war sehr schön und konnte mich während der gemeinsamen Zeit von meinen üblichen Gedanken ans Essen und Planen abhalten. Wir kochten sogar zusammen! Nur leider war das alles auch super anstrengend. Schließlich musste ich vorher immer unauffällig herausfinden, was und wie spät wir essen würden, damit ich mich körperlich darauf vorbereiten konnte. Ich musste wissen, wie viele Kalorien ich zu mir nehmen werden würde, damit ich meine Kalorienverbrennung anpassen konnte. Ich musste wissen, was wir unternehmen werden, damit ich vorher genug aß, um Kraft zu haben und um nicht mit einer schlechten körperlichen Verfassung oder gereizten Stimmung aufzutauchen. Meistens kam ich erst spät abends zu ihm nach Hause, damit ich einem gemeinsamen Abendessen ausweichen konnte und somit alles in Ruhe für mich perfekt erledigen konnte.

Wir hatten eine wirklich schöne Zeit zusammen, bis mir das alles irgendwann zu anstrengend wurde.

Ich war sowieso schon mit mir und meinen psychischen Erkrankungen überfordert. Manuel wusste von all dem nichts, denn ich hielt es weiterhin geheim. Nach ein paar Monaten wurde mir das dauerhafte Schauspiel zu viel, sodass ich in einem ungeplanten Moment beschloss, die Beziehung zwischen uns zu beenden. Ich schaffte es nicht mehr, meine Geschichte vor einem Mann, mit dem ich viele und intime Momente verbrachte, geheim zu halten. Ich trennte mich, damit ich meine Ess- und Zwangsstörung besser ausleben konnte. Aber diesen Grund erzählte ich niemandem.

In dieser Zeit äußerte sich Thomas, mein Stiefvater, dann erstmalig zu meinem Körpergewicht.

"Mensch, bist du in den letzten Monaten dünn geworden, an dir ist ja nichts mehr dran."

Solche Bemerkungen bestätigten mich in meiner Lebensweise und spornten mich wie bisher an, mich weiterhin von meiner Essstörung begleiten zu lassen.

Die Idee, zum Ende des Semesters etwas an meinem Ess- und Sportverhalten verändern zu wollen, war wieder verflogen. Ich wollte die Essstörung doch nicht mehr loslassen.

Ich machte weiter und weiter, doch fühlte mich schlechter und schlechter. Ich konnte einfach nicht mehr aufhören. Nicht aufhören, an Essen und Sport zu denken. Nicht aufhören, die Lebensmittel, nach denen ich mich sehnte, einzukaufen, ohne sie zu essen, um sie wieder auszuspucken damit ich nicht zunahm. Ich konnte nicht aufhören zu rennen, nicht aufhören zu schwitzen, nicht aufhören zu hungern. Die Gedanken an Essen und auch an den Vorgang des Essens gaben mir eine diffuse Sicherheit, die für mich nicht mehr wegzudenken war.

Weiterhin verbot ich mir Lebensmittel, hinter denen – in meiner subjektiven Wahrheit - zu viel Fett und Zucker steckten. Durch diese Verbote bekam ich wiederholt Heißhunger auf all das, was ich so gerne mochte, aber nicht essen durfte.

Wenn Thomas mir freundlicherweise mal ein Stück Schokolade mitbrachte, dann überforderte mich das so sehr, dass ich die Schokolade entweder wegschmeißen musste oder essen musste und wieder ausspuckte oder abrannte. Ich konnte es nicht ertragen, dass die Schokolade da war, sie machte mich aggressiv. Die Schokolade forderte mich immer zu einem Duell heraus: Essen oder Nicht-Essen. Ich verlor diesen Kampf jedes Mal. Das Mitbringen von unangekündigten Lebensmitteln stimmte mich ohnmächtig.

***

In den Sommer-Semesterferien ging ich weiterhin meinem Nebenjob nach. Ich arbeitete als Aushilfe in einem Büro. Ich war immer alleine im Büro, denn es gab an meinem Arbeitsort nur dieses eine Büro mit einem Raum, in welchem mehrere Studenten und ich uns getrennt voneinander die Arbeitszeit aufteilten. Eines Morgens kam ich auf die Idee, meine Hanteln und Sportbänder zur Arbeit mitzunehmen, sodass ich während der Schreibtischarbeit die Hanteln heben konnte. Hier hatte ich tatsächlich hinreichend Raum und Freiraum, um mich zu bewegen. Nur so konnte ich den Druck, der sich aufbaute, sobald ich keinen Sport machte, abbauen. Die Abstände, Sport treiben zu müssen, wurden immer kürzer. Also litt nun auch die Arbeit darunter. Das wurde dann zur Regelmäßigkeit. Manchmal kam ich mir wirklich dämlich vor und ich schämte mich auch. Doch auch das konnte ich nicht unterlassen.

Das Planen und Ausführen meiner Gedanken – diese RASTLOSIGKEIT - war sehr anstrengend, sodass auch mein Schlaf nach und nach extrem darunter litt. Ich schlief nur noch sehr schlecht ein und durch. Wenn ich träumte, dann von Essen und Gewichten. Nachts schreckte ich aus dem Nichts oft hoch und konnte nicht mehr einschlafen. Häufig wurde ich bei dem kleinsten Geräusch wach und bekam Herzrasen. Einfach so. Manchmal klapperte die

Heizung, ich erschrak und fing an zu zittern. Bis ich wieder einschlief, dauerte es meistens eine Stunde. Nicht selten bekam ich nachts aus dem nichts Panikzustände. Mein Körper und mein Geist waren den Zustand von geistiger Ruhe und körperlicher Entspannung einfach nicht gewohnt. Irgendein Teil in mir fühlte sich, sobald Ruhe eintrat, bedroht. Das äußerte sich in Angstzuständen. Mein ganzer Körper zitterte, ich war nass-kalt schweißgebadet, meine Extremitäten fingen an zu kribbeln, mein Mund wurde trocken und ich rang nach Luft. Ich schaffte es immer wieder, mich selbst zu regulieren.

Jedes Mal sagte ich mir:

„Morgen höre ich auf, morgen esse ich wieder besser, morgen ist Sportpause."

Doch an jedem weiteren Morgen läutete ich meinen Tag mit einer Joggingrunde ein.

Dabei sehnte mich so sehr nach einem Ruhetag! Nach einem Tag, ohne Plan, ohne Sport, ohne Gedanken an meinen Körper oder an das Essen. Ich schaffte es nicht mehr, mein krankhaftes Verhalten zu verdrängen. Mir wurde von Tag zu Tag klarer, dass mein Verhalten nicht mehr gesund war. So gerne hätte ich einmal wieder an einem Sonntagmorgen bis zum Mittag im Bett gelegen und auf Netflix einen Serienmarathon gestartet. Doch ich schaffte es nicht. Die Anspannung war zu groß, ich kam nicht mehr Ruhe. Ich musste immer irgendetwas machen. Doch selten in Gemeinschaft. Manchmal sah ich mehrere Tage niemanden, ich hatte kaum noch soziale Kontakte. Ich wollte mir keine Zeit für andere Menschen nehmen. Ich wollte mein System, meinen Schutzkäfig nicht verlassen, aber gleichzeitig auch nicht mehr haben.

Meiner Verhaltenstherapeutin Frau Leugers versuchte ich noch immer zu verkaufen, dass ich keine Essstörung hatte, auch wenn sie sich immer wieder bemühte, mich darauf aufmerksam zu machen. Beim letzten Gespräch schien sie erschrocken und legte mir nahe, dass sie meinen Gesundheitszustand nicht mehr gutheißen würde. Ich lenkte das Thema der Sitzung in eine andere Richtung: Stress. Stress sei mein Problem. Am Ende dieser Sitzung erklärte ich Frau Leugers, dass mir die Gespräche mit ihr bislang gut geholfen hätten, ich somit gut ausgestattet sei und nun keinen Bedarf mehr an weiteren Terminen hätte. Ohne im Vorfeld darüber nachzudenken, legte ich die Therapie an diesem Tag auf Eis.

Mit meinem Einzug in mein Heimatdorf verknüpfte ich die Hoffnung, wieder mehr Lebensfreude zu gewinnen. Doch auch mit meinen Freunden traf ich mich genauso selten wie zuvor. Ich beschäftige mich nur noch mit mir selbst. Außerdem fühlte ich mich viel zu gereizt für ein Treffen mit Freunden.

Das stresste mich nur.

Ich stresste mich nur!

Stattdessen verglich ich Lebensmittel und Rezepte. Ich stöberte im Netz nach verschiedenen Gerichten, die ich gern mochte und überlegte, wie ich das Rezept ohne viele Kalorien zubereiten könnte. Zwischendurch backte oder kochte ich aber auch gemäß dem Rezept aus dem Internet. Doch gegessen hatte ich es nie. Das Kochen an sich machte mir riesigen Spaß. Dabei konnte ich seltsamerweise entspannen. Wenn ich etwas gebacken hatte, dann verschenkte ich das Gebackene, obwohl ich es so gern selber gegessen hätte. Aber ich durfte es nicht.

Wenn ich mich durch die Supermärkte auf Vergleichsreise nach Lebensmitteln begab, kam ich mir jedes Mal so vor, als würde ich beobachtet werden. Dass ich mich auf die Suche machte, um Lebensmittel zu vergleichen, wurde auch zum Zwang. Ich plante diese Aktivität nicht nur, sondern hatte auch klare Regeln, nach denen ich suchen und filtern musste. Wenn ich nach einem Frischkäse, welchen ich nach meinen Regeln essen durfte, suchte, sah meine Mission so aus: Ich durchforstete jeden Einkaufsladen im Umkreis von ca. 20 km. Wenn ich dann endlich den Frischkäse gefunden hatte, der am wenigsten Kalorien hatte, fuhr ich nach Hause. Doch anstatt den Frischkäse dann auch zu essen, ekelte ich mich davor und schmiss ihn weg.

Für solche Aktionen sagte ich Treffen oder andere Termine ab. Wenn ich spontan gefragt wurde, ob ich Zeit hätte, um eine Runde in die Stadt zu fahren, verneinte ich mit Hilfe von Ausreden.

Ich musste diese Vergleichsreise machen! Der Gedanke daran, es nicht zu tun, machte mir Angst und ich fühlte mich nicht sicher. Ich bekam Panik, Herzrasen, wurde unruhig und aggressiv.

So oft war ich auf der Suche nach dem perfekten Proteinriegel. Wenig Fett, viele Proteine! Mein Ansporn für die Suche nach dem perfekten Riegel war der Gedanke, dass Proteine ja schließlich satt machen, ohne viel Fett in meinem Körper zu hinterlassen. Manchmal hielt ich mich eine Stunde nur vor dem Regal mit Proteinriegeln auf. An einigen Tagen war mir egal, was das Personal denken könnte, an anderen Tagen kaufte ich alle Produkte, um sie Zuhause vergleichen zu können. Danach schmiss ich alle Riegel, die von meiner Norm abwichen, weg. Ich verlor mich im Vergleichen von Produktpreisen und ihren Nährwertetabellen. Ich durfte nicht aufhören. Das machte mich aggressiv, und zwar solange, bis ich den perfekten Riegel gefunden hatte. Wenig Kalorien - viel Eiweiß.

Stundenlang durch Geschäfte zu laufen, um nach Lebensmitteln zu suchen, die man nur kaufen darf, wenn sie perfekt sind, kann ebenfalls ein Zwang sein; genauso wie stundenlang durch den Supermarkt zu laufen, ohne etwas kaufen zu dürfen. Manchmal musste ich auch einfach in einen Einkaufsladen gehen ohne Absicht, etwas zu kaufen. Dann schaute ich mir Lebensmittel an, um diese dann mit ähnlichen Lebensmitteln zu vergleichen. Nur Vergleichen. Kein Kaufen. Alles musste perfekt sein, bevor ich etwas kaufte. Es war für mich nahezu eine Katastrophe, etwas zu kaufen, ohne die Preise, die Menge, die Nährwerte zu vergleichen. Schließlich hätte es sein können, dass ich im anderen Supermarkt etwas bekommen würde, was weniger von allem hätte. So verhielt es sich auch mit anderen Gegenständen wie z.B. Kleidung oder Büchern. Bei Kleidungsstücken wurde es besonders knifflig, schließlich gab es viel Auswahl und dazu auch noch online-shops.

Es kam selten vor, aber wenn ich mal etwas gekauft hatte und einen Tag später zufälligerweise gesehen hatte, dass das Produkt woanders günstiger war, machte sich sofort in meinem Brustkorb ein Engegefühl bemerkbar. Ich fühlte mich direkt schlecht, nutzlos, fehlerhaft und weniger wert. Deswegen behielt ich vor allem bei Kleidungsstücken noch lange den Kassenbon auf, falls ich den Artikel umtauschen musste, da er woanders günstiger war.

Ich erwähne dies, um zu verdeutlichen, dass ich mich einschränkte, für etwas bestrafte und erniedrigte, was kein Vergehen war, weil es im Grunde völlig irrelevant war. Es war weder überlebensnotwendig noch hatte es irgendjemand mitbekommen. Selbst wenn, es hätte niemanden interessiert! In meinem Kopf bestand jedoch die feste Regel, nie etwas zu kaufen ohne es vorher zu vergleichen.

Wenn ich alles erledigte, was mir meine Gedanken befahlen, konnte ich am Ende des Tages entspannen. Nur so fühlte ich mich weiterhin abgesichert. Nur so konnte ich für mich sorgen. Nur so war ich sicher, stand für mich fest. Dabei waren diese Überzeugungen völlig falsche.

Zugleich war diese Lebensweise einfach nur anstrengend! Während jener überfordernden Zeit, indes ich mich selber in den Wahn trieb, war ich gar nicht richtig anwesend, ich war absolut nicht im Hier und Jetzt. So, als hätte ich gar nicht richtig gelebt.

Die Arten von Zwangsstörungen können auf viele Arten ausgelebt werden. Bei mir äußerten sich die Zwänge im Planen aller Aktivitäten im fünf-Minuten-Takt, im Planen und Durchführen meiner Sporteinheiten, im Kontrollieren und Vergleichen von diversen Gegenständen (Kleidung, Möbel, Lebensmitteln, usw.) sowie im Planen vom Essen und Nicht-Essen dürfen.

Die Zwangsstörung und die Essstörung gehen in vielen Aspekten einher. Denn auch hinter der Essstörung verbirgt sich ein Anteil, der befiehlt, was man muss, darf und nicht darf. Das Ausführen solcher Gedanken wurde bei mir zum Zwang.

Letztlich waren sowohl meine Essstörung als auch meine Zwangsstörungen eine Art Ventil. Ein Ventil für meine unterdrückten Gefühle und gleichzeitig für mein Bedürfnis. Für mein Bedürfnis nach Geborgenheit. Und für meine Sehnsucht nach Sicherheit. Ich musste Kontrolle ausüben. Ich wollte Sicherheit haben, alles im Blick haben, alles perfekt machen, nichts verpassen, keine Fehler machen und mich wohl und behütet fühlen. Das ständige Planen gab mir Sicherheit und das Gefühl, dass ich beschützt bin und mir nichts passieren könnte, wenn ich alles im Blick und unter Kontrolle hatte. Wenn ein Plan nicht glückte, wurde ich extrem aggressiv und der Druck, der sich dadurch in mir aufbaute, endete dann wieder in einem gestörten Essverhalten. Also beim nächsten Ventil. Denn wenn ein Plan nicht aufging oder ich etwas nicht gut genug machte, dann verspürte ich negative Emotionen. Doch anstatt sie herauszulassen, unterdrückte ich sie durch die Essstörung. Ich trieb also z.B. extremen Sport.

Die Zwänge und die Essstörung dienten der Emotionsregulierung, also zur Vermeidung von negativen Gefühlen. Gleichzeitig konnte ich durch die Kontrolle (scheinbar) positive Gefühle erzeugen. Mit den Zwängen schützte ich mich zudem vor der Stille und der Leere in mir, die für mich ständig eine Bedrohung darstellten. Denn in der Stille kamen negative Gefühle hoch, die ich aber doch wieder durch die Zwänge zu vermeiden hatte. Im Gesamten betrachtet: ein verdammt verkorkstes Konstrukt, was sich in mir etablierte!

Ich hatte Angst, etwas zu verpassen, etwas falsch zu machen. Es war wohl das kleine Mädchen in mir, das Angst hatte, etwas falsch zu machen, Angst hatte, nicht geliebt zu werden, ausgegrenzt zu werden oder etwas kaputtzumachen oder nicht genug zu sein. Doch auch das wurde mir erst einige Monate später klar. Mir wurde auch erst später klar, warum das kleine Mädchen in mir diese Ängste hatte und Schutz suchte. Die Zwangsstörung und die Essstörung waren Schutzstrategien der kleinen Emma, die in der erwachsenen Emma lebten. Sie handelte aus Angst, aus Mangel. Sie lebte in Angst und Mangel. Sie, die kleine Emma.

Während der fast dreimonatigen langen Sommer-Semesterferien fuhren mein Stiefvater, mein Bruder und ich für ein verlängertes Wochenende an die Ostsee.

Als es um das Packen meines Koffers und um die Planung meines Sport- und Essverhaltens ging, bekam ich wieder richtig Panik.

Wie soll ich das nur schaffen? Das Packen des Koffers bereitete mir wieder so viel Kopfzerbrechen, ähnlich schlimm wie beim Packen des Koffers, als ich mit meiner Mutter zur Nordsee fuhr. Dieses Mal war es allerdings noch schlimmer. Ich war überfordert von meinem eigenen mir auferlegten Perfektionismus. Der Perfektionismus war mir mittlerweile zwar vertraut, denn ich lebte schließlich schon länger mit ihm in meinem verschlossenen Käfig, doch in diesem Moment war ich mit den Entscheidungen, die zu treffen waren, überfordert.

Mein Emotionsgeflecht war eben, wenn ich zu wenig gegessen hatte, sehr dünn und labil geworden. Vor allem in Situationen wie diesen, die für mich irrsinnig herausfordernd waren, konnte es passieren, dass ich - verursacht durch das Nachlassen meiner Konzentration - von Gereiztheit und Aggressionen übermannt wurde. Die Überforderung mit diesem Kofferpacken war derart groß, dass ich ein so impulsives Verhalten an mir selber ausübte wie lange nicht mehr.

Während des Versuchs zu packen wurde ich binnen Sekunden so aggressiv, bis ich letztlich mit meiner Faust gegen meinen Kleiderschrank ausholte.

Und gegen mein Gesicht.

Ich hatte meine Aggressionen nicht mehr unter Kontrolle.

Dann krallte ich mich an meinen Kleiderschrank und schlug meinen Kopf mit voller Wucht gegen die Kleiderschranktür. Drei Mal.

Zugleich stiegen mir gewohnte Gedanken in den Kopf, was ich im Urlaub essen würde und wie ich mein Essen abwiegen könnte. Das war alles viel zu viel für mich.

Für meinen Kopf.

Für meine perfektionistische Planung.

Ich wurde panisch.

Zu viele Gedanken strömten auf mich ein und ich bekam das Gefühl, die Kontrolle zu verlieren. Ich konnte nun nicht einmal mehr meine Planung kontrollieren! Das stimmte mich ohnmächtig und machtlos.

Ich überlegte sogar, ob ich mir einfach für die vier Tage selber Essen mitnehmen sollte. Doch ich erkannte, dass es komisch wirken würde, wenn wir abends Essen gingen.

Also beschloss ich, vorab herauszufinden, was wir frühstücken werden. Über unsere kleine WhatsApp-Gruppe, konnte ich mein „Frühstück-Problem" schnell lösen: Da wir eine Ferienwohnung mieteten, entschieden wir, dort jeden Morgen in Ruhe zu frühstücken. Dafür würden wir vorab einen großen Einkauf erledigen. Über diese Info war ich sehr erleichtert, denn so konnte ich immerhin eine Mahlzeit pro Tag verplanen. Mein Frühstück würden Marvin und Thomas nicht hinterfragen, da war ich mir sicher. Das Mittagessen, so beschloss ich, würde ich ausfallen lassen und abends im Restaurant würde ich meine Bestellung daraufhin anpassen, wie viel ich mich am Tag hatte bewegen können. Salat gibt es ja schließlich überall, besänftigte ich mich.

Meine Essensplanung war somit also gesichert. Gut! Sofort spürte ich Erleichterung. Ich nahm wahr, wie der Druck in mir nachließ. Durch das Planen holte mir meine Kontrolle wieder.

Doch genau dieses Muster lief immer und immer wieder ab. Ich bekam einen Reiz, der mich ohnmächtig stimmte, daraufhin machte sich Panik breit, sodass ich einen Plan brauchte. Und zwar sofort! Sobald mein Plan stand, ließ der Druck nach. Dieses Reiz-Reaktions-Muster wurde durch die vergangene Zeit zum Automatismus. Und anstregend.

Im Urlaub aßen mein Bruder Marvin und mein Stiefvater Thomas jeden Tag, wonach ihnen war, was sie wollten und so viel sie wollten. Mal war es ein Fischbrötchen, dann ein Burger mit Pommes, im Anschluss ein Eis und abends ein ordentliches Steak mit Bratkartoffeln. Auch wenn ich Vegetarierin bin, war ich neidisch auf deren Essen bzw. auf de-

ren Essverhalten. Ich war neidisch auf ein intuitives Essverhalten. Zugleich aber auch mächtig stolz, dass ich dem
Verzicht standhalten konnte und nicht nachgab.

In unserem Kurzurlaub waren wir viel unterwegs. Die
sommerlichen Temperaturen luden dazu ein, die Ortschaf-
ten zu erkunden. Wir nutzten fast immer die Räder. Ich war
darin bestätigt, wie sinnvoll es war, unsere eigenen Fahrräder mitzubringen, denn so fuhren wir jeden Tag bis zu 35
km. Zwischendurch hatte ich jedoch kaum noch Kraft und
Energie in meine Pedale zu strampeln.

Einmal erging es mir so schlecht, dass ich tatsächlich ein
Eis essen musste. Als wir nämlich eine Rast in einer Eisdie-
le machten, bestellten die beiden Männer sich einen riesengroßen Eisbecher. Zuerst lehnte ich eine Bestellung ab,
doch dann bemerkte ich, wie ich am ganzen Körper zunehmend zitterte. Ich erkannte schlagartig, dass ich ja auch
noch die bereits gefahrenen Kilometer zurückfahren musste und bestellte vernunftorientiert zwei Kugeln Eis.

Die Hälfte davon ließ ich jedoch zerschmelzen.

Doch die wenigen Löffel Eiscreme taten mir gut. Sehr
gut. Im Anschluss fühlte ich mich natürlich direkt fett,
hässlich und schwabbelig, sodass ich auf dem Rückweg zur
Ferienwohnung kräftig in die Pedale trat und noch einen
Umweg fahren wollte.

Ich wunderte mich schon etwas, weshalb die Beiden
mich nicht auf mein Essverhalten ansprachen, aber das kam
mir natürlich auch sehr gelegen. Ich glaube, sie hinterfrag-
ten es einfach nicht und nahmen es einfach so hin. Hin und
wieder gab es blöde Sprüche, wenn ich mir abends wieder
nur einen Salat ergänzt durch eine kleine Portion Pommes,
von denen ich nur sieben aß, bestellte.

„Mein Gott, Emma, man kann dir ja eine Kinderportion
bestellen und du würdest damit drei Tage auskommen",

bekam ich von Thomas zu hören. Sein Kommentar bewegte aber nicht mehr viel in mir.

Es motivierte mich nicht mehr, weiter abzunehmen. Ich fühlte mich zu kraftlos, um im Urlaub noch mehr abnehmen zu wollen.

Am Abend bevor es nach Hause ging, spürte ich ein leichtes Brennen auf der Haut an meinem Gesäß. Ich griff nach meinem Handspiegel und ging ins Bad. Was ich dann sah, ließ meinen Atem für einen Moment stocken. An meinem Gesäß - an meinen Gesäßknochen - war eine Wunde. Ich hatte mir tatsächlich beim Radfahren meinen Hintern wund gefahren! Obwohl ich so erschrocken war und feststellen musste, dass mein Gesäß keine nötigen Fettpolster mehr hatte, berichtete ich Marvin und Thomas stolz davon. Beide rissen die Augen auf und prusteten kurz laut auf.

„Kein Wunder, du bist ja auch ein wandelndes Skelett. Wird Zeit für ein ordentliches Schnitzel für dich!", sagte mein Stiefvater.

Auch wenn die gemeinsame Zeit mit Marvin und Thomas schön war, freute ich mich darauf, wieder ungestört in meinen Käfig zu kriechen. Die Planung und Lebensführung außerhalb meines Systems war anstrengend. Ich wollte wieder alleine und von niemandem abhängig sein. Als wir aus dem Urlaub heimkehrten, stellte ich mich direkt am nächsten Morgen auf die Waage.

Wow, abgenommen.

Als ich die Zahl auf der Waage sah, war ich einerseits erschrocken, doch andererseits machte sich ein Glücksgefühl bemerkbar. Es hatte wieder alles funktioniert.

Noch am selben Tag besuchte ich meine Mutter.

Ich erzählte ihr von unserem Urlaub und den Erlebnissen. Sie war froh, dass wir Geschwister noch einen guten Kontakt zu unserem Stiefvater hatten, seitdem sie sich von ihm getrennt hatte. Sie freute es auch, dass ich bei ihm wohnte. Auch wenn es komisch für sie war, wusste sie, dass ich dort gut aufgehoben sein würde. Schließlich hatten wir als Familie zwölf Jahre zusammengelebt, sie konnte beurteilen, ob Thomas gut zu mir war.

Ich berichtete jenseits der Urlaubserlebnisse auch stolz davon, dass ich mir meinen Hintern wund gefahren hatte. Keine Ahnung, was ich damit bewirken wollte. Wahrscheinlich Aufmerksamkeit. Doch meine Mutter reagierte nicht wie Marvin und Thomas.

„Emma, es reicht jetzt. Als du gerade hereingekommen bist, habe ich mich richtig erschrocken! Weißt du eigentlich, dass du viel zu dünn bist? Du klappst bald zusammen. Findest du das cool oder witzig, dass du nur noch aus Haut und Knochen bestehst und nicht einmal mehr Fahrrad fahren kannst, ohne dass du dir den Hintern wund fährst?! Ich habe lange nichts gesagt, aber jetzt reicht es."

„Ja Mama, das lag wahrscheinlich einfach am Sattel. Mach dir mal keine Sorgen, ich pass schon auf."

„Ne, Emilia, lange gucke ich mir das nicht mehr mit an! Ich wollte es dir eigentlich nicht sagen, aber selbst deine Nachbarn haben mich schon angesprochen und mir gesagt, dass du wirklich ganz schrecklich aussiehst."

Einerseits bestätigte mich ihre Aussage wieder darin, dass es gut war, was ich machte, andererseits schockierte es mich.

Zum ersten Mal motivierte mich eine solche Äußerung nicht, weiterzumachen, sondern verletzte mich.

Sehe ich denn wirklich so schlimm aus?

***

Eines Sommerabends besuchte ich Hannah. Hannah wohnte noch zu Hause. Wir saßen im Garten, als ihre Mutter und ihr Vater dazukamen.

Das Erste, was ihre Mutter zu mir sagte, war, dass ich viel zu dünn sei. Als ihr Vater das hörte, sagte er nur: „Ach Quatsch, so schlimm ist es auch nicht. Und außerdem: wenn es ihr gefällt, ist das doch okay."

„Spinnst du?", reagierte Hannahs Mutter. „Emma ist viel zu dünn, das ist nicht mehr schön und langsam sieht mir das auch gefährlich aus. Ihre Hüftknochen gucken raus, das Gesicht ist weiß und eingefallen".

„Sie wird schon wissen, wann sie sich wohlfühlt",
entgegnete er und ging wieder zurück ins Haus.

Hannah sagte dazu gar nichts, hielt den Kopf nach unten und tippte auf dem Display ihres Smartphones herum.

Ob er mich in Schutz nehmen wollte oder es wirklich so empfand, das weiß ich nicht. Das spielte auch keine Rolle. Schließlich waren es nur Äußerungen oder Wahrnehmungen von außen. Doch leider legte ich lange Zeit viel zu viel Wert auf solche Äußerungen.

Dass mir die Wahrheit wieder und wieder gespiegelt wurde, stellte ich in den nächsten Tagen weiter fest.

Sogar meine Oma sprach mich eines Tages auf mein Körpergewicht an. Meine Oma und ich hatten schon immer ein sehr liebevolles Verhältnis. Wir sahen uns regelmäßig oder telefonierten regelmäßig. Oft war sie besorgt um mich. Für sie war ich immer die kleine Emma, die krank war. Sie machte sich viele Gedanken um mich, als ich die Diagnose Multiple Sklerose erhielt, sie sorgte sich sehr um mich, als ich meine Cortison-Gaben bekam.

Als meine Oma und ich eines Abends wie gewöhnlich telefonierten, unterhielten wir uns eingangs über typische Fragen wie: „Wie geht´s?" und „Was gibt es Neues?"

Nachdem der Small Talk beendet war, hob sie vorsichtig mit leiser Stimme an:

"Du, Emma, dein Onkel war gestern hier und sagte mir, dass du magersüchtig bist. Stimmt das?"

Mein Atem stagnierte. Ich schluckte schwer.

„Bitte, was hat der gesagt? Wieso erzählt der dir denn so etwas?"

Meine ersten Gedanken waren nicht, dass es sowieso schon unverschämt genug sei, so etwas in die Welt zu setzen (auch wenn es wahr war), sondern dass meine Oma nun noch besorgter um mich war!

Ich erklärte meiner Oma, dass das alles nicht stimmen würde und fragte sie, wie er darauf kam.

„Du würdest wohl Bilder im Internet hochladen, auf denen du dich ganz mager präsentierst und das auch ganz toll finden würdest. Ich hab' ja auch schon gedacht, dass du viel zu dünn bist, aber ich habe dich jetzt auch ein paar Wochen nicht gesehen. Ist wirklich alles okay?"

Ihre Stimme klang zittrig und unsicher.

Die Plattform, die meine Oma meinte, war Instagram. Ich bemühte mich, ihr zu erklären, dass ich mich nicht „extra dünn" präsentieren würde und auch nirgends äußern würde, dass ich es selbst schön finde, dünn zu sein.

Dieses Mal waren meine Worte ehrlich. Zwar achtete ich darauf, dass man so wenig „Fett" wie möglich auf meinen Fotos, welche ich „uploadete" sah, aber ich hatte niemals die Absicht, mich explizit mager zu präsentieren!

Ich glaube, am Ende des Telefonats konnte ich meiner Oma ein wenig die Sorgen nehmen und sie beruhigen. Dennoch war ich sehr wütend auf meinen Onkel.

Ich war sogar mehr als wütend, ich raste innerlich und erzählte inmitten meiner Rage meiner Mutter von der Aussage meines Onkels. Zu meiner Überraschung antwortete sie mir, dass mein Onkel ihr das auch schon gesagt habe. Sie habe es mir jedoch nicht sagen wollen, weil sie genau wusste, wie ich reagieren würde. Wütend.

Ich war fassungslos und beschwerte mich weiter über sein Verhalten. Ich hätte ihn am liebsten angerufen oder ihm eine Nachricht geschickt, aber ich wusste, dass ich dazu gerade viel zu wütend war.

Ich weiß heute, dass ich wütend war, weil er die Wahrheit gesagt hatte. Das bedeutet hingegen nicht, dass ich es in Ordnung finde, derartige Äußerungen und Feststellung hinter meinem Rücken mit anderen Personen, die sich ohnehin schon sehr sorgten, zu besprechen. Ich fand dies übergriffig. Aber auch er hatte sicherlich seine Gründe. Vielleicht war auch er besorgt um mich und wusste nicht, mit wem er darüber sprechen konnte. Ich kannte seine Absicht nicht.

Spätesten da hätte ich bemerken können, dass alle außer mir wussten, dass ich eine Essstörung habe.

***

Da ich körperlich weiter geschwächt war, dennoch nicht gänzlich erkennen wollte, dass es an meinem Ess- und Sportverhalten liegen könnte, ging ich eines Tages zum Arzt.

Heute kann ich etwas darüber lachen, doch damals war mir der Verlauf des Termins, den ich bei meinem Hausarzt vereinbarte, echt unangenehm. Denn in was für eine Situation in mich während der Besprechung meines Anliegens begab, war mich nicht klar.

Ich saß im Untersuchungszimmer, als Dr. Fritze hereinkam. Er setzte sich mir gegenüber an seinen Schreibtisch.

„Frau Walter, schön Sie zu sehen, was kann ich für Sie tun?"

Ich stotterte etwas, weil ich nicht wusste, wie ich mein Problem beschreiben sollte.

„Ich, äh, also ich glaube, ich habe Probleme mit meinem Blutzucker. Ich bin manchmal ganz plötzlich total schlapp, unkonzentriert, zittere oft, habe keine Power und fühle mich einfach unterzuckert."

Dr. Fritze musterte mich etwas.

„Hm, okay und warum tippen Sie als Erstes darauf, dass Sie eine Zuckerkrankheit haben könnten? Ist so etwas bei Ihnen in der Familie bekannt oder hatten Sie damit schon einmal ein Problem? Also die Symptome, die sie beschreiben, können vielfältige Ursachen haben. Auch scheinen mir Ihre Beschwerden nicht im Zusammenhang mit der Multiplen Sklerose zu stehen."

Wir kannten uns seit Jahren und ohne weiter zu zögern fragte er mich:

„Sagen Sie mal, was haben Sie denn heute schon gegessen?"

Ich antwortete völlig selbstverständlich:

„Noch nichts, weil ich gleich Joggen wollte und mit vollem Magen ist das nicht so angenehm."

Ich lachte etwas, weil ich mich langsam doch etwas ertappt fühlte. Mir wurde auch schlagartig klar, in was für eine absurde Situation ich mich selbst begeben hatte.

„Frau Walter, es ist gleich 12 Uhr, ich werde gleich schon zu Mittag essen. Ich gehe nicht davon aus, dass Sie gerade erst aufgestanden sind. Ich möchte Ihnen wirklich nicht zu nahetreten, aber Sie sitzen vor mir in Sportkleidung, haben noch nichts gegessen und sehen – entschuldigen Sie- dementsprechend blass und mager aus. Ich kann deutlich erkennen, dass Sie sich im starken Untergewicht befinden. Wissen Sie, wie viel Sie wiegen?"

Ich tat unwissend.

„Hm, nee, keine Ahnung."

Er erklärte mir, welche langfristigen Folgen mein starkes Untergewicht für mich haben könnte.

Bei einem starken Untergewicht sind nicht nur körperliche Auswirkungen, die von Haarausfall über zu Herz-

157

rhythmusstörungen bis hin zum Tod führen können, möglich, sondern auch psychische und soziale Auswirkungen wie Isolation, Depression und Angstzustände.

Von den psychischen und sozialen Auswirkungen war ich schon länger betroffen und von den körperlichen Auswirkungen waren nun auch ein paar vorhanden, dachte ich, während ich seinen Aufzählungen zuhörte.

Aber das verschwieg ich Dr. Fritze.

Er legte mir ans Herz, dass ich über professionelle Hilfe nachdenken sollte und mich jederzeit wieder bei ihm melden könnte, wenn ich Unterstützung bräuchte. Ich sagte ihm, dass ich schon in einer ambulanten Psychotherapie bei Frau Leugers sei und daran arbeiten würde, auch wenn das nicht ganz stimmte. Dr. Fritze schien etwas verwundert und harkte nach, denn er wollte wissen, ob Frau Leugers denn gar nicht die Absicht hatte, zu intervenieren. Schließlich sei mein Gewicht bedrohlich, betonte er. Durch meine Schauspielkünste konnte ich mich gut rausreden. Denn in Wahrheit hatte ich Frau Leugers ja schon seit ein paar Monaten nicht mehr besucht und ihr die Notwendigkeit meiner Therapie vorerst für beendet erklärt.

Er fragte mich auch, ob ich familiären Rückhalt habe. Ich erklärte ihm direkt, dass ich meine Familie daraus halten wollte.

Natürlich wusste meine Mutter längst, was los war, aber ich war immer noch nicht bereit, mich ihr zu öffnen. Ich konnte es mir ja selber nicht mal eingestehen.

Zwar sprach weder ich noch mein Hausarzt das Wort „Essstörung" aus, aber wir wussten beide, dass das die Ursache für meine körperlichen Beschwerden war.

Mein Hausarzt machte mir an diesem Tag deutlich, dass eine sofortige Hilfe notwendig sei. Er sprach sogar von einem stationären Aufenthalt. Eine Essstörung sei lebensgefährlich, betonte er immer und immer wieder. Das schreckte mich so sehr ab, dass ich mir Gedanken machte, wie ich mir nun selbst helfen könnte.

Als ich seine Praxis leicht verängstigt verließ, beschloss ich, den ersten Schritt zu machen und Frau Leugers wieder zu kontaktieren, um meine Essstörung zur Sprache zu bringen.

Beschlossen.

Verschoben.

Einige Tage später feierte Hannahs Mutter ihren Geburtstag. Es war ein sonniger Samstagnachmittag am letzten Tag im September. Sie feierte groß, es waren fast fünfzig Gäste da, der Garten war geschmückt, Tische, Bänke und zwei große Zapfanlagen waren aufgebaut, sogar ein Grill-Service war bestellt worden. Es gab reichlich zu essen und zu trinken.

Die strahlende Sonne lud mich morgens dazu ein, eine große Runde zu joggen und anschließend ein 45-minütiges workout zu leisten. Der Tag begann wie fast jeder, doch weil ich wusste, dass es nachmittags noch reichlich zu essen geben würde, musste ich mich mittels Sport darauf vorbereiten. Ich hatte im Vorlauf Kalorien zu verbrennen. Kein Sport, kein Essen.

Ich wollte ja auch gesellig mit den anderen Gästen etwas essen. Einerseits wollte ich am Buffet wie alle anderen zulangen, andererseits wollte ich bei den anderen Gästen nicht auffallen, indem ich nichts aß, schließlich war über die Einladung eindeutig geklärt, dass es ein Buffet geben würde. Ausreden hätten also nicht funktioniert. Über mein Untergewicht wurde ja sowieso schon gesprochen.

Mich stresste besonders, dass ich über die Speisen des Buffets nicht informiert war. Die Ungewissheit und die Tatsache, dass ich meine Kalorienaufnahme nicht planen konnte, führten dazu, dass ich, nachdem ich über zwei

Stunden Sport mit leerem Magen getrieben hatte, eine kleine Pause einlegte, eine Maiswaffel aß und einen Kaffee trank, bevor ich mich noch einmal für eine Stunde auf mein Fahrrad begab, um in Turbogeschwindigkeit durch die Gegend zu rasen.

Die Feier begann. Ich hielt mich noch vom reichhaltigen Buffet fern, gleichwohl realisierte ich, wie schwach ich mich körperlich fühlte.

Ich saß plaudernd mit Hannah sowie Leyla, einer weiteren Freundin, am Tisch. Ich hatte riesigen Hunger, traute mich aber nicht zu sagen, dass ich Hunger habe und ans Buffet gehen werde. Ich hatte Angst davor, die Anwesenden könnten denken, dass ich nur wegen des Essens da wäre. Ich hatte Angst davor, dass sie auf meinen Teller starren würden und denken würden, dass das, was ich mir auftat, viel zu viel sei. Also beschloss ich für den Fall, dass mein erdachtes Szenario eintreten würde, mich für meinen Hunger vorab zu rechtfertigen. Ich wollte nicht, dass Hannah und Leyla denken könnten, ich sei verfressen.

„Puh, ich freu mich so auf das Essen. Ich habe heute schon zwei Stunden Sport gemacht und bin gerade noch 25 km Fahrrad gefahren und hab noch nichts gegessen. Boah, ich hab' soo ein Hunger. Ich werde gleich echt viel essen."

Hannah und Leyla schauten mich an.

„Alter, Emma, warum? Du bist eh schon so dünn. Warum machst du so viel Sport? Du bist echt krank", antwortete Leyla und lachte leicht dabei.

Hannah schaute mich nur skeptisch an und sagte gar nichts.

Ich versuchte die Situation aufzulockern und täuschte ein Lachen vor.

„Ja, mir war heute irgendwie langweilig und ich hatte richtig Lust Sport zu machen, aber ja, klingt echt gestört."

„Naja, ich esse jetzt auch ordentlich, ich hab' nämlich auch Hunger, obwohl ich noch kein Sport gemacht habe", sagte Hannah und stand auf.

Leyla und ich gingen Hannah zum Buffet hinterher und das Thema war damit beendet.

Trotz meines Hungers und meiner Ankündigung viel Essen zu werden, schaffte ich es nicht, mir so viel auf den Teller zu packen wie mein Körper es sich gewünscht hätte. Es waren viele leckere kleine Gerichte dabei, doch ich schaffte es einfach nicht, mir das zu nehmen, wonach mir eigentlich war. Stattdessen gab es einfach nur verschiedene Salate für mich. Vor allem die ohne viel Dressing.

Den ganzen Nachmittag bis zum Abend kamen immer wieder Bekannte von Hannahs Mutter, die ich seit meiner Kindheit kannte und sagten mir, dass ich ganz schön dünn aussehe.

Mich machten die Kommentare über meinen Körper wieder traurig und wütend. Einige fragten mich auch, wie es mir mit der Multiplen Sklerose gehen würde. Doch auch da erzählte ich nichts, was ich nicht preisgeben wollte. Ich erzählte nicht, dass ich in den letzten fast drei Jahren zuvor von vielen Schüben heimgesucht wurde, die dazu führten, dass ich mit hohen Cortison-Gaben überhäuft wurde. Ich blockte ab und erzählte, dass alles super sei. Ich wollte nicht über meine Schwächen und meine Krankheit sprechen.

Ich wollte einfach nur nach Hause.

Allein sein.

Die Multiple Sklerose war in dieser Zeit in den Hintergrund gerückt. Naja, besser gesagt: Ich habe sie in den Hintergrund gedrängt.

Heute bin ich so, so dankbar, dass mein Körper in jener Zeit so stark geblieben ist und die Essstörung keine Ursache für einen erneuten Schub war. Mal ehrlich, wie hoch war das Risiko, dass ich einen neuen Schub hätte bekommen können? So wie ich mich behandelte, meinen Körper und Geist quälte, war es schon fast ein Wunder, dass keine neuen Schübe auftraten! Ob es der regelmäßigen Meditation und Yoga-Praxis zu verdanken war, die ich weiterhin praktizierte? Hatten sie meine schädliche Lebensweise etwa positiv beeinflusst? Auch wenn die Balance zwischen Quälerei und Selbstfürsorge (durch Yoga und Meditation) nicht ausgeglichen war, hatte es wohl einen spürbaren Effekt.

Ich bekam keinen neuen Schub.

Die alten MS-Symptome zeigten sich aber immer wieder, doch das beunruhigte mich weniger.

Ich spürte, die bekannten Symptome nicht mit einem neuen Schub zu verwechseln, gleichsam sagte mir mein Verstand auch, dass diese Symptome eindeutige Warnzeichen dafür waren, mich selbst nicht länger wie meinen eigenen Sklaven in meinem Käfig zu behandeln. Ich hatte immer wieder starke Schmerzen und starkes Kribbeln in den Beinen, die teilweise mit Verkrampfungen einhergingen. Ich wusste, dass ich etwas verändern musste, ich wusste, dass ich durch mein selbstverletzendes Verhalten eine Gefahr für mich selbst war, ich wusste, ich musste endlich aufhören, meinen Körper und Geist zu misshandeln. Ich konnte jedoch nicht mit der Misshandlung aufhören.

Meine wiederkehrenden Gedanken klangen so: Ich habe schließlich die Kontrolle, die vollkommene Kontrolle über meinen Tagesablauf, meinen Alltag, mein Tun und Nicht-Tun. Ich bin in der Lage mein Leben zu steuern.

Ehrlich! Warum sollte ich das einzige, was ich hatte, loslassen? Mittlerweile weiß ich, dass es nur eine scheinbare Kontrolle war, denn ich hatte nichts mehr unter Kontrolle.

Die Kontrolle hatte mich.

Ich pendelte zwischen der Sehnsucht, aus meinem Käfig auszubrechen und der Angst, außerhalb meines Systems, dem Käfig, nicht überleben zu können. Das Pendel konnte ich nicht anhalten. Also lebte ich so weiter. Tag für Tag

Hilfe!

Trotz meiner beschriebenen körperlichen Einschränkungen und meiner psychischen Verfassung meldete ich mich mit ein paar Mädels aus meinem Bekanntenkreis zu einer Sportveranstaltung an, einem sogenannten Schlammlauf.

Die Lauf-Distanz war auf 5 km festgelegt. Die Distanz wurde getaktet durch kurze Laufstrecken, jeweils getrennt durch kleine Hindernisse. Bei den Hindernissen mussten die Teilnehmer z.B. durch Schlamm tauchen oder über matschige Hürden klettern. Der Lauf war allerdings kein Wettkampf, sondern eine Spendenaktion, bei der der Spaß und die Spenden im Vordergrund standen. Das interessierte mich aber nicht. Für mich stand nur die Bewegung im Vordergrund.

Wir absolvierten den Lauf in Teams. Unser Team bestand aus vier Mädels. Gemeinsam begaben wir uns auf die zweieinhalbstündige Zugfahrt nach Köln. Gefrühstückt hatte ich etwas Buttermilch und einen halben Proteinriegel. Die andere Hälfte bewahrte ich mir für vor oder nach dem Lauf auf. So hatte ich einen Snack dabei, für den Fall, dass ich dringend Energie bräuchte.

Die ganze Aktion erstreckte sich über ungefähr drei Stunden. Abgesehen von der körperlichen Aktivität hatte ich auch etwas Spaß dabei. In unserer kleinen Gruppe wurde viel gelacht.

Das Wetter an diesem Tag war sehr ungemütlich. Nass und kalt, so dass die eiskalte Outdoor-Dusche, die nach dem Lauf den Schlamm wegwusch, dafür sorgte, dass mein Körper noch müder und erschöpfter war als vorher. Schon vor dem Duschen bemerkte ich, dass ich zitterte und meine körperliche Verfassung abnahm. Doch nach der Dusche fiel mein körperlicher Zustand rapide ab und ich vernahm, wie mein Herz anfing zu stolpern. Zum Glück war der Bahnhof gleich in der Nähe.

Es wurde Zeit für meinen Not-Snack. Doch es war mir zu unangenehm, meinen halben Proteinriegel vor den anderen zu essen. Also ging ich in die WC-Kabine des Zuges, um meinen halben Riegel heimlich zu essen. Dieser kleine Energieschub änderte aber nichts an meinem unregelmäßigen Herzschlag sowie meiner körperlichen Gesamtverfassung. Während alle anderen im Zug ihre Snacks aßen, sagte ich, dass ich müde sei und schloss meine Augen. Ich hoffte, dass die 90 Minuten, die noch vor uns lagen, schnell vorbei gehen würden. Zwischendurch nickte ich tatsächlich kurz weg. Nicht, weil ich müde war, sondern weil mein Körper nicht mehr anders konnte. Am liebsten hätte ich geweint. Nicht vor Schmerzen, sondern weil ich Angst hatte, die Kontrolle über mein Bewusstsein und meinen Körper zu verlieren. Ich fühlte mich so schlapp wie noch nie. Ich nahm weiter wahr, wie unregelmäßig mein Herz schlug und mein ganzer Körper zitterte. Zudem aktivierten sich die alten Schübe der Multiplen Sklerose: meine Beine verkrampften leicht, das Kribbeln und die Schmerzen in meinen Beinen wurde sehr intensiv. Schmerzhaft intensiv.

Ich hatte eine riesengroße Angst. Ich dachte, ich könnte jeden Moment ohnmächtig werden, doch ich sagte den anderen nichts. Immer wieder musste ich an Dr. Fritzes Worte denken, als er mir die Folgen eines Untergewichts aufzählte. Die anderen drei Mädels starrten auf ihr Handy und posteten Bilder, auf denen wir schlammbedeckt zu sehen waren. Ich konzentrierte mich auf meinen Atem und schwor mir, etwas zu essen, sobald ich ungestört war.

Als ich endlich das Haus betrat, machte ich einen großen Bogen um den Kühlschrank, lief nach oben ins Badezimmer, machte mich bettfertig und ließ mich anschließend ins Bett fallen.

Mein mir selbst gegebenes Versprechen, etwas zu essen, erledigte sich ohne Weiteres. Denn eine Stimme in meinem Kopf sagte zu mir:

„Wenn du es jetzt schaffst, nichts mehr zu essen, dann kannst du morgen früh richtig ausgiebig frühstücken!"

Ich folgte dieser Stimme und bestätigte sie, in dem ich mir einredete, dass ich Zuhause nun sicher sein. Mir könne jetzt nichts mehr passieren. Ich habe es geschafft, bis jetzt nichts zu essen, dann schaffe ich das auch bis morgen früh! Ich bewege mich ja jetzt eh nicht mehr. Da braucht mein Körper jetzt auch keine Energie mehr, beschloss ich.

Am nächsten Morgen bereite ich mir aber kein ausgiebiges gesundes Frühstück zu. Ich blieb bei einer Buttermilch mit zwei leicht bedeckten Esslöffeln löslichen Haferflocken. Und einem schwarzen Kaffee.

An diesem neuen Tag machte ich das erste Mal keinen Sport. Ich war zu müde, zu zittrig, zu schwach. Meinem Stiefvater erzählte ich, ich hätte einen Kater vom Trinken, fühle mich schlapp und würde deshalb den Tag im Bett verbringen. Bis auf zwei kleine langsame Spaziergänge lag ich an diesem Tag mit depressiven und teilweise lebensmüden Gedanken in meinem Bett und versuchte mich mit Social-Media-Aktivitäten abzulenken.

Ich entsinne mich gut, dass ich an diesem Tag abends eine meiner heftigsten Essattacken hatte. Ich schaufelte alles, wonach mir war, nacheinander in mich hinein: Pizza, Chips, Schokolade, Eis. Danach fühlte ich mich - wie so oft -

schuldig, schlecht und wie der fetteste und hässlichste Mensch auf Erden.

Am Folgetag trieb ich also wieder Sport und fastete. Dieses Muster zog sich die nächsten Wochen weiter durch mein Leben. Hungern. Essattacke. Hungern. Essattacke.

Auch wenn mein Hausarzt Dr. Fritze mir schon vor Wochen nahegelegt hatte, die Essstörung behandeln zu lassen, schaffte ich es nicht sofort, mir diese externe Hilfe zu holen.

Lange dachte ich, meine Essstörung selber behandeln zu können. Ich versuchte sie loszulassen, indem ich mich bemühte, normal zu essen und keinen Sport zu treiben. Ich nahm mir jeden Abend vor, am Folgetag mein Essverhalten zu verändern. Doch ich schaffte es nicht alleine.

Ich erkannte von Tag zu Tag, wie gefangen ich in meiner Essstörung war. Ein Teil von mir wollte ausbrechen, doch der andere Teil, der den Käfig geschlossen hielt, war stärker.

Als ich den stärkeren Anteil in mir endlich erkannte, holte ich mir Unterstützung. Ich brauchte professionelle Hilfe.

Jetzt erst war die Klarheit da, dass ich Hilfe brauche, um den stärkeren Teil zu schwächen, damit Heilung möglich ist. Endlich war nicht nur die Klarheit da, sondern auch der Wille, zu heilen. Der notendige Wille, der bislang fehlte, um die Essstörung loszulassen.

Also fasste ich meinen Mut zusammen, rief Frau Leugers an und berichtete ihr erstmalig, wie schlecht es mir in Wirklichkeit ging. Sie erzählte mir, dass sie das schon lange vermutet habe, doch sie mir nicht die Entscheidung, etwas verändern zu wollen, abnehmen konnte. Wir tauschten uns darüber aus, dass ich die ganze Zeit nicht bereit gewesen war, etwas zu verändern. Ich erzählte ihr auch, dass ich sie oft angelogen hatte, damit sie das Ausmaß meiner Essstörung nicht bemerken konnte. Frau Leugers hatte das die ganze Zeit schon erkannt, aber mich kein einziges Mal darauf angesprochen. Sie schilderte mir, dass ich schließlich volljährig sei und sie mich ohnehin zu nichts zwingen konnte. Wäre ich nicht volljährig, hätte sie schon längst interveniert. Ob das nun gut oder schlecht war, möchte ich an dieser Stelle nicht weiter thematisieren.

Am Ende des Gesprächs riet sie mir dringlich zu einer stationären Behandlung. Es sei für mich sicherer und wahrscheinlich erfolgreicher, eine Essstörung mit einem so niedrigen Gewicht vollstationär zu behandeln. Außerdem sei es notwendig, schnell etwas zu verändern, da mein körperlicher Zustand immer schlechter wurde. Nach diesem intensiven und ehrlichen Gespräch stand für mich fest, dass ich in eine Klinik gehen werde.

Auch wenn ich erleichtert war, diesen Entschluss gefasst zu haben, behielt ich die Entscheidung vorerst für mich.

Am Wochenende nach dem Therapiegespräch mit Frau Leugers überzeugte mich Hannah davon, mit ihr und weiteren Mädels aus meinem Freundeskreis feiern zu gehen. Außer Hannah und Leyla waren noch drei andere junge Frauen dabei, die mir aber nicht sehr nahestanden.

Zu Beginn des Abends ertönten die ersten Bemerkungen aus der Feier-Gruppe. Es gab Anmerkungen, weil ich schon so lange nicht mehr mit den anderen gefeiert hatte, zudem Äußerungen hinsichtlich meiner körperlichen Verfassung. Ich sei viel zu dünn. Mein Gesicht gleiche dem eines Geistes. Blass und eingefallen.

Ich versuchte mich davon nicht emotional leiten zu lassen und trank gemütlich drauf los. Nachdem die ersten Longdrinks ihren Weg in unsere Körper gefunden hatten, tanzten und lachten wir viel. Glücklich war ich dabei aber nicht, ich tat nur so, als würde ich lachen. Lachen war ein guter Schutz. Immerhin war die Musik gut. So gut, dass ich meine Augen schloss und mich in ein entspanntes Gefühl tanzte. Ganz sanft. Das war schön. Wir verblieben für einige Stunden gemeinsam auf der Tanzfläche.

Nachdem sich die Feierlaune der weiteren Anwesenden dem Ende zuneigte, holten sich alle zum Abschluss noch eine Pommes oder einen Döner am Bahnhof. Alle – außer mir, denn ich tat so, als wäre mir vom Alkohol total übel. Ich aß also nichts, indes ich am liebsten eine große Bestellung in dem Imbiss aufgegeben hätte. Auch da bekam ich wieder Kommentare zu hören.

„Alter, Emma, du brichst bald auseinander, iss doch wenigstens n' paar Pommes."

Wenn sie doch nur wüssten! Die Kommentare über mein Essverhalten und meinen viel zu dünnen Körper machten mich rasend. Meinen aufsteigenden Zorn behielt ich aber bei mir. Ich wurde wütend, weil ich doch so gerne wenigstens ein paar Pommes gegessen hätte. Aber ich durfte es einfach nicht!

Als ich in den frühen Morgenstunden endlich Zuhause ankam, legte ich mich mit knurrendem Magen ins Bett. Ich wollte einfach nur schlafen, damit ich nicht merken konnte, wie erschöpft, hungrig und traurig ich war. Zugleich nahm ich das Kribbeln in meinen Beinen und Händen wahr, schwitzte mein Schlaf-Shirt sowie das Bettlaken nass und zitterte am ganzen Körper. Ich schlief sehr unruhig und mit sehr vielen Unterbrechungen.

Ich erinnere mich noch ganz genau an den nicht erholsamen Schlaf. Und besonders an den Tag nach dieser Nacht. Es war der Tag, an dem ich einen wichtigen Schritt in Richtung Heilung gegangen bin. Ich kommunizierte meine Essstörung zum ersten Mal in meinem Freundeskreis.

Nicht in meiner Krankenschwester- Mädels-Clique, nicht in meiner Feier-Truppe, nicht mit Leyla, auch nicht mit Hannah. Sondern mit Lia!

Lia und ich hatten bis zu diesem Tag kaum bis keinen Kontakt mehr gehabt, seitdem sie weggezogen war.

„Hey, wie geht's?"

„Gut und dir?"

„Ja danke, mir auch."

Solche Kontakt-Versuche beiderseits scheiterten bislang jedes Mal. Bis zu diesem Tag:

An jenem Tag lud mein Alkohol-Kater dazu ein, an die frische Luft zu gehen. Ich ging im Wald spazieren. Es war ein Sonntag und obwohl dieser Waldabschnitt an den Wochenenden sonst gut besucht war, war kaum jemand da. Ich spazierte durch den Wald, dachte ehrlich und ausgiebig über die Auswirkungen der Essstörung nach, bis plötzlich ein Gedanke für Aufregung sorgte. Ich bekam das starke Bedürfnis, Lia mehr als nur ein „Hallo" zu schreiben. Ich wollte ihr schreiben, wie es mir ging.

Vor ihr müsste ich mich nicht schämen, wenn ich ihr sage, was gerade bei mir los ist. Lia ist schließlich die Person, die alles bis zu ihrem Wegzug über mich weiß. Als ich darüber nachdachte, verfloss meine lang aufgestaute Wut über ihren Wegzug und ich verspürte einfach nur noch Sehnsucht nach ihr.

Ich hatte immer meine Kopfhörer für das Handy dabei. Gut! Ich startete einen melancholisch angehauchten Song, der zur kreativen Entfaltung meiner Worte beitrug.

Über WhatsApp schrieb ich Lia dann all meine Sorgen. Einfach so. Ich tippte ein ehrliches Wort nach dem anderen, ohne daran zu zweifeln, dass das jetzt der richtige Weg war. Ausgerechnet Lia, zu der ich seit Monaten keinen Kontakt mehr hatte, zeigte ich meine verletzliche Seite. Nur ihr. Und mir. Schon als ich meine Nachricht an Lia tippte, spürte ich Erleichterung. Es fühlte sich an, als würde sich ein enormer Druck in mir lösen. Es war ein befreiender Moment.

Es war der Moment, in dem ich erstmals erkannte, dass ich mein Leben zurückhaben wollte. Ungeplant und sehr ehrlich offenbarte ich meiner noch immer besten Freundin Lia, dass ich eine Essstörung hatte und wie hilflos und einsam ich mich fühlte. Während ich ihr all meine Sorgen, Ängste und Zweifel schrieb, rann eine Träne meine Wange hinunter.

Ich weinte.

Zum ersten Mal nach ewig langer Zeit weinte ich.

Ich ließ es zu. Träne für Träne ließ ich laufen. Ich ließ los.

Ich nahm meinen Schmerz bewusst wahr, ich fühlte ihn, ich fühlte meine Hilflosigkeit und meine Sehnsucht nach Heilung. Dabei spürte ich, was ich wollte: Ich will frei von Druck sein! Ich will wieder vertrauen und intuitiv in den Tag starten. Ich will lernen mich selbst zu lieben und zu akzeptieren. Gleichzeitig will ich alles um mich herum genießen, annehmen und loslassen können, ohne meinen inneren Frieden davon abhängig zu machen. Ich will Freude erleben. Ich will in Frieden leben. Ich will wieder gesund sein. Ich will wieder zurück ins Leben. In MEIN LEBEN!

Lias Antwort traf schon wenige Minuten später ein. Ihre Nachricht rührte mich weiter zu Tränen.

Sie schrieb mir, dass sie oft an mich denken würde, dass ich ihr fehlen würde, dass sie sich auch einsam fühlen würde und dass ich sie anrufen könne, wann immer ich möchte. Hinter ihren Worten erkannte ich Liebe. In dem letzten Abschnitt ihres Textes stand, dass sie im Gefühl hatte, dass es mir nicht gut gehen würde.

Nachdem ich ihre Nachricht unter Tränen las, fühlte ich mich weniger einsam. Ich spürte: Lia war wieder da!

Seit diesem Tag hatten Lia und ich wieder intensiven und regelmäßigen Kontakt. Auch sie offenbarte mir, dass sie in einer starken Depression gefangen sei. Auf diesem Wege fanden wir wieder zueinander. Wir telefonierten oder schrieben jeden Tag und tauschten minutenlange Sprachnachrichten via WhatsApp aus. Das Band unserer Freundschaft war wieder da. Hätte das jemand prophezeit? Auf dem Boden unserer psychischen Erkrankungen blühte unsere Verbundenheit wieder auf. Durch Aufrichtigkeit, Liebe, Vertrauen und Mitgefühl.

Nun hatte ich eine teambildende Maßnahme erfolgreich durchgeführt! Frau Leugers, Lia und mein Ich-Anteil, der das Leben wollte, waren in diesem Team. Frau Leugers informierte mich darüber, dass ich für den Weg in einer psychotherapeutischen Klinik eine Einweisung meines Hausarztes oder meines Neurologen benötige. Da ich in der folgenden Woche sowieso einen Routinetermin bei meinem Neurologen hatte und er mich ja auch im Rahmen der ambulanten Psychotherapie unterstütze, beschloss ich, mich ihm weiter anzuvertrauen.

Als ich ihm erklärte, dass ich dieses Mal kein neurologisches Anliegen hätte, sondern es um eine - und dort sprach ich es auch zum ersten Mal aus – Essstörung - ging, reagierte Dr. Schulz gelassen und irgendwie erleichtert.

„Ich, ich… ich glaube, ich habe eine Essstörung."

„Das glaube ich auch", entgegnete mir Dr. Schulz und grinste leicht.

Mit dieser Reaktion kam er mir sehr entgegen. Er lachte mich nicht aus, sondern erleichtert an. Ich brauchte ihm gar nicht viel zu erzählen.

„Ich bin froh, dass Sie es endlich zur Sprache bringen und bereit sind, sich helfen zu lassen. Es wird höchste Zeit!"

Es schien so, als wäre meine Offenbarung keine Überraschung für ihn. Naja, als Arzt war mein physischer Zustand für ihn Sprache genug.

Er erkundigte sich noch vorsichtig, wie sich die Essstörung bei mir konkret auswirken würde, ob ich erbrechen würde, ob ich einfach nichts essen würde usw. Dr. Schulz nannte mir einige Kliniken, die Essstörungen behandelten und telefonierte sogar für mich herum.

Beiläufig hatte ich auch knapp erwähnt, dass ich an Zwängen in Form von perfektionistischer Planung leiden würde. Er vermutete, dass beide Erkrankungen miteinander korrelieren und betonte, dass es nun zunächst wichtig sei, die Essstörung zu behandeln. Er könne sich gut vorstellen, dass als Begleiterscheinung das zwanghafte Planen nachließe.

Denn die Ursache beider psychischen Erkrankungen hatten einen gemeinsamen Ursprung: die Angst vor Kontrollverlust.

Er gab mir eine Überweisung mit, schon bald hatte ich einen Termin für ein Erstgespräch in einer Klinik.

Erleichtert verließ ich die neurologische Praxis. Es ging mir sogar irgendwie gut. Ja, es ging mir gut, obwohl ich bald die Essstörung loslassen würde. Aber genau deshalb ging es mir ja gut! Der Gedanke daran, bald nicht mehr von der Ess- und Zwangsstörung besessen zu sein, war wunderbar. Ich hatte es geschafft, mir Hilfe zu holen und ich war bereit, diesen herausfordernden Heilungsweg anzutreten. Ich dachte daran, wie sehr ich durch meine von mir selbst forcierte psychische Erkrankung meinem eigenen Leben einen Strich durch die Rechnung gemacht hatte. Ich hatte mich isoliert. Ich hatte wenig soziale Kontakte. Ich hatte kein Interesse mehr an Kontakten. Ich log viele Menschen an. Ständig. Vor allem mich selbst log ich ständig an. Ich hatte Depressionen und immer wieder Angst und Panikstörungen. Vor allem, wenn ich zur Ruhe kam. Ruhe vertrug ich nicht. Dann kam die Angst.

Noch am selben Tag schrieb ich Lia. Sie war immer noch die einzige Freundin, der ich mich offenbarte. Ich erzählte ihr von dem Termin bei Dr. Schulz und dem daraus resultierenden Vorgespräch in der Klinik, in der ich meine Essstörung behandeln lassen würde. Endlich war Lia wieder Teil in meinem Leben. Ich war einfach nur glücklich, dass ich endlich wieder die Freundin hatte, mit der ich über all die Dinge sprechen konnte, die mich so sehr belasteten. Es tat so gut, über diese Themen sprechen zu können, ohne dass ich mich schlecht fühlte. Keine Schuldgefühle. Keine Geheimnisse. Lia war einfach da und hörte mir zu. Sie bewertete nichts, sie war einfach für mich da. Auch wenn sie es schon für viele Jahre nicht mehr gewesen war, war ich so dankbar, sie wieder an meiner Seite gehabt zu haben.

Heute weiß ich, dass uns Menschen auf den Wegen gewisser Lebensabschnitten begleiten, dann jedoch abbiegen (oder wir selbst abbiegen). Das ist völlig okay. Denn schließlich wechsle auch ich mal die Spur. Man kommt, wenn es passt, wieder zusammen. Alles zu seiner Zeit.

Lia fragte mich, ob meine Mutter schon über mein Vorhaben, in eine Klinik zu gehen, Bescheid wüsste. Aber bislang wusste meine Mutter nichts von den neuen Entwicklungen. Sie machte sich ohnehin schnell Sorgen um mich. Wie würde sie wohl reagieren, wenn ich ihr jetzt noch mit so einer Nachricht kommen würde? Mit einer Nachricht, die besagte, dass ich an psychischen Erkrankungen leide und schon bald eine stationäre Behandlung machen würde.

Ich beschloss, das Vorgespräch abzuwarten, welches schon in wenigen Tagen stattfand, bevor ich meiner Mutter davon berichten würde. Es könnte ja sein, dass der Arzt beim Vorgespräch feststellt, dass ich doch keine Therapie brauche, dachte ich. Bevor ich also für unnötige Aufregung sorgte, wartete ich wie immer lieber ab.

***

Donnerstag. Der Tag des Vorgesprächs war angebrochen. Am Mittwochabend zweifelte ich, ob ich nicht doch besser einen Rückzieher machen sollte. Meine Gedanken kreisten darum, ob es übertrieben sei, eine Therapie machen zu wollen. Zumal ich mich freiwillig auf den Weg in eine Klinik machte.

Soll ich absagen? Geh ich hin? Bin ich wirklich dünn genug? Habe ich eine Therapie echt nötig? Vielleicht denkt der Arzt, dass ich eher eine Wahnvorstellung habe, wenn ich ihm sagen würde, dass ich glaube, eine Essstörung zu haben.

Nachdem ich Lia eine Sprachnachricht geschickt hatte, in der ich ihr all meine Gedanken mitteilte, fuhr ich am Donnerstagmittag zur Klinik. Was ich bei meiner Ankunft erblickte, war riesengroß. Die Klinik bestand aus mehreren Gebäuden, welche zusammen ein sehr großes Klinik-Gelände bildeten.

Im Eingangsbereich wurde ich freundlich von einer Empfangsdame begrüßt und auf die Station, wo das Vorgespräch stattfand, geführt. Auf dem Weg dorthin sah ich medizinische Abteilungen der Klinik ausgeschildert, aber nirgendwo stand etwas von Essstörungen. Die freundliche Dame führte mich in einen Wartebereich, wo ich mit der Info, dass ich gleich aufgerufen werde, Platz nahm. Direkt neben meinem Wartestuhl schaute mich ein großes Türschild an: Dr. Linke, Leitender Arzt für Psychosomatik.

Ah, okay, Psychosomatik.

Mit meinem Smartphone googelte ich direkt, was genau das zu bedeuten hatte und las, dass der Bereich Psychosomatik viele verschiedene Krankheitsbilder - unter anderem auch Essstörungen - umfasste.

Während ich wartete, analysierte ich die Menschen, die an mir vorbeiliefen. Die sehen alle gar nicht dünn aus, wunderte ich mich.

Was mir bis dahin noch nicht klar war: Die für mich vorgesehene Station war keine Station, in der nur Menschen mit Essstörungen behandelt wurden, sondern eine Station für diverse psychische Erkrankungen. Dazu zählten Menschen mit Angststörungen, Zwangsstörungen, Depressionen oder an Burn-out Erkrankte. Irgendwie nahm mir das den Druck, denn so musste ich keine Angst haben, dünner zu sein als meine Mitpatienten. Ich hatte wirklich Sorge vor zu viel Konkurrenz.

Heute weiß ich, dass auch dieses Gedankenmuster krankheitsbedingt ist. Immer wieder der Vergleich mit anderen Betroffenen. Der oder die Betroffene möchte einerseits gesund werden, aber andererseits der oder die Dünnste sein, damit man dem Titel der Krankheit auch gerecht werden kann.

Meine Angst, Dr. Linke könnte denken, ich sei nicht dünn genug, verflog aber auch schon in den ersten zwei Minuten des Gespräches.

Dr. Linke begrüßte mich mit den Worten:

„Hallo Fr. Walter, schön, dass Sie da sind. Was führt Sie hier her? Erzählen Sie mir etwas über sich."

Ich stotterte, so richtig vorbereitet hatte ich mich nicht. Ich wusste nicht, wie selbstsicher ich aus meiner Sicht über meine Essstörung berichten konnte. Also schwafelte ich etwas herum.

„Also, ja… Ich bin mir nicht ganz sicher, was genau das sein könnte, aber ich habe seit mehreren Monaten ein seltsames Essverhalten. Also ich esse schon, aber ich muss das irgendwie immer kontrollieren und manchmal esse ich auch sehr viel, was ich aber dann wieder bereue, also ... ich glaube, es könnte in die Richtung eines essgestörten Verhaltens gehen? Obwohl ich aber eigentlich..."

Er unterbrach mich.

„Okay, erst einmal danke ich Ihnen für Ihre offenen Worte. Wenn Sie vermuten, worunter Sie leiden, können Sie das ruhig aussprechen. Denn für mich ist es offensichtlich. Sie haben definitiv starkes - sehr starkes - Untergewicht. Solch ein Untergewicht wird häufig bewusst durch unregelmäßige, falsche oder fehlende Ernährung hervorzurufen, wir sprechen hier also von einer Anorexie, einer Essstörung."

Diese Worte nahmen mir schnell die Sorge, ich hätte es nicht verdient, mir Hilfe zu holen.

Dr. Linke berichtete, er habe schon sehr viele Jahre Erfahrungen mit dem Krankheitsbild sammeln können und könne mittlerweile gut einschätzen, wer Hilfe brauche. Er sagte mir auch noch, dass es gut sei, dass ich mich dazu entschlossen habe, etwas zu verändern, um wieder gesund zu werden. Dieser Schritt in Richtung Heilung sei nämlich häufig der schwierigste Schritt. Der leitende Oberarzt klärte mich über die Angebote und Therapieansätze der Klinik auf und informierte mich eindringlich darüber, was während der Therapie erlaubt sei und was nicht. Ich erfuhr, dass die Behandlung einer Anorexie individuell für den Erkrankten angepasst werden würde. Zuletzt wies er mich deutlich darauf hin, der Weg zur Heilung dieser Erkrankung sei kein Spaziergang.

Während der Erläuterungen über die verschiedenen Therapieansätze fiel das Wort „teilstationär". Ich wurde hellhörig und erkundigte mich sofort, ob ich die Behandlung auch teilstationär machen könnte. Doch kaum beendete ich meinen Fragesatz, erwiderte er:

„Nein. Das kann, werde und möchte ich bei Ihrem Untergewicht nicht verantworten. Möglicherweise können wir zum Ende der Therapie zu dieser Option wechseln, doch erstmal müssen Sie von einer vollstationären Behandlung ausgehen."

Seine Antwort war eindeutig, sodass es sich nicht lohnte, ihn von meiner Idee zu überzeugen.

Aufgrund meines viel zu niedrigen BMIs und meiner Vorerkrankung, der Multiplen Sklerose, sagte er mir, dass ich mich schon bald auf einen Anruf einstellen könnte, der mich darüber informieren würde, stationär aufgenommen zu werden. Normalerweise waren die Wartezeiten für die Aufnahme auf der Station für Psychosomatik sechs bis zwölf Monate lang. Doch anscheinend war die Einweisung bei mir wohl sehr dringend, wie er mir darlegte. Ich würde schon in zwei bis vier Wochen aufgenommen werden.

„Schaffen Sie es noch so lange?"

Ich lachte.

„Klar."

„Ich meine es Ernst, es ist wichtig, dass Sie nicht noch mehr an Gewicht verlieren."

Ich versicherte ihm, mich darum zu bemühen.

Puh, ich werde also in spätestens vier Wochen stationär aufgenommen. Dieser Satz ging mir auf dem Weg nach Hause nicht mehr aus dem Kopf. Langsam bäumte sich eine Anspannung in mir auf. Ich vernahm nach der Erleichterung darüber, in eine Psychosomatische Klinik zu gehen, eine sich verstärkende Angst. Ich hatte Angst davor, meine Essstörung nun schon so bald loslassen zu müssen.

Zuhause angekommen waren sowohl mein Zwang nach Sport als auch nach reduzierter Kalorienaufnahme so präsent und aktiv wie eh und je.

Den gesamten Abend und die halbe Nacht dachte ich darüber nach, bald in eine Klinik zu gehen, bald keinen

Sport mehr machen zu dürfen und dass ich dort – für meine Verhältnisse - sehr viel essen müsse. Das machte mir enormen Druck. Ich erkannte, dass ich fürchtete, meine Identität zu verlieren. Denn wer war ich denn schon ohne sie, ohne sie, meine Essstörung? Wer war ich, ohne dieses System, in welchem ich (scheinbar) alles unter Kontrolle hatte und in dem ich mich geschützt fühlte? Was erwartet mich außerhalb meines „sicheren" Käfigs? Ich wollte ja gesund werden, aber ich konnte mir noch nicht vorstellen, die Essstörung loszulassen. Die Essstörung loszulassen, bedeutete für mich, die Kontrolle loszulassen. Fehlende Kontrolle setzte ich gleich mit fehlender Sicherheit. Mit echter Not.

Heute weiß ich, dass es meine Angst war, ohne das stete Kontrollieren plötzlich nicht mehr sicher zu sein. Somit redete mein ängstlicher Anteil mir ein, dass ich die Essstörung jetzt noch einmal richtig ausleben sollte. Zum einen, weil ich sie bald nicht mehr haben würde. Zum anderen dachte ich, dass ich noch dünner werden müsste, damit man mir den Titel „Essstörung" auch wirklich glauben würde. Obwohl der Oberarzt Dr. Linke mir schon deutlich gesagt hatte, dass ich zu dünn sei, dachte ich wiederholt daran, wie peinlich es wäre, wenn ich jetzt zunehmen würde und dann in die Klinik käme und gar nicht mehr so wenig wiegen würde.

Was würden die Ärzte, Therapeuten, Pfleger und Mitpatienten dann denken? Dass ich doch zu gesund sei, um mir Hilfe holen zu dürfen? Oder dass ich anderen Menschen, die die Behandlung viel dringender brauchten als ich, den Therapieplatz wegnehmen würde? Schließlich sollte ich ja sogar vorgezogen werden!

Wie bereits erwähnt, können das typische Gedanken eines Menschen, der an einer Essstörung leidet, sein. Der Betroffene hat das Gefühl, dünner als alle anderen sein zu müssen und eben dünn genug, um behandelt werden zu dürfen.

Genau an dieser Stelle möchte ich betonen, dass eine Essstörung nicht bedeutet, dünn oder mager zu sein! Das Gewicht darf kein Maßstab für die Beurteilung einer Essstörung sein! Es gibt zudem verschiedene Ausprägungen von Essstörungen. Nur weil jemand keinen niedrigen BMI hat, bedeutet das noch lange nicht, dass dieser Mensch nicht an einer Essstörung erkrankt sein kann. Egal ob Magersucht, Bulimie, Orthorexie oder Binge-Eating usw., alle Formen von Essstörungen können sogar gleichzeitig bestehen. Meine Magersucht vermischte sich mit Binge-Eating und bulimischen Zügen. Eine Essstörung kann bestehen, sobald die Gedanken, die sich in irgendeiner Art um das Essen, um die Gewichtszunahme oder -abnahme drehen, so stark sind, dass sie den Alltag, die Psyche und das soziale Umfeld beeinträchtigen. Sobald sich jemand in seinem Menschsein durch dysfunktionale Gedanken und Handlungen, die sich auf den Körper oder das Gewicht beziehen, eingrenzt, kann man von einem essgestörten Verhalten sprechen. Dabei sollte das emotionale Essverhalten nicht zu unterschätzen sein. Essen (oder Nicht-Essen) dient für viele Betroffene häufig zur Kompensation unangenehmer Gefühle. Oft versuchen Betroffene „emotionale Löcher" mittels Nahrung zu stopfen. Schließlich möchte jeder „genährt" sein. Emotional und physisch. Meistens war mein Kompensationsmechanismus der Sport. Doch: und weil ich mir bestimmte Nahrungsmittel verboten hatte, war das Verlangen nach Süßigkeiten irgendwann so groß, dass ich anfing, Essen unkontrolliert in mich reinzuschaufeln. Damit wollte ich genau wie mit dem Sport, die Anspannung oder andere unangenehme Gefühle „wegmachen". Das endete dann in einem emotionalen Essverhalten. Ich aß, um Gefühle zu verarbeiten und um mich (emotional) genährt zu fühlen. Doch dabei diente mir das Essen nicht als Notwendigkeit oder als Genuss, sondern eben als Kompensationsmuster.

Die zu geringe Nahrungsaufnahme und der übertriebene Sport in den folgenden Tagen sorgten dafür, dass ich - wie so oft - sehr gereizt in die neue Woche startete.

Nach dem Joggen - natürlich mit leerem Magen –, fuhr ich mit dem Zug zur Arbeit, um meinem Nebenjob nachzugehen.

Ich hatte ja das „Glück", dass ich am Arbeitsplatz immer alleine war. Oft war wenig zu tun und ich hatte mein eigenes leeres Büro, in dem niemand außer mir war. Und es war immer noch so, dass ich bei der Arbeit Sport trieb, um meinen Kalorienverbrauch zu erhöhen. Bislang machte ich cardio workouts oder Übungen zur Kräftigung der Muskulatur.

Nachdem ich den größten Teil meiner Arbeit erledigt hatte, griff ich nach meinen Sportklamotten, meinen Kurzhanteln sowie nach meinem Theraband. Schnell zog ich mich um und legte los. Ich kam mir wieder etwas blöd vor und schämte mich auch vor mir selber, aber auf diese Weise konnte ich eben meinen Zwang ausleben.

Jedes Mal stand ich unter Stress, weil ich Angst hatte, dass ganz unerwartet jemand hereinkommen würde. Zu meinem Glück war dies aber nie der Fall.

Dieses Mal entschied ich mich für das Krafttraining, da ich in der Früh schon Joggen war. Noch immer hatte ich nichts gegessen, aber powerte mich so gut ich konnte aus.

Da ich mich erinnerte, bald in eine Klinik zu gehen, gab ich ALLES. Alles und dieses Mal 180 %. Die ersten zwanzig Minuten gab ich also Vollgas. Bis ich plötzlich und unerwartet keine Kraft mehr hatte.

Meine anfängliche Motivation verwandelte sich in Wut. Ich wurde wütend, sehr wütend, als ich bemerkte, keine Energie mehr zu haben, um mich weiter anzutreiben. Ich fühlte mich so schlapp wie noch nie.

Ich ließ die Hanteln auf den Boden fallen.

Und dann mich.

Ich lag mit weit geöffneten Augen mit dem Rücken auf dem Boden, biss meine Zähne zusammen und atmete lautstark aus der Nase. Die Wut über meine Kraftlosigkeit und die Einsicht meiner Hilflosigkeit dehnten sich immer weiter aus. Anfangs hielt ich die Wut in meiner Brust zurück und schnaufte durch die Nase weiter ein uns aus. Doch die Wut wurde immer stärker und unerträglicher.

Weil ich einfach nicht wusste, wie ich die Wut in mir zum Ausdruck bringen konnte, schlug ich, ohne darüber nachzudenken, im Sekundenschlag mit meinen Händen gegen mein Gesicht.

Ich war so hilflos, aggressiv und verzweifelt. Ich fühlte mich alleine, schwach und nicht liebens- oder lebenswert. All diese Gefühle und Gedanken machten sich in mir breit. Ich konnte sie nicht stoppen.

Ich schlug weiter auf mich ein, haute gegen mein Gesicht, dann auf meine Beine. Ich spürte kaum einen Schmerz.

Als ich den ersten Druck durch das Einschlagen auf mich selbst loswerden konnte und weiter auf dem Boden lag, fragte ich mich erschrocken: Was zur Hölle tust du da eigentlich? Du bist auf der Arbeit, aber anstatt zu arbeiten, trainierst du - ohne etwas zu essen - bis ans Limit! Du bemerkst deine Kraftlosigkeit und schlägst dann noch auf dich ein?! Du quälst nicht nur deinen Körper, du hast einfache keine Freude mehr am Leben! Du siehst keinen Sinn mehr darin! Jetzt liegst du hier wie ein nichtsnutziges Wesen auf dem Boden!

Diese Gedanken wühlten mich erneut auf und stimmten mich beinahe ohnmächtig.

Ich stand auf, lief durch das Büro und haute meinen Kopf gegen die Wand.

Einmal, zweimal und dann ein drittes Mal.

Ich erstarrte.

Ich fing an zu weinen, mein Körper zog sich zusammen. Ich hatte das Bedürfnis mich irgendwo festzuhalten. So kniff und krallte ich mir in meine verschränkten Arme.

Während ich mir links und rechts in die Arme kniff, um mir den ersehnten Halt zu geben, obwohl ich schon blutete, liefen mir weiter die Tränen.

Ich weinte vor Wut. Vor Verzweiflung. Vor Angst.

Dieser emotionale Schmerz, diese Hilflosigkeit, diese Leere überforderten mich so sehr, dass ich mal wieder die Kontrolle verlor.

Ich war fast davon überzeugt, dass diese Angst, ja dieser Schmerz mich umbringen würden! Ich schluchzte und bekam kaum noch Luft. Mein Herz schlug schneller, meine Arme und Beine begannen zu kribbeln und mein gesamter Körper fing an zu zittern.

Und da war sie wieder, diese Panikattacke.

Fluchtartig rannte ich aus dem Gebäude. Das Büro, in dem ich arbeitete, lag mitten in der Stadt. Ich hatte das Gefühl, als würde ich jeden Moment keine Luft mehr bekommen und zusammenklappen, weshalb ich das Gebäude verließ.

Wenn ich jetzt hier draußen umfallen würde, dann würde mich jemand sehen und könnte mir helfen, beruhigte ich mich.

Ich weinte nicht mehr, aber meine Augen, mein Gesichtsausdruck und meine Körperhaltung verrieten alles. Mit geneigtem Kopf ging ich draußen die Straße hoch und runter. Ich fing langsam an mich zu beruhigen.

Nach wenigen Minuten sprach mich eine ältere Dame an:

„Ist alles okay bei Ihnen? Sie sind ganz blass. Haben Sie Kreislaufprobleme?"

Ich überspielte meine Verfassung und setzte ein freundliches Lächeln auf.

„Alles okay. Danke, es geht schon, ich wohne hier in der Nähe."

Da ich meine Sportklamotten noch anhatte, dachte die Dame wohl, ich hätte mich bei Sport übernommen (womit sie ja auch nicht ganz falsch lag). Ich konnte ihr meine Lüge, dass alles okay sei, aber verkaufen, sodass sie weiterging.

Dieses kurze Gespräch, die frische Luft und der Anblick des Lebens in der Stadt befreiten mich sanft aus meiner Panikattacke.

Ich atmete noch ein paar Mal tief durch, bevor ich wieder nach oben ins Büro ging.

Als ich mich auf meinen Bürostuhl setzte, geschah etwas, womit ich an diesem Tag nicht gerechnet hätte. Denn endlich kam der Augenblick, in dem ich mein Handy zückte und meiner Mutter wie auch Hannah eine WhatsApp-Nachricht schrieb: Ich teilte ihnen endlich mit, was in meinem Leben los war. In diesem Moment war es mir einfach nur wichtig, endlich mein Geheimnis loszuwerden. Die Essstörung und der damit verbundene Kampf gegen meinen Körper.

Ich wusste nun, ich brauchte dringend Hilfe und Unterstützung. Ich wollte diesen Druck endlich loswerden, denn die beiden Menschen, die mir so nahestanden, wussten schließlich nicht, was in mir vorging und wohin ich bald gehen werde.

Ohne mir vorab Gedanken gemacht zu haben, schickte ich meine spontan verfassten Nachrichten an meine Mutter und Hannah ab. Das war der beste Weg für mich, weil ich mich nicht traute, diese Botschaft über ein Telefonat oder persönlich zu verkünden.

Endlich war der Knoten geplatzt. Beide wussten Bescheid. Beide reagierten ähnlich und antworteten mir nach wenigen Minuten.

Meine Mutter antwortete:

„Ach Spatz, ich habe es doch schon lange gewusst, aber ich wollte dich ja nie so direkt ansprechen. Ich bin so erleichtert, dass du es von dir aus ausgesprochen hast. Es ist richtig und wichtig, dass du dir jetzt Hilfe holst. Lange hätte ich mich nicht mehr zurückhalten können."

Hannah antworte ähnlich und fügte noch hinzu:

„Du hast dich oft während des Essens seltsam verhalten, aber du bist bei Bemerkungen immer sauer geworden. Außerdem bist du einfach heftig dünn! Das sieht man dir halt auch an. Und ich wusste nicht, wie ich dich darauf ansprechen sollte. Ich hab' mich immer gefragt, wie spricht man sowas an?"

Die Antworten meiner Liebsten beruhigten mich.

Krass, ich habe mich also doch auffällig verhalten, dachte ich.

Ich erinnere mich heute gut an diverse Situationen, in denen ich mich auffällig verhalten hatte und in denen Hannah mir skeptische Blicke zuwarf oder in denen ich gereizt auf Bemerkungen reagierte. Ich regierte sauer, weil mir die Wahrheit gespiegelt wurde, wenn mal irgendwelche Anmerkungen über mein Essverhalten, meine schlappe körperliche Erscheinung oder mein zu niedriges Körpergewicht fielen. Aber um mein Geheimnis für mich zu behalten, offenbarte ich mich nicht. Ich weiß auch nicht so recht, ob ich es passend gefunden hätte, z.B. während des Essens darauf angesprochen zu werden. Vielleicht hätte ich anders reagiert oder die Essstörung zum Thema gemacht, wenn ich in einer anderen Situation, z.B. bei einem Spaziergang oder einem Glas Wein, auf eine empathische Art und Weise angesprochen worden wäre und nicht diese direkten Bemerkungen bekam. Aber das konnte ja niemand nicht wissen. Auch Hannah nicht. Woher auch? Ich wusste ja selber nicht, wie ich mit mir umzugehen hatte. Tatsache ist, dass ich mir nicht helfen lassen wollte, denn ich wollte selbst nicht einsehen, dass ich krank war.

Ich denke, dass jeder, der krank ist, unterschiedlich auf Hilfe von außen reagiert. Den einen perfekten, weil passenden Moment, einem Menschen den Verdacht auf eine Essstörung zu äußern, wird es wohl nicht geben.

Hätte meine Mutter die Vermutung, ich leide an einer Essstörung, beispielsweise in unserem Kurzurlaub geäußert, wäre ich womöglich ausgerastet. Dort war ich noch längst nicht bereit, die Essstörung anzuerkennen geschweige denn loszulassen.

Ich weiß, dass ich die Person sein musste, die signalisierte, für ein Hilfsangebot bereit zu sein.

Wobei ich das nicht pauschalisieren möchte! Wie, wann und ob man den Verdacht auf eine Essstörung anspricht, ist immer individuell und kontextabhängig. Es kommt darauf an, in welcher Beziehung der Betroffene zu einem Menschen steht, der einem helfen möchte, ob der Betroffene die Essstörung selber schon erkannt und sich helfen lassen möchte, wie weit die Krankheit fortgeschritten ist, wie alt der Betroffene ist etc. Genauso gibt es Betroffene, die sich nicht trauen, um Hilfe zu bitten und sich aber so sehr wünschen, angesprochen zu werden!

Diese Individualität gilt nicht nur bei Essstörungen, sondern auch bei anderen psychischen Erkrankungen wie Depressionen, Angststörungen etc. Gleichwohl gilt dies auch für jede körperliche Erkrankung!

Ich möchte Angehörigen und Freunden an dieser Stelle sagen, dass ihr aus meiner Sicht nichts falsch macht, wenn ihr dem Betroffenen ein Signal sendet, welches zeigt, dass ihr bereit seid zu helfen. Ihr, als Angehörige oder Freunde, könnt immer eine Einladung senden, dass ihr da seid. Somit ist das entscheidende Signal gegeben. Eine Einladung, die signalisiert, dass jemand da ist, zuhört und hilft. Was der Betroffene dann daraus macht, bleibt vorerst seine Entscheidung. Natürlich sollte man den Grad der Essstörung im Hinterkopf behalten. Wenn es also um lebensbedrohliche Zustände geht, ist ein aktiveres Eingreifen notwendig!

Genau am Tag meiner Offenbarung erhielt ich einen Anruf aus der Klinik für Psychosomatik, der mich darüber informierte, dass es bald losgehen würde. Jetzt waren es nur noch knapp drei Wochen, in denen ich meine Essstörung ausleben konnte.

In diesen drei Wochen tobte sich die Essstörung noch einmal richtig aus, sodass ich zusätzliche zwei Kilogramm Körpergewicht verlor. Die Sorge, zu gesund zu sein, um mich behandeln zu lassen, wenn ich nun zunehmen würde, war weiter präsent.

Außerdem wollte ich mich in meinem vertrauten Käfig solange austoben, bis ich ihn bald verlassen würde.

Heute weiß ich, dass der Gewichtsverlust von 2 Kilogramm nicht nur überflüssig war, sondern mich zudem noch unfassbar viel Energie gekostet hatte, wodurch ich gleichzeitig mit meinem Leben spielte!

Meine Gefühle schwankten in diesen drei Wochen stündlich hin und her, ich hatte noch nie in so einem Gefühlschaos gelebt. Mal war ich voller Vorfreude und Erleichterung, die Essstörung bald loszuwerden und mal wurde ich aggressiv, unkonzentriert, traurig und wütend. Meine Ventilmöglichkeiten, um die negativen Gefühle und den

Druck loszuwerden, waren weiterhin der Sport und die Beschäftigung mit dem Essen sowie das Planen meines Alltags im Fünf-Minuten-Takt. Wie in all den Jahren zuvor.

Was ich auch bis zum Tag der stationären Aufnahme konsequent beibehielt, waren meine Yoga-Übungen. Yoga begleitete mich weiterhin. Yoga unterstützte mich seit dem Ende der 2 g-Cortison-Dosen entspannter und gelassener zu werden, wodurch ich mich mit meinem Körper verbunden fühlte. Yoga war das Einzige, was mich zur Ruhe kommen ließ. Mein Fels in der Brandung. Wenn ich am Ende des Tages all meine To-dos abgearbeitet hatte, dann war Yoga meine Belohnung.

Heute starte ich meinen Tag anders herum: erst Yoga, dann die To-dos. Damals war mir das nicht möglich. Der Druck, wenn Dinge vor mir lagen, die noch nicht erledigt waren, war so stark, dass ich zuerst meine Zwänge ausleben musste, bevor ich mir die Entspannung erlaubte.

Beim Yoga ging es mir nicht darum, Leistung zu erbringen. Durch die Yogapraxis konnte ich einen Zugang zu mir selber herstellen. Yoga half mir nicht nur mit meiner Krankheit, der Multiplen Sklerose umzugehen, sondern auch mit all meinen seelischen Problemen, die mich so sehr ins Ungleichgewicht brachten. So kam ich ins Spüren, konnte mein inneres Gleichgewicht wiederherstellen, mentale Stärke aufbauen, meinen Körper neu kennenlernen und diese tiefe Verbundenheit zu mir selber erleben. Yoga half mir, mich auf das Wesentliche zu konzentrieren. Auf mich selbst und den jetzigen Moment.

Die Auswirkungen der Multiplen Sklerose haben sich in der vergangenen Zeit nicht mehr verändert – außer dass ich zusätzlich eine Fatigue (starke Ermüdungserscheinung) entwickelte. Das starke Kribbeln und das unwillkürliche Zittern in den Beinen (und teilweise in den Händen) waren gleich geblieben. Gleich schmerzhaft.

***

Bevor ich in die Klinik ging, kündigte sich noch ein freudiger Besuch an. Es war einer der schönsten Momente der letzten Jahre, als Lia mir sagte, dass sie das Bedürfnis habe, in ihre alte Heimat zurückzukehren, um mich zu besuchen. Auch ihr ging es nicht sonderlich gut. Und so trafen wir wie damals die Entscheidung: wenn es uns beiden nicht gut geht, dann geht es uns gemeinsam nicht gut.

Wir vereinbarten, ehrlich zueinander zu sein und offen über alles zu sprechen, wenn wir beisammen sein würden. Wir beiden hatten uns eine lange Zeit nicht gesehen und in dieser Zeit viel durchgemacht, was uns wohlmöglich auch verändert hatte. Ich warnte sie sogar vor, wie ich mich in den nächsten Tagen verhalten würde, also wie ich essen würde, wie oft und wann ich Sport treiben würde usw. Sie reagierte darauf einfach nur mit:

„Okay, mach dein Ding. Du bist bald in sicheren Händen und wirst behandelt, solange brauchst du dich für deine Verhaltensweisen nicht zu rechtfertigen."

Lia ließ mich einfach machen und mischte sich auch nicht ein. Sie kommentierte nichts oder schaute mich auch nicht seltsam an, wenn ich die Maiswaffel abwog. Sie machte es mir in diesen Tagen einfacher, denn so konnte ich für ein paar Tage noch in meinem kranken System - meinem Käfig - weiterleben, ohne es geheim halten zu müssen. Sie sagte mir zwar, dass es nicht einfach sei, mit anzusehen, wie ich mich kaputt machen würde, aber dass sie mir vertraue, dass ich bald etwas ändern würde.

Lia hatte neben starken Depressionen vielmehr mit einer posttraumatischen Belastungsstörung zu tun. Zu wissen, dass wir beide bald Hilfe bekämen und aktiv etwas verändern wollen, reichte uns. Denn Lia beschloss (kurz nachdem ich den Klinikaufenthalt verkündete) auch, sich professionelle Hilfe zu holen.

Lia und ich, wir beide, zwei mittlerweile erwachsene junge Frauen, hatten einen Haufen Probleme. Ich wusste über all ihre Hürden und Probleme Bescheid und sie über meine. Und doch grenzten wir uns vereinbart voneinander ab. Lia und ich sprachen zwar über unsere Baustellen, aber schafften es zugleich, die Probleme des anderen nicht zu den eigenen zu machen. Wir behielten unsere Energien bei uns, wodurch sich die Energien nicht miteinander mischen konnten. Das hatte nichts mit Egoismus zu tun, sondern mit Selbstfürsorge. Das war Lia und mir schon damals bewusst. Und das war ziemlich reif und klug.

Während unserer gemeinsamen Tage sprachen wir vor allem am späten Abend über die Ursachen unserer Leiden. Wir grübelten darüber, woher unsere dysfunktionalen Verhaltensweisen kommen könnten. Dass unsere Ursachenforschung ein wesentlicher Bestandteil meines bevorstehenden Klinikaufenthaltes war, wusste ich da noch nicht. Somit arbeitete ich schon unbewusst für den Klinikaufenthalt vor.

Wesentliche Ursachen, die Lia und ich gemeinsam eruierten, waren diverse Verluste in meinem Leben, das Gefühl, stark sein zu müssen, das Gefühl, anders und falsch zu sein, sowie die Angst vor dem Alleinsein.

Viele Betroffene mit einer Ess- oder Zwangsstörung haben entweder in ihrer Kindheit oder im weiteren Lauf ihres Lebens einen oder mehrere Verluste erlebt. Die Art des Verlustes kann vielfältig sein. Ein Kontrollverlust ist häufig eine Ursache bei psychischen Erkrankungen. Lange Zeit dachte ich, dass der Kontrollverlust über meinen Körper, ausgehend von den starken Schüben der Multiplen Sklerose, die alleinige Ursache meiner Essstörung wäre.

Mir wurde jedoch klar, dass der Kontrollverlust über meinen Körper nicht die eigentliche Ursache war. Dieser war nur der Auslöser für die Essstörung. Wie ein fehlender Tropfen, der das Fass zum Überlaufen brachte. Denn schon viele Jahre zuvor stauten sich immer wieder Gefühle an, die die ganze Zeit schon gefühlt werden wollten.

Es gibt eine hilfreiche Metapher, die veranschaulicht, dass Gefühle auf Dauer nicht unterdrückt werden können: Stell Dir vor, wie Du versuchst einen Wasserball unter Wasser zu versenken. In diesem Wasserball sind all Deine Gefühle. Du möchtest nicht, dass sie jemand sieht. Also drückst Du den Ball mit aller Mühe hinunter und hoffst, dass er endlich verschwindet. Doch leider vergeblich, denn der Wasserball kommt immer wieder hoch. Egal, wie sehr Du versuchst, ihn unter Wasser zu drücken. Er springt immer wieder an die Oberfläche. Je mehr Du dich bemühst, ihn verschwinden zu lassen, desto stärker springt er aus dem Wasser heraus. Irgendwann hast Du keine Kraft mehr, den Ball unter Wasser zu halten, bis er dann wie ein Vulkan aus dem Wasser herausschießt und Du ihn gar nicht mehr herunterdrücken kannst.

Mein ganzes Leben unterdrückte und ignorierte ich Gefühle. Sie durften bloß nicht auftauchen! Schon als kleines Kind lernte ich, nicht traurig sein zu dürfen. An jenem Abend erzählte ich Lia, dass ich schon im Kindesalter von vier Jahren das Gefühl hatte, nicht richtig zu sein und niemandem meine verletzliche oder bedürftige Seite zeigen dürfe. Ich erinnere mich sehr gut an Situationen und an Sätze meines Vaters und meiner Großmutter väterlicherseits, wenn ich Zuneigung und Nähe suchte.

„Stell dich nicht so an."

„Jetzt übertreib doch nicht."

„Ach, Emma, hör doch auf!"

„Geh weg jetzt."

Dabei wollte ich einfach nur einmal in den Arm genommen werden.

Während in meiner Wahrnehmung mein kleiner Bruder Marvin all die Zuneigung und Liebe bekam, nach der ich mich so sehr sehnte, fühlte ich mich falsch und einsam. So lernte ich, dass ich nicht liebenswert war, wenn ich bedürftig und traurig gewesen war. Also versteckte ich diesen Anteil schon früh, damit ich nicht abgestoßen werden konnte. Ich klärte also meinen Schmerz mit mir alleine. Das war meine Strategie. Unauffällig sein, anpassen, überleben.

Dazu kam, dass einige Familienmitglieder mir als Kind häufig das Gefühl gaben, stark sein zu müssen, weil ich die große starke Schwester für Marvin sein musste. Marvin war für einige Familienmitglieder immer der Süße, der Kleine, der liebe Sonnenschein, der niemals etwas kaputt machen würde, indes Emma immer die Schuldige war, wenn ein Täter gesucht wurde. Dadurch etablierte sich auch mein Glaubenssatz: „Ich bin falsch und dumm."

Durch die zugeteilte Aufgabe, die starke Schwester sein zu müssen, verstand ich, keine Schwächen haben zu dürfen. Somit habe ich also nicht gelernt, auch einmal „schwach" (bedürftig) sein zu dürfen. Zum einen, weil ich meinte, weggestoßen zu werden und zum anderen, weil mir nahegelegt wurde, es läge in meiner Verantwortung, die starke größere Schwester zu sein. Ich kümmerte mich schon als Kind selbst um meine eigenen Bedürfnisse. Das Bild eines starken Mädchens, das für sich selbst sorgen musste, wurde für mich zur inneren Überzeugung. Ich dachte, ich müsste so sein. Dabei wollte ich das eigentlich nicht. Ich traf jedoch als Kind die Entscheidung, alles mit mir selber auszumachen. Aus Not.

In der Grundschule festigte sich dann meine Überzeugung, dass ich dumm sei. In meiner Klassengemeinschaft fühlte ich mich als kleines Kind sehr unsicher und ängstlich, doch überspielte diese Gefühle mit Albernheit und „Schusseligkeit". Ich dachte, so könnte ich mich nicht angreifbar machen und so würde ich meine Fassade, ich sei stark genug, aufrechterhalten. Das war meine unbewusste Schutzstrategie. Darüber war ich mir als junges Mädchen nicht bewusst. Ich habe versucht mich zu beschützen. Dieser Vesuch scheiterte, denn durch diese Strategie wurde ich fortan ausgelacht und sowohl von meinen Lehrern als auch von meinen Mitschülern als dumm und trottelig dargestellt.

Lia und ich sprachen auch über den Verlust des Kontaktes zu meinem Vater nach der Scheidung meiner Eltern. Dieser Kontaktverlust hinterließ bei mir Spuren.

Ich denke, es bedarf keiner Erklärung, dass ein zehnjähriges Mädchen seinen Vater vermisst, wenn er plötzlich verschwindet. Doch statt über diesen Verlust zu trauern und mich von meiner Mutter auffangen zu lassen, schützte ich meine Mutter und mich. Ich schützte meine Mutter, indem ich so tat, als würde ich mit dem Verlust zurechtkommen, so dass sie sich nicht um mich kümmern musste.

Dass ich meinen Vater nun kaum noch sehen würde, wusste ich zu diesem Zeitpunkt noch nicht.

Also führte ich das fort, was ich schon immer in den ersten Lebensjahren tat und machte alles mit mir selber aus.

Auch auf der weiterführenden Schule fühlte ich mich dumm und einsam. Ich hatte so manche Versuche unternommen, Teil der Klassengemeinschaft zu sein, indem ich mich an meine Mitschüler anpasste. Es waren fehlgeschlagene Versuche. Ich war ein Einzelkämpfer, nach außen hart und kühl, aber in mir drinnen war ich sehr verletzt. Obwohl ich mich einsam fühlte, spielte ich nach Außen die Glückliche, die Sichere und die Coole. All die Jahre bis zur zehnten Klasse schrieb ich das Drehbuch meines Schauspiels. Ich lebte ein Ideal, dass ich gar nicht war und versteckte meine

Einsamkeit. Die einzige Person, die etwas über meine innere Gefühlswelt ahnte, war Lia. Wir gingen auf der weiterführenden Schule in eine Klasse. Ich spürte, dass Lia auch die Regie eines Schauspiels führte. Wir erkannten einander. So fand unsere Freundschaft damals ihren Anfang.

Nach fehlgeschlagenen partnerschaftlichen Beziehungen verlor ich weiter einen Teil meines Selbstwertgefühls und meiner Lebensfreude. Immer wieder wurde ich von Männern verlassen, belogen oder betrogen. In der Hoffnung, Anerkennung zu bekommen, ließ ich mich aber weiterhin von Männern benutzen. Ich wollte geliebt werden, ich wollte wertvoll für jemanden sein. Doch auch in toxischen Beziehungen fand ich keine Sicherheit, Geborgenheit und Liebe.

Also suchte ich Zuflucht in eine Ersatzbefriedigung mit Partys und Drogenkonsum. Auch das veränderte nichts an meinen Sehnsüchten. Außer in den Momenten, in denen ich inmitten des Drogenrausches steckte. Sobald die Wirkung der Drogen aber nachließ, war alles schlimmer als zuvor. Ich hatte anschließend enorme Tiefs, in denen ich fahrlässig handelte und mit meinem Leben spielte.

Ein bedeutsamer Einschnitt meines Lebens war dann die Diagnose Multiple Sklerose. Besonders zu diesem Zeitpunkt unterdrückte ich meine Gefühle. Weder vor mir noch vor meiner Familie oder meinem Umfeld verlor ich auch nur eine einzige Träne, als ich die Diagnose im Jahr 2012 erhielt. Ich erlaubte mir keine negativen Gefühle wie z.B. Angst, Wut, Scham oder Trauer, keine Gefühle, die der Situation und mir angemessen gewesen wären, ließ ich zu. Ich handelte und fühlte quer, quer zu mir selbst und quer angesichts der Situation. Das alles war völlig unnatürlich, doch ich hatte dafür keine Wahrnehmung mehr.

Einerseits unterdrückte und verdrängte ich die „eigentlich" angemessenen Gefühle, weil ich dachte, glücklich sein

194

zu müssen, um im Alltag funktionieren zu können. Für mich war klar, dass ich nicht glücklich sein konnte, wenn ich auch weinte.

Andererseits drängte ich alle Gefühle zur Seite, weil ich mich davor ängstigte, abgestoßen zu werden oder nicht Ernst genommen zu werden, wenn ich „Schwäche" zeigte.

So wie ich die Entscheidung getroffen hatte, die Verantwortung für meine Mutter nach der Trennung zu übernehmen, übernahm ich diese auch bei meiner Diagnose der Multiplen Sklerose. Ich sorgte mich bei der Diagnose um sie, weil ich nicht wollte, dass sie sich um mich kümmern musste. Schon einzig bei dem Gedanken, meiner Mutter von meiner Trauer zu erzählen, schämte ich mich. Ich wollte nicht, dass mich jemand traurig erfährt. Auch nicht meine Mutter. Also beschloss ich weiter, alles mit mir selber auszumachen.

Heute weiß ich, dass ich durch mein hartnäckiges Schweigen und Unterdrücken meiner Mutter den Zugang zu mir erschwerte. Denn durch meine Verschlossenheit machte sie sich noch mehr Sorgen und fühlte sich ohnmächtig, da sie nicht wusste, wie sie mir helfen konnte.

Meine Familie, meine Freunde und meine Bekannten versahen mich direkt nach der Diagnose immer wieder mit Phrasen wie „Emma, du machst das schon" oder „Du schaffst das wie immer" oder „Du bist ja stark".

Ja genau, wie immer!, dachte ich. Dabei wollte ich gar nicht mehr die Starke sein!

Ich hatte das Gefühl, ich konnte mich bei niemandem mit meiner Verletzlichkeit zeigen. Ich dachte, ich würde mich bei niemandem fallen lassen können. Ich dachte, niemand würde diese Last aushalten. Ich dachte, würde ich mein ganzes Sein - inklusive meiner Verletzlichkeit - zum Ausdruck bringen, so würde ich verlassen werden. Denn mit meinem ganzen Sein würde ich nicht liebenswert sein.

Während ich alles mit mir selber ausmachte, fühlte ich mich sehr einsam und hatte Angst, es für immer sein zu müssen. Meine Erfahrung von Einsamkeit zog sich also immer wiederkehrend durch mein Leben.

Das jüngste einschneidende Ereignis, an dem ich mich einsam fühlte, war der Wegzug von Lia. Als sie wegzog fing ich erstmalig an Sport zu treiben. Oft hatte ich Langeweile, weil wir ja die meiste Zeit miteinander verbracht hatten. Ich suchte mir also (unbewusst) eine Beschäftigung, bei der ich das Gefühl von Einsamkeit von mir wegschieben konnte. Sport.

Während Lia und ich im Gespräch diese und weitere Erkenntnis festhielten, konnte ich mein anfängliches kompensierendes Verhalten reflektieren und besser verstehen. Mir fiel auf, dass ich nicht nur kurz nach ihrem Wegzug anfing, Sport zu treiben, sondern auch begann, Dinge in meinem Alltag zu planen. Die Planung begann mit kleinen Dingen, wie der Auswahl meiner Kleidung für den Folgetag. Mit der Zeit plante ich im Voraus Tätigkeiten, die nicht nötig waren, deren Planungen ich aber nicht unterlassen konnte, da sie mir das Gefühl von Kontrolle und Sicherheit gaben wie die Kleidungsauswahl für eine Woche. Das Planen schlich sich so langsam und still ein, dass ich gar nicht bemerkte, wie es zwanghaft wurde. Ich wollte mich einfach nur sicher fühlen, also erschuf ich mir eine Strategie, die mir ein Gefühl von Sicherheit vermittelte. Auf keinen Fall wollte ich den Schmerz fühlen, den Verlust fühlen oder die Einsamkeit spüren. Wieder einmal wollte ich mich diesen Gefühlen nicht stellen.

Lia und Emma: ein eingeschweißtes Team. Es gab nicht nur Lia oder Emma. Bei unseren Schulkollegen, Lehrern und Bekannten gab es immer nur Lia und Emma. Mit Lia verbrachte ich fast mehr Zeit in meinem eigenen Leben als mit mir selbst. Wir erlebten unsere Pubertät, unsere Jugend, unser anfängliches Erwachsenwerden miteinander. Wir hatten emotionale Parallelen und unser Lebensrhythmus schlug im selben Takt. Wir waren eins. Über diese so wunderbare gemeinsame Vergangenheit und (wie ich einmal dachte) getrennte Zukunft hatte ich jedoch nie getrauert. Weder Wut noch Trauer ließ ich zu. Ich bin immer stark und hart geblieben. Immer! Ich konnte vor mir selber nicht schwach werden, denn ich wusste nicht, wie ich mir selber den nötigen Halt geben könnte. Mit jemandem über meine Gefühle bezüglich Lias Wegzug zu sprechen, war für mich keine Option. Also wendete ich wieder meine Schutzstrategie „Stark tun und Verdrängen" an. Darin war ich ja schon geübt.

Bis zum auslösenden Ereignis (als ich die schweren Schübe erlitt), habe ich also all die Ängste und Gefühle, die ich seit meiner Kindheit unterdrückte, „erfolgreich" verdrängt, anstatt sie zum Ausdruck bringen. Bis dahin hatte meine Strategie, meine Gefühle mit mir selbst auszumachen oder zu verdrängen, recht gut funktioniert.

Doch als ich meine Gefühle nicht mehr wie bislang ignorieren und verstecken konnte, rutschte ich in die nächste Strategie: Ess- und Zwangsstörung.

Alles um mich herum schien nicht mehr kontrollierbar zu sein, sogar meine Gefühle konnte ich nicht mehr kontrolliert herunterdrücken. Ein ängstlicher Teil in mir bemühte sich, sich die Kontrolle woanders herzuholen: über mein Gewicht und meine Alltagsstruktur.

Die Kontrolle über mein Gewicht und meine Tagestaktung war aber nur eine scheinbare Kontrolle. In Wahrheit konnte ich nichts kontrollieren. Ganz im Gegenteil. Denn wie sich herausstellen konnte, hatte ich die Kontrolle über die Kontrolle verloren. Meine Einsamkeitsgefühle hatte ich auch nicht vermeiden können.

Ich bin meinem Schmerz immer davongelaufen. Mein ganzes bisheriges Leben lang. Ich habe mich nicht mit diesem Schmerz beschäftigt. Und das ist okay. Denn ich wusste und konnte es nicht besser!

Endlich verstand ich, weshalb ich mich nach Kontrolle, Sicherheit, Anerkennung, Aufmerksamkeit und Liebe sehnte. Ich habe all das, als es nötig war, als Kind nicht ausreichend erhalten.

Lia und ich hielten also fest, dass die fehlende emotionale Stabilität und der Verlust - sowohl auf körperlicher als auch auf menschlicher Ebene - zum Unterdrücken der Gefühle führte und zum Ausbruch meiner dysfunktionalen Verhaltensweisen beitrug.

So langsam erklärten sich meine Krankheitsbilder.

Das war ich.

Emma.

Dabei wollte ich nie magersüchtig sein, sondern hatte Angst, einsam, nicht wertvoll oder liebenswert zu sein. Hinter meinem Bedürfnis nach Kontrolle steckte Angst. Angst, alleine und nicht sicher zu sein.

Wenn Heilung doch nur einfach wäre

So kam der Tag, an dem die Wochen der schmerzhaften Veränderungen anfingen. Es war wieder ein Donnerstag, an dem ich einen der wichtigsten Schritte in meinem Leben machte.

Ich willigte sogar in das Angebot meiner Mutter ein, mich in die Klinik zu fahren. Seit sie Bescheid wusste, konnte ich ehrlich mit ihr über meine Belastungen sprechen. Wir sprachen zwar nicht ausführlich und im Detail über meine psychischen Erkrankungen, aber das war auch gar nicht nötig. Sie hatte von meinen Lasten die ganze Zeit schon gewusst und war einfach nur froh, dass ich von mir selbst heraus den ersten Schritt gemacht hatte.

Auf dem Weg in die Klinik wippte ich auf dem Beifahrersitz hin und her. Schon lange war ich nicht mehr so aufgeregt gewesen.

Essen, essen, essen, dachte ich.

Am liebsten hätte ich das Steuer übernommen und wäre umgedreht. Diese Ungewissheit, nicht zu wissen, was in den nächsten Wochen auf mich zukommen würde, machte mich nervös. Doch zugleich wusste ich, meine bisherige Lebensweise würde nicht mehr lange gut gehen.

Es ist Zeit, dass sich etwas verändert, dass ich etwas verändere!, versuchte ich mich zu motivieren.

Meine Mutter war ebenfalls sichtlich angespannt. Besorgt schaute sie immer wieder zu mir herüber und bestärkte mich darin, dass es der richtige Schritt sei, professionelle

Hilfe zu holen. Sie war sich sicher, dass sie mir nicht so helfen könnte wie es fachspezifische Ärzte oder Therapeuten könnten.

Während der Fahrt vibrierte mein Handy. Ich entsperrte meinen Bildschirm und sah eine Nachricht von Lia. Auf meinem Handydisplay erschien ein Banner, in dem einfach nur „Bild" geschrieben stand. Ich öffnete den Chat von Lia und mir und sah ein Bild, das kurz vor ihrem Wegzug aufgenommen wurde. Das Bild entstand aus einer Vogelperspektive. Ich saß am Klavier und Lia neben mir an einer Gitarre spielend. Wir beide hatten ein Mikrofon. Dieses wurde damals in der Aula unserer Schule geschossen. Wir spielten beide in einer Schulband und an diesem Tag spielten und sangen wir für uns alleine. Sofort bildete sich das Gefühl, welches ich damals in diesem Moment hatte, als wir seelenruhig spielten und sangen. Es fühlte sich friedlich und so leicht an. Ich erinnerte mich zurück, in welcher Lebenssituation ich mich dort befand. Lia war noch nicht weggezogen, wir sahen uns jeden Tag, ich war nicht ganz so einsam, die Multiple Sklerose schränkte mich noch nicht ein und: Ich lebte weitestgehend intuitiv und aß das, worauf ich Lust hatte, ohne großartig darüber nachzudenken. Ich war frei von zwanghaften Gedanken, die meinen Alltag bestimmten. Ich war frei von Druck. Ich lebte mit viel mehr Freude und Leichtigkeit.

Lia sendete mir das Bild ohne einen Kommentar. In diesem Moment war ich einfach nur dankbar für dieses Bild, da es in mir noch mehr Mut freisetzte, mich dieser Therapie zu stellen. Denn das Lebensgefühl, das das Bild in mir auslöste, wollte ich wieder zurück! Ich lächelte.

Als ich den Blick von meinem Smartphone abwendete und nach vorne auf die Straße schaute, überkam mich sofort wieder die Angst vor der Klinik.

Auf dem Parkplatz angekommen, erfragte meine Mutter, ob sie mich in die Klinik hereinbegleiten sollte. Eigentlich hatte ich mir vorgenommen, dass meine Mutter mich am Eingang der Klinik herauslässt und ich alleine hineingehe. Doch zu meiner und auch ihrer Überraschung nahm ich ihre Unterstützung an. Ich glaube, es war auch hilfreich für meine Mutter, zu wissen, wo ich in den nächsten Wochen sein würde.

Das formale Aufnahmegespräch war harmlos. Die Sekretärin forderte bloß Auskünfte über meinen Wohnort, meinen Hausarzt und viele Unterschriften zur Schweigepflichtentbindung und zum Datenschutz. Das sanfte Vorspiel im Aufnahmebüro wurde durch eine Pflegefachkraft beendet. Die Pflegeschwester Sonja begrüßte mich leicht gestresst, aber freundlich und führte mich auf die für mich vorgesehene Station. Mir schien an diesem Morgen viel in der Klinik los zu sein. Überall wo ich hinschaute, hetzten Angestellte mit einer zerknautschten Mimik durch das Klinikgelände. Bevor Schwester Sonja sich ihrer nächsten Aufgabe widmete, erklärte sie mir, dass gleich ein Pflegegespräch sowie ein psychotherapeutisches Gespräch stattfinden würde. Am Nachmittag folge dann die ärztliche Untersuchung.

Meine Mutter war die ganze Zeit an meiner Seite. Gemeinsam warteten wir vor dem Raum, in dem die angekündigten Gespräche stattfinden sollten. Während meine Mutter auf den Wartestühlen Platz nahm, lief ich nervös den Flur hinauf und herunter.

Zum Glück war die Wartezeit nicht von langer Dauer. Nach wenigen Minuten hörte ich meinen Namen, der mich zum weiteren Gespräch aufrief. Meine Mutter und ich hatten vorher nicht darüber gesprochen, ob sie mich bei den Gesprächen begleiten würde, doch das erledigte sich von selbst. Innerhalb von Millisekunden, nachdem ich aufgerufen wurde, warf ich meiner Mutter einen Blick zu, dem sie mit einem Nicken entgegnete. Sie stand auf und begleite mich still. Sie war mir eine Stütze, ich konnte ihre Teilnahme zulassen, ich wollte einfach nicht alleine sein.

In dem Raum, den wir betraten, stand ein großer weißer Tisch, an dem schon zwei Menschen saßen. Wir nahmen Platz. Gegenüber von uns saßen uns Krankenschwester Sonja und eine weitere Person, eine Psychotherapeutin.

Die Psychotherapeutin begrüßte mich wohlwollend und stellte sich vor.

„Hallo Frau Walter, schön, dass Sie da sind. Mein Name ist Wetzel. Ich werde für die nächsten Wochen Ihre behandelnde Psychotherapeutin sein und Sie begleiten. Toll, dass Sie den Mut gefasst haben und bereit sind, sich Hilfe einzuholen."

Ich lächelte zurückhaltend und ängstlich.

Frau Wetzel ging mit mir einen vorgefertigten Fragebogen durch. Meine Mutter und Schwester Sonja hörten uns schweigend dabei zu. Anfangs stellte sie mir Fragen über meinen Lebenslauf, bis sie dann zu konkreteren Fragen überging. Sie erkundigte sich nach meinen Wünschen und Erwartungen an die Klinik. Zunächst sollte ich skizzieren, vor welchen Herausforderungen ich in meinen verschiedenen Lebensbereichen stehe, danach hatte ich meine Therapieziele zu formulieren. Ich beantwortete alle Fragen ehrlich. Das Gespräch verlief bis dahin einfacher als gedacht. Am Ende jedoch wurde es spezifisch, denn das Augenmerk galt fortan den Themen Essen und Gewicht. Frau Wetzel erfuhr durch weitere Befragungen, wann ich wo, wie und was ich aß. Sie wollte es ganz genau wissen. Im Detail. Wie viel Milliliter Buttermilch, wie viel Milligramm Magerquark usw.

Während Schwester Sonja meine Worte protokollierte, ahnte ich schon Schlimmes. Dieser Fragenabschnitt war der

Mühsamste für mich. Noch nie hatte ich so offen über meinen Essensplan gesprochen. Und dann auch noch in der Gegenwart meiner Mutter! Ich schämte mich.

Frau Wetzel klärte mich darüber auf, dass ich regelmäßig gewogen werde und wir uns gemeinsam ein Gewichtsziel setzen werden, welches ich erreichen sollte. Um das zu realisieren, hätte ich ab sofort Sportverbot und einen Essensplan, an den ich mich halten sollte. Sobald ich meinen Therapieplan erhalten würde, sollte ich mich nicht wundern, wenn keine körperlichen Aktivitäten zu finden seien.

Als ich zaghaft nachfragte, ob ich denn Yoga machen dürfte, entgegnete sie mir mit der klaren Ansage:

„Nein, keine körperlichen Aktivitäten."

Ab da kippte meine Stimmung. Da erkannte ich, wie wichtig Yoga für mich geworden ist. Yoga hatte für mich in erster Linie nichts mit dem Abmagern zu tun. Zugegeben: Yoga hatte den Nebeneffekt, dass ich mich bewegen konnte, aber für mich bedeutete Yoga doch so viel mehr! Und nun sollte es mir verboten werden? Mein Körper zog sich zusammen, ich wollte die Flucht ergreifen und sofort nach Hause, doch ich bekam keinen Fuß vor den anderen gesetzt und kein einziges Wort mehr heraus. Ich starrte wie gelähmt auf den Boden und nahm eine unglaubliche Spannung in mir wahr. Mein Brustkorb schnürte sich zu. Unter dem Tisch ballten sich meine Hände zu Fäusten. Doch niemand schien meine Gefühlsschwankung bemerkt zu haben oder zu interessieren.

Stattdessen verabschiedete sich Frau Wetzel und sagte mir, dass wir uns in dieser Woche noch einmal zu unserem ersten Therapiegespräch treffen würden. Schwester Sonja blieb noch sitzen, um mit mir meinen Ernährungsplan zu besprechen. Während sie mir erklärte, welche Nahrungsmittel ich nun zu mir nehmen müsse, hörte ich ihr nur unaufmerksam zu, denn mit meinen Gedanken war ich noch beim Yoga-Verbot und meinem Impuls zu flüchten.

Der Ernährungsplan bestand aus der vierfachen Menge, die ich sonst am Tag aß. Das Vierfache! Und das ohne Sport, ohne Bewegung.

7:30 Uhr: zwei Brötchen mit mindestens zwei Scheiben Käse und vegetarischem Aufschnitt.

10:30 Uhr: einen Sahnejoghurt oder einen großen Schokoriegel.

12:00 Uhr: eine vollwertige Mahlzeit, die zwar von mir eigenständig, doch unter Aufsicht portioniert wird.

15:00Uhr: einen Sahnejoghurt, Schokoriegel oder ein Stück Kuchen.

18:00 Uhr: siehe morgens.

Mein mir vorgesetzter Ernährungsplan erschien mir zu surreal, ich dachte nun noch mehr darüber nach, wie ich schnell wieder nach Hause kommen könnte. Ich starrte einfach nur auf den Ernährungsplan und konzentrierte mich auf meinen Atem. Ich hielt die Spannung aus, bis das Gespräch endlich beendet war.

Nachdem wir den Raum verlassen hatten, äußerte ich meiner Mutter gegenüber mit flacher Atmung, dass ich dringend aus diesem Gebäude müsste. Wir gingen beide eilig heraus.

Draußen teilte ich meiner Mutter wütend mit, dass ich hier nicht lange bleiben werde und die ganze Idee Mist sei. Während meine Mutter sich bemühte, mich zu beruhigen, zitterte ich am ganzen Körper. Es war das erste Mal, dass ich mich ihr so verletzlich zeigte. Ich bemerkte, wie sehr es sie schmerzte, mich in meinem Gefühlschaos zu erleben. Da ich auch diese Situation absolut nicht ertragen konnte, überspielte ich meine Gefühlslage schnell wieder und versicherte ihr, dass ich die ganzen Informationen erstmal sacken lassen müsste und meine Ruhe bräuchte. Ich versuchte meine Mutter davon zu überzeugen, dass das alles gerade einfach sehr viel sei und dass es mir ja soweit gut gehen würde. Ich bestärkte sie darin, dass sie nun nach Hause fahren könne.

Meine Mutter drückte mich fest und sagte mir, dass ich mich jederzeit melden könne.

Sie fuhr fort.

Nachdem ich noch für ein paar Sekunden wie angewurzelt alleine auf dem Parkplatz stand, lief ich noch etwas um das Klinikgelände herum, schließlich hatte ich heute noch keinen Sport gemacht. Mein Zwang nach Sport wurde immer größer. Von Minute zu Minute. Nach den vielen Gesprächen und mich erschreckenden Plänen dieses Tages brauchte ich dringend ein Ventil, um meinen Druck loszuwerden.

Dass ich Sportverbot habe, damit hatte ich gerechnet und darauf war ich eingestellt, aber dass ich meinen Anker Yoga auch loslassen muss, das wusste ich nicht!, ärgerte ich mich. Mit knurrendem Magen marschierte ich stramm und zielstrebig Kalorien verbrennend um das Klinikgelände herum und machte mir einen Plan, wie ich um das viele Essen herumkommen könnte und vor allem, wie ich heimlich Yoga machen könnte.

Zur Mittagszeit zeigte mir Schwester Sonja den Raum, in dem meine Mitpatienten – und auch ich - zu den Mahlzeiten essen werden. Gemeinsam mit Schwester Sonja betrat ich den kleinen Speiseraum. Plötzlich starrten mich acht fremde Menschen an. Sie starrten mich an, sie musterten mich augenscheinlich und ich bekam kein Wort heraus. Ich war wie gelähmt und äußerte Schwester Sonja leise, dass ich jetzt erst ein wichtiges Telefonat führen müsste und meine Koffer gerne auspacken würde.

Sie schaute mich skeptisch an. Ich reagierte mit aller Ehrlichkeit und lauter Stimme, dass ich jetzt sicherlich nichts essen könne bzw. essen werde.

Sie reagierte mit einem kühlen „okay".

Dem fügte ich nichts hinzu, sondern drehte ihr und allen Mitpatienten den Rücken zu, lief in mein Zimmer und steuerte mein Bett an. Dann saß ich da. Alleine in einem Zweibettzimmer, planlos, aufgewühlt, wütend, überfordert, traurig und verzweifelt.

Zuerst dachte ich darüber nach, wie lange ich den Aufenthalt in der Klinik ausprobieren werde und dann, welche Diagnosen wohl die Mitpatienten haben könnten. Die erste Begegnung mit meinen Mitpatienten lenkte mich von meinem eigentlichem Problem, dem Essen, ab. Denn mir war sofort beim Betreten des Speisesaales aufgefallen, dass kein Körper der mich anstarrenden Menschen so dünn war wie meiner. Niemand war auffällig dünn. Alle Mitpatienten hatten ein augenscheinlich normales Gewicht.

Diese Erkenntnis führte zu einer spürbaren Erleichterung, denn sie nahm mir den Druck, Konkurrenz zu haben. Ich musste nicht darum kämpfen, die Dünnste zu sein, denn das war ich sowieso schon.

Nach einer knappen halben Stunde betrat eine junge Frau unangekündigt mein Patientenzimmer. Sie war die Mitpatientin, mit der ich mir das Zimmer zu teilen hatte. Sie schien sehr nett. Ihr Name war Annika und sie war wegen schwerer Depressionen da. Annika erzählte mir, wie es auf der Station ablaufen würde, von welchen Pflegekräften ich mich besser fernhalten sollte, wer cool drauf sei, welche Therapie Spaß machen würde und welche ich am besten meiden sollte.

Am Nachmittag lief noch das ärztliche Aufnahmegespräch, welches mich erfreulicherweise nicht mehr herausforderte. Es ging nämlich nur um die Multiple Sklerose und meine allgemeine körperliche Verfassung. Das war harmlos.

Zum Abend hin hatte ich noch immer nichts gegessen und mein Magen signalisierte mir lautstark, dass er dringend etwas zu Essen bräuchte. Nicht nur das Grummeln meines Magen deutete auf eine dringende Nahrungszufuhr hin, auch das Zittern meines Körpers und mein Schwindelgefühl wiesen mich darauf hin.

Mir war angekündigt worden, dass eine Pflegekraft meine Ernährung gemäß des Ernährungsplanes kontrollieren werde. Doch das war noch nicht geschehen. Weitere Maßnahmen für den Aufnahmetag waren auch nicht angekündigt gewesen. Also ging ich noch eine große Runde spazieren. Das wurde mir ja bislang nicht verboten.

Um 18:00 Uhr nahm ich dann meinen Mut zusammen und betrat um 18:00 Uhr alleine den Speisesaal.

Im Speisesaal war ein Buffet aufgebaut, das aus verschiedenen Brot- und Brötchensorten, Aufschnitten, Aufstrichen, Joghurts, Beilagen-Salaten und dem restlichen Mittagessen bestand. Da niemand vom Personal zur Kontrolle meiner Nahrung zu sehen war, widmete ich mich meinem eigenen Ernährungsplan.

Schnell griff ich nach einem Beilagen-Salat und einer dunklen Scheibe Brot, die ich hauchdünn mit Magerquark bestrich.

Beim Abendessen unterhielt ich mich zu meiner Entlastung erstmals mit meinen Mitpatienten. Die Tische waren so aneinandergestellt, dass sich alle neun Patienten gut miteinander unterhalten konnten. Die allgemeine Atmosphäre, die sich durch die Gespräche zog, war locker und entspannt. Ich fühlte mich sogar wohl inmitten der Runde. Ich erhielt keine unpassenden Äußerungen oder Blicke. Sie starrten mich nicht abwertend an. Die meisten von ihnen waren interessiert an mir. An mir! Nicht an meiner Krankheit, sondern an meinem Leben. Neugierig fragte man mich, wo ich wohne, was ich in meiner Freizeit gerne mache, wo ich arbeite usw. Die lockere Atmosphäre machte mir den Tagesabschluss etwas einfacher. Ich fühlte mich sogar so wohl, dass ich im Kennlerngespräch den Grund, weshalb ich in der Klinik war, skizzierte. Nicht im Detail, aber grob.

Bis dahin hatte ich noch nicht wieder mit einer Pflegekraft gesprochen. Mich hatte niemand aufgesucht und ich hatte auch nicht die Order, mich bei der Pflege zu melden. Die Mitpatienten klärten mich darüber auf, dass sie bislang alle die Erfahrung gemacht hätten, auf sich allein gestellt zu sein. Der Patient müsse sich selbst um den Kontakt zur Pflege kümmern und würde nicht „an die Hand genommen werden". Einerseits gefiel mir das Vorgehen, denn so konnte ich das machen, was ich wollte. Andererseits fühlte ich mich alleine gelassen.

Nach dem Abendessen war ich erschöpft. Der gesamte erste Tag in der Klinik war ziemlich anstrengend. Schon früh legte ich mich ins Bett. Einschlafen konnte ich jedoch nicht. Viele Stunden dachte ich daran, wie mir ab morgen dann sicherlich die eigene Kontrolle weggenommen werden würde, dass ich mich auf den Therapieplan einzulassen habe und dass ich ganz viel essen, mich jedoch wenig bewegen dürfe. Ich wälzte mich hin und her, atmete unregelmäßig, bekam schlecht Luft und zitterte wieder am ganzen Körper. Erst in den frühen Morgenstunden fiel ich in einen unruhigen Schlaf.

Der erste Morgen in der Klinik brach an und laut meines Therapieplans, welchen ich am Vorabend noch lautlos in die Hand gedrückt bekam, musste ich mich um 7:00 Uhr im Stationszimmer melden. Was das zu bedeuten hatte? Ich musste zum ersten Mal auf die Waage. Jetzt erfuhr ich, dass ich mich fortan drei Mal pro Woche im Beisein einer Pflegekraft auf die Waage zu stellen hatte.

Eine Schwester führte mich, ohne zu sprechen, in einen Raum, in dem die Waage stand. Obwohl ich versuchte, Small Talk zu führen, um mir selbst etwas die Angst zu nehmen, erwiderte sie kaum den Versuch meines Gesprächs. Das war Schwester Petra. Schwester Petra war mir unsympathisch. Ich mochte sie nicht. Das machte es mir nicht einfacher. Ich schwitzte am ganzen Körper. Ich wusste gar nicht so recht, warum ich so aufgeregt war, schließlich wog ich mich doch schon seit Jahren übertrieben häufig. Doch das Gefühl, dass ich auf die Waage MUSSTE und dabei kontrolliert WURDE, sorgte für enorme Anspannung in mir. Ich fühlte mich dadurch sogar etwas bedroht. Mir erschien dieser Vorgang wie eine minutenlange Prozedur, dabei war mein Gewicht nach wenigen Sekunden schon notiert. Über ein Kilo weniger als zu Hause zeigte die Waage an. Kein Wunder, ich hatte ja auch zwei Tage zuvor kaum etwas gegessen. Umso mehr Hunger hatte ich auch.

Nach dem Wiegen führte mich Schwester Petra in den Speisesaal, denn es ging direkt weiter zum Frühstück. Wieder war das Buffet aufgebaut, an dem ich mir meine Mahlzeit zwar selbstständig zubereiten durfte, die Schwester dieses Mal jedoch drüber schaute. Bei der Zubereitung der Speisen beobachtet zu werden löste in mir ein leichtes Wutgefühl aus. Die unsympathische Schwester Petra, die noch immer keine Sätze mit mir sprach und mich stattdessen bei der Zubereitung fordernd anstarrte, machte mich durch ihre beobachtenden Blicke wütend. Ich fühlte mich eingeengt und bedroht. Ich war froh, dass die Mitpatienten auch anwesend waren, so fühlte ich mich durch deren Anwesenheit etwas sicherer und fand durch deren Gespräche ein wenig Ablenkung.

Nach der Zubereitung meines Frühstücks gemäß meines vorgefertigten Ernährungsplan verließ Schwester Petra den Speiseraum mit den Worten: „Guten Appetit."

Ihr sprunghafter Abgang verwunderte mich. Ich dachte, ich würde eine Essensbegleitung haben, die mein Essverhalten kontrolliert. Meine Verwunderung schien auch meine Mitpatientin Annika zu bemerken. Wenn jemand einen Essensplan bekäme, so sagte sie mir, würde die Portionierung beobachtet werden, die Nahrungsaufnahme hingegen nicht. Das Personal würde darauf vertrauen, dass jeder Patient die Verantwortung bei der Mitgestaltung der Therapie selbst übernimmt. Denn letztendlich würde die Waage Auskunft über die Mitarbeit verraten, sobald man sich nicht an den Ernährungsplan halten würde.

Bis zu diesem Zeitpunkt dachte ich noch, ich würde jedes Mal beim Essen angestarrt und kontrolliert werden, dabei kontrollieren die Pflegekräfte bloß, wie man sich das Essen zubereitete. Darüber war ich sehr erleichtert.

Zwar aß ich an diesem Morgen nicht alles auf meinem Teller auf, doch ich war sehr überrascht. Zu Hause hätte ich niemals ein ganzes Brötchen gegessen, ohne Sport gemacht zu haben! Nun verdrückte ich 1 ¼ Brötchen. Es war irgendwie gar nicht so schlimm wie sonst. Ich hatte aber auch einen wirklich großen Hunger!

Ich glaube, meine Mitpatienten erleichterten mir einiges. Obwohl jeder wusste, dass ich wegen einer Essstörung da war, hatte ich nicht das Gefühl, während des Essens beobachtet zu werden. Die lockere Atmosphäre, das Wissen, dass alle Anwesenden aufgrund einer psychischen Erkrankung hier waren, die amüsanten Gespräche und meine Beobachtung des normalen Essverhaltens der anderen, trugen dazu bei. Mich entlastete am meisten die Tatsache, dass kein Pflegepersonal meine Nahrungszufuhr kontrollierte, weder hier im Speisesaal noch woanders

Bevor ich meine erste Therapiestunde hatte, machte ich nach dem Frühstück noch einen kleinen Spaziergang. Okay, einen großen. Zwar war ich stolz darauf, dass ich überhaupt gegessen hatte, doch kurz nachdem ich den Speisesaal verließ, verselbstständigten sich meine gewohnten Gedanken.

Heute Mittag isst du nichts! Das Frühstück war viel zu viel, du sammelst jetzt schon fett an. Beweg dich!

Also bewegte ich mich.

Die erste Therapiestunde begann damit, dass ich Frau Wetzel davon zu überzeugen versuchte, Yoga machen zu dürfen. Ich legte ihr dar, wie heilig mir Yoga war und nichts mit Kalorienverbrennen tun hatte. Ich erklärte ihr sehr detailliert, wie gut ich mich beim Yoga fühlen würde, insbesondere, wie sehr mich Yoga erdet.

„Sie können auch heimlich Sport machen Frau Walter. Mir ist das eigentlich egal. Es geht darum, dass Sie sich nicht selber veräppeln sollen und sich etwas vormachen, wenn Sie durch bestimmte Bewegungen die Absicht haben, Kalorien zu verbrennen. Sie wissen, dass wir dreimal in der Woche Ihr Körpergewicht kontrollieren. Insofern werden wir in spätestens drei Wochen sehen, wie sehr Sie sich an die Vorgaben und besonders an den Ernährungsplan halten. Es liegt in Ihrer Hand, wie Sie damit umgehen werden. Wenn ich den Verdacht habe, dass Sie nicht bereit sind, eine Therapie zu machen, dann werde ich Sie entlassen."

Ich schluckte schwer. Das war eindeutig. Meine Heilung lag in meinen Händen.

„Okay, ich bin ja hier um was zu verändern und ich bemühe mich wirklich meinen Bewegungsdrang zu unterlassen. Aber das ist nicht so einfach wie Sie sich das vorstellen!"

„Ich kann mir denken, dass das nicht einfach ist und das möchte ich damit auch nicht sagen. Ich möchte Ihnen deutlich machen, dass es Ihre Verantwortung ist, wie Sie mit dem Konzept umgehen. Ich unterstütze Sie gerne dabei, wie Sie sich schützen können, wenn Sie den Druck nicht aushalten. Dafür bin ich schließlich da und deswegen treffen wir uns auch zweimal die Woche."

Frau Wetzel schien wirklich kompetent zu sein, knallhart und dabei herzlich. Ich hatte das Gefühl, ich konnte ihr vertrauen. Sie motivierte mich irgendwie. Frau Wetzel genehmigte mir auf meine Bitte hin sogar offiziell meine Yoga-Übungen, so dass ich zum Glück diesbezüglich nichts zu verheimlichen hatte. Sie würde die Kollegen auf der Station darüber informieren. Während ich ihr zuhörte, wurde das Engegefühl in meinem Brustkorb langsam weniger.

Anschließend unterhielten wir uns nur noch über organisatorische Angelegenheiten, bis sie mir am Ende des Gesprächs eine Hausaufgabe mitgab.

„So, Frau Walter, hier ist Ihr Problemkuchen. Ich würde Sie bitten, diesen im Laufe der Woche auszufüllen."

Auf dem Papier, welches Frau Wetzel mir reichte, war ein großer Kreis gezeichnet. Dort sollte ich einzeichnen, welche Probleme ich hatte. Diese Probleme sollte ich dann in Stücke schneiden. Je nach Größe meines Problemes im jeweiligen Lebensbereich sollte ich ein Kuchenstück in diesen Kreis einzeichnen.

Mit diesem Aufgabenzettel verließ ich meine erste Therapiestunde.

Da mich mein Perfektionismus und Zwang packten, alle Aufgaben direkt zu erledigen, konnte ich den leeren Problemkuchen nicht ignorieren, sondern füllte ihn mit meinen Sorgen. Beim Schreiben bemerkte ich sofort, wie viele Baustellen ich doch tatsächlich in verschiedenen Lebensbereichen hatte. Erst da führte ich mir richtig vor Augen, wie viel Last ich schon ewig mit mir herumtrug. Anhand der Kuchenstücke merkte ich wiederholt, wie sehr es an der

Zeit ist, einiges in meinem Leben aufzuarbeiten und zu verändern!

Obwohl mir bewusst wurde, wie groß und vielfältig meine Probleme waren, war es befreiend, alles niederzuschreiben. Ich erfasste, wie orientierungs- und ziellos ich jeden Tag durch die Gegend hetzte, dass ich gar keine Lebensfreude mehr an irgendetwas hatte und mein gesamter Tag nur aus Aufgaben bestand, die ich erledigen musste. Alles, was ich dachte, musste ich tun, alles, was vor mir lag, machte mir Druck. Alle Planung und Durchführung waren durchströmt von Stress und Wut. Die extreme Kontrolle über mein Essverhalten in der Kombination mit Sport engte mich in meinem Leben so sehr ein, dass ich kaum noch ein anderes hatte.

Ich nahm wahr, wie sehr mich meine Einsamkeit – meine Not - doch belastete. Zwar grenzte ich mich bewusst von Freunden und Beziehungen ab, aber nicht, weil ich es wirklich wollte, sondern weil ich nicht anders konnte. Ich konnte keine Freunde haben, weil ich meine Zwänge, Regeln und Rituale ausführen musste. Ich schluckte schwer, als ich bemerkte, dass ich die Essstörung VOR meine Familie und meine Freunde stellte. Und somit auch vor der Beziehung zu mir.

Auch der Lebensbereich „Beruf" war Teil meines Problemkuchens. Ich musste erkennen, dass ich auch mein Studium in Frage stellte. So richtig Spaß hatten mir die Inhalte des Studienganges nie gemacht. Das Lernen und Aufbereiten der Inhalte war immer geplagt von Druck und dem Zwang perfekte Noten erhalten zu müssen. Anfänglich hatte ich mir die Studiengänge ausgesucht, die mir Freude machen sollten. Doch Freude empfand ich dabei nie.

Der erste Schritt im Rahmen meiner Therapie war gemacht. Ich hatte mich zum ersten Mal mit Stift und Zettel mit mir auseinandergesetzt. Ich erkannte, dass ich mich selber in jedem Lebensbereich einschränkte.

***

Die nächsten Tage in der Klinik verliefen schleppend. Obwohl ich jeden Tag Gespräche mit meinen Mitpatienten oder dem Personal der Klinik hatte, fühlte ich mich einsam.

Bei den Mahlzeiten aß ich zwar nie alles auf, aber immerhin aß ich mehr als Zuhause. Ich schaffte es nicht, mir den Sport zu verbieten. Deshalb machte jeden Abend heimlich, wenn meine Mitpatientin nicht in unserem Zimmer war, Sportübungen und lief jede freie Minute, die ich hatte, draußen im sehr schnellen Schritttempo herum. Spät abends, wenn kaum noch jemand durch die Klinik lief, rannte ich im Klinikgebäude die Treppen hoch und runter. Doch all das behielt ich für mich.

Immer wieder erinnerte ich mich dabei an Frau Wetzels drohende Worte über die Entlassung bei Missachtung der Regeln. Obwohl ich fast täglich mit Lia telefonierte, erzählte ich ihr nichts von meinen dysfunktionalen Handlungen. Ich erwähnte nicht, dass ich einen kaum aushaltbaren starken Druck in mir hatte und gar nicht bereit war, die Essstörung loszulassen.

Meine Motivation, Heilung zu finden, war beinahe weg. Jeden Tag zweifelte ich an dem Aufenthalt und war häufig kurz davor, die Therapie abbrechen. Aber auch das schaffte ich nicht. Ich machte mir zudem Gedanken darüber, welche Sorgen sich meine Mutter machen würde, wenn ich mich jetzt entlassen würde. Das konnte ich ihr einfach nicht antun! Ich hatte das Gefühl, sie litt mehr als ich selbst. Außerdem hatte ich große Angst, dass es mir nach einem Abbruch zuhause noch schlechter gehen würde, ich noch tiefer in die Essstörung rutschen und die Kontrolle komplett verlieren könnte. Denn dass ich mit der Zwangs -und Essstörung keine Kontrolle über mich oder etwas vermeintlich Wichtiges hatte, so wie ich anfangs immer dachte, war mittlerweile mehr als bewusst. Mir war klar, dass ich die Kontrolle über die Kontrolle verloren hatte. Also entschied ich mich jeden Tag dafür, doch in der Klinik, in der ich mich irgendwie beschützt und sicher fühlte, zu bleiben. Ich wollte nicht aufgeben, ich wollte die Therapie nicht beenden, weil ich wusste, dass ich krank war. Zugleich hatte ich Angst, die Ess- und Zwangsstörung gehen zu lassen. Irgendein unerforschter Teil in mir war in diesen Tagen noch nicht bereit dazu.

Bei den nächsten drei Gewichtskontrollen zeigte die Waage immer weniger Kilogramm an. Das wunderte mich tatsächlich ein wenig, schließlich aß ich wirklich mehr, auch wenn ich heimlich Sport machte.

Während das Pflegepersonal niemals etwas über mein sinkendes Gewicht äußerte, sprach mich Frau Wetzel in einer meiner Therapiestunden darauf an und führte fort:

„Das ist bei vielen Patienten so, Frau Walter."

Ich stellte mich ahnungslos, ich tat so, als könnte ich mir das nicht erklären.

„Das sinkende Gewicht kann trotz steigender Nahrungsaufnahme vorkommen, muss aber nicht. Ihr Körper hat lange Zeit in einem Mangelzustand gelebt und plötzlich bekommt ihr Körper das, was er braucht. Damit ist er erstmal überfordert. Es mag bei einigen Patienten sein, dass diese - trotz mehr und regelmäßiger Ernährung - in den ersten Wochen abnehmen. Jeder Körper reagiert darauf unterschiedlich. Wir beobachten das weiter."

Oh, zum Glück schöpft sie keinen Verdacht, dachte ich erleichtert. Ich tat so, als würde ihre Theorie auf mich zutreffen.

Da ich meinen Problemkuchen schon lange ausführlich ausgefüllt hatte, besprachen wir nach und nach all die Lebensbereiche, die mich derzeit belasteten. Ich berichtete ihr von meiner Sorge, nicht zu wissen, wie ich all diese Baustellen in ein paar Wochen Therapiezeit bewältigen könnte. Frau Wetzel erklärte mir, dass es auch unrealistisch sei, alle Herausforderungen auf einmal zu bewältigen. Ich könne mir mein Leben wie ein Zahnrad vorstellen. Alles fließe ineinander über, jeder Lebensbereich bedinge sich. Insofern schlug sie vor, den Hauptfokus auf das Thema „Loslassen der Kontrolle" zu legen. Ich vertraute Frau Wetzel und stimmte ihr zu. Sie schien sehr sicher und kompetent in ihrer Profession als Psychotherapeutin. Sie vernahm meine steigende Anspannung während des Gesprächs und brachte mich etwas zur Ruhe, indem sie sagte, dass wir einen Schritt nach dem anderen gehen und sich einige Baustellen so von ganz alleine legen würden.

Wie bisher hatte ich wenig Programm auf meinem Therapieplan, dieser Umstand langweilte mich sehr und forderte mich heraus. Also deutete ich das Thema Langeweile noch in unserem Therapiegespräch an. Frau Wetzel stellte keine Nachfragen, sondern klärte mich darüber auf, dass der leere Therapieplan Absicht sei. Denn so könnte ich mich darin üben, „einfach" mal gar nichts zu tun.

Ganz schön klug, aber anstrengend, dachte ich.

Während meine Mitpatienten über ihren viel zu vollen Therapieplan stöhnten, übte ich mich also weiterhin im Nichtstun. Inmitten dieser Übung vervielfältigten sich meine Gedanken allerdings. Denn dieses Nichtstun sorgte dafür, dass ich noch unruhiger wurde. In der Stille hörte ich wieder meinen Verstand, die Stimme, die mich aufforderte, Dinge zu planen. Ich grübelte also viel mehr, errechnete mir meine Kalorien, die ich zu mir nahm, um diese zwangsgerecht wieder durch heimliche Sporteinheiten zu kompensieren.

Damals wollte ich nicht verstehen, dass die Übung darin bestand, zu lernen, den gewohnten Gedankengängen nicht nachzugehen, sondern in die Stille und in das Nichtstun einzutauchen, ohne dabei der fordernden Stimme in mir zu folgen. Ohne Angst haben zu müssen, etwas zu verpassen, nicht genug zu sein, nicht sicher zu sein. Ich sollte lernen, mich zu entspannen, mich sicher zu fühlen, indem ich nichts tat. Doch soweit war ich einst noch nicht. Darauf konnte ich mich noch nicht einlassen.

Auf meinem täglichen Therapieplan standen Ergotherapie, meine Problemlöse-Gruppe, progressive Muskelentspannung und mein Telefonat mit Lia. Ich erzählte Lia nun davon, wie sehr mich der leere Therapieplan anstrengte und dass ich umso mehr Zeit hatte, mir Gedanken über mein Gewicht, das Essen und den Sport zu machen. Lia war zeitgleich in einer therapeutischen Behandlung. Zwar machte sie keine Verhaltenstherapie, aber eine Traumatherapie. Wir unterhielten uns über den inneren Druck und die Anspannung, die wir beide spürten. Ich teilte Lia nun mit, wie schwierig mir die Schritte in Richtung Heilung fielen und dass ich trotz der guten Psychotherapie weiter (absichtlich) an Körpergewicht verlor. Wir tauschten uns mehr und mehr über unseren Therapieverlauf aus. Lia und ich schämten uns nicht voreinander. Sie eröffnete mir, dass sie manchmal einen so starken Druck verspüre, dass sie sich selbst verletzten würde. Als sie dies erzählte, war ich ihr so dankbar. Nicht dankbar für die Tatsache, dass sie dies getan hatte. Ich war dankbar für das Vertrauen, welches sie mir entgegenbrachte. Ich traute mich nun auch, ihr auch von meinem selbstverletzenden Verhalten zu erzählen. Von meinem selbstverletzenden Verhalten der vergangenen letzten Jahre, aber auch von dem, welches sich sogar während des Klinikaufenthaltes zeigte.

Wenn die innere Anspannung, die Wut und der Druck in mir so stark waren, dass sogar die heimlichen Bewegungseinheiten nicht mehr halfen, kniff ich mir in die Arme bis ich blutete, schlug meinen Kopf heimlich gegen Türen, Schränke und Wände.

Heute empfinde ich starkes Mitgefühl für diese Handlungen und meine an den Nerven zerrenden Gedankengänge. Oft verspüre ich heute den Impuls, mein altes Ich so gerne in den Arm zu nehmen. Heute weiß ich, dass dieses Verhalten gegen mich und meinen Körper eines der schlimmsten Handlungen war, die ich mir antat. Zu diesen Zeiten war ich so hilflos, dass ich mir nicht anders zu helfen wusste.

Lia verstand mich, legitimierte mein destruktives Verhalten aber nicht. Sie war sich genauso sicher wie ich, dass das selbstverletzende Verhalten nicht gut für uns sei, sondern sehr, sehr schädigend. Nicht nur körperlich, auch psychisch. Selbstverletzendes Verhalten beginnt im Kopf und wird im schlimmsten Fall auf den eigenen Körper übertragen. So war es. Wir reagierten mit Selbsthass und Wut gegen unseren Körper. Doch wir stellten fest, dass wir beide in Not waren und es zu diesem Zeitpunkt einfach nicht besser regeln konnten.

***

Die Waage war weiterhin dreimal wöchentlich fester Bestandteil des Therapieplans. Da diese nach wie vor immer weniger Körpergewicht anzeigte, schöpfte Fr. Wetzel doch langsam einen Verdacht.

So erhielt ich einen Vortrag.

„Frau Walter, die Tatsache, dass ihr Gewicht erstmal runtergeht, weil es eine physiologische Reaktion des Körpers sein könnte, ist eine mögliche Option. Die andere Option ist, dass Sie sich gerade selber hinter das Licht führen. Ich weiß nicht, ob Sie sich tatsächlich an den Ernährungsplan halten und ob Sie wirklich keinen Sport oder andere Bewegungen ausführen. Das habe ich Ihnen schon einmal gesagt. Sie können ehrlich mit mir darüber sprechen. Alles hier liegt in Ihrer Verantwortung. Sie tun es für sich. Nicht für mich."

Ich starrte sie einfach nur an, während sie weitersprach.

„Wenn Sie in den nächsten Tagen weiter abnehmen, dann wird es schwierig für mich, zu glauben, dass Sie sich wirklich an all die Regeln hier halten. Dann müssen wir schauen, ob wir die Regeln, die sie einhalten sollten, doch kontrollieren müssen oder ob wir – wie einst erwähnt - überhaupt weiter zusammenarbeiten können. Ich weiß, das klingt hart und dieser Heilungsweg ist auch nicht einfach. Ich bin aber für Sie da und möchte Sie unterstützen. Möchten Sie mir irgendetwas sagen?"

Ich sprach darauf los, ohne darüber nachzudenken, ob meine ehrlichen Worte nun richtig oder falsch waren.

„Ich stehe einfach so unter Strom! Ich schaffe es nicht, mich zu entspannen und mich nicht so viel zu bewegen. Dieser Druck in mir ist so groß, dass ich es nicht schaffe, mich einfach für ein paar Minuten hinzusetzen, ohne nichts zu tun. Wenn ich versuche, zur Ruhe zu kommen, dann fangen meine Gedanken an, mich mit blöden Kommentaren über das Essen, meinen Körper, den Sport und allem, was meinem Verstand gerade so einfällt, zu bombardieren. Dann muss ich mich wieder bewegen, etwas planen oder irgendetwas anderes tun!"

Ich erzählte Frau Wetzel erstmalig, dass ich mich jede freie Minute bewegen musste, weil ich diese Spannung nicht aushielt. Ich war ehrlich. Sehr ehrlich.

Kurz vor Ende der Therapiestunde erzählte ich ihr sogar von meinem selbstverletzenden Verhalten.

„Haben Sie schon mal von Skills gehört? Skills sind Möglichkeiten, die Ihnen helfen können, den inneren Druck, den Sie haben, auf eine gesunde Art zu regulieren. Bislang greifen Sie jedes Mal, wenn Sie Druck verspüren, auf Ihr Ess- und Sportverhalten zurück. Und wenn das nicht hilft, dann auf ein selbstverletzendes Verhalten. Das ist bei Ihnen über die Jahre schon zum Automatismus geworden. Je näher wir nun an den Ursachen Ihrer Probleme arbeiten, desto stärker werden Druck und Anspannung in Ihnen ansteigen. Das ist nicht ungewöhnlich. Ihre Gedanken um Ihr Gewicht, um die Planung oder das Zählen von Kalorien sind nicht die eigentliche Ursache Ihrer Wut, Ihrer Anspannung, Ihres Drucks. Ihre Essstörung ist nicht die Ursache. Sie ist ein Hilferuf. Sie ist ein Symptom. Sie ist Ausdruck von etwas viel Tieferliegendem. Sie benutzen Ihre Essstörung, um Kontrolle zu erlangen mit dem Ziel, Sicherheit zu erlangen, hingegen ist diese vermeintliche Sicherheit in Wirklichkeit eine Illusion. Denn hinter dieser Sehnsucht nach Sicherheit steckt Angst. Sie haben Angst, sich mit Ihren eigentlichen Problemen auseinanderzusetzen und Angst vor schmerzhaften Gefühlen; deshalb haben Sie Ihre Gedanken und Handlungen hauptsächlich auf die Kontrolle Ihres Essverhaltens verlagert. Können Sie meiner Erklärung folgen?"

Wow, das klang alles so schlüssig und logisch, wie sie das erläuterte. Witzigerweise hatten Lia und ich das Thema Ursache ja auch schon eruiert. Dort fanden wir ebenfalls heraus, dass es letztendlich immer um schmerzhafte Gefühle ging, die ich erlebt hatte und verdrängte. Mir wurde nun also noch klarer, dass die Essstörung nicht das eigentliche Problem war.

Frau Wetzel war sich sicher: Wenn ich nun „nur" meine Essstörung, also die Gewichtskontrolle bzw. den Gewichtsverlust und folglich mein Essverhalten behandeln lassen würde, so wäre die Ursache allen Übels noch immer da. Denn so würde ich nur die Symptome, also die Essstörung beseitigen. Die unterdrückten Gefühle würden sich einen anderen Weg suchen. Wenn nicht über die Ess- und Zwangsstörung oder das selbstverletzende Verhalten, dann über einen anderen Weg.

Das Nicht-Essen ist also nicht die Ursache der Essstörung! Das Nicht-Essen ist ein Symptom! Das Problem würde weiterhin bestehen.

Frau Wetzel erklärte mir somit, dass meine Probleme nicht verschwinden würden, wenn ich einfach nur „normal" essen und an Gewicht zunehmen würde. Als ich fragte, weshalb ich dann Sportverbot und einen Ernährungsplan hatte, antworte sie mir, dass ein ungesundes Gewicht einfach viel zu gefährlich sei und deswegen ebenfalls behandelt werden müsste. Es sei zudem wichtig, das Muster der Essstörung zu durchbrechen, um somit sowohl körperlich als auch mental stark genug zu sein, um sich die Ursachen genauer anzuschauen. Denn dieser Weg sei kein Spaziergang. Dafür sei eine gewisse mentale und körperlich starke Verfassung Voraussetzung nötig.

Ich musste also an den Kern allen Übels. An die Ursache(n). Jetzt wurde es Ernst.

Frau Wetzel gab mir noch eine Liste mit den angesprochenen Skills mit und schlug mir vor, dass ich ab nächster Woche auch die Skills-Gruppe besuchen könnte, um zu lernen, wie ich die Anspannung in mir besser regulieren könnte.

Ich verließ die Therapiestunde bei Frau Wetzel, ging in mein Zimmer, schnappte mir Zettel und Stift und schrieb diese heilsamen Erkenntnisse der Therapiestunde auf.

Während ich es schaffte, an manchen Tagen mehr zu essen, schaffte ich es auch, mich weniger zu bewegen! An manchen Tagen aß ich für meine Verhältnisse wirklich gut. Nicht jeden Tag, aber an manchen. Das Frühstück gemäß des Ernährungsplans fiel mir am schwierigsten. Die Zwischenmahlzeiten ersetzte ich eigenständig durch Obst oder Nussriegel. Das Mittagessen war für mich keine Herausforderung mehr. Das Abendessen schwankte. Das Gewicht veränderte sich dementsprechend. Mal stieg es nach oben, dann sank es wieder nach unten. Doch endlich konnte ich dem Personal ein Gewicht zeigen, das meinen Willen repräsentierte, gesund zu werden.

Von Tag zu Tag holte ich mir mein Wille, gesund zu werden, zurück.

Trotz, oder besser: weil ich mich etwas mehr an das Sportverbot hielt, kam immer mehr Druck und Anspannung in mir auf. Das war aber laut Frau Wetzel auch nachvollziehbar. Schließlich unterließ ich nun die Handlung Sport, die ich sonst nutzte, um meinen Druck loszuwerden. Stattdessen versuchte ich den Druck, wie besprochen, anderweitig zu regulieren. Wichtig dabei war, mich nicht selbst zu verletzen, sondern den Druck auszuhalten, indem ich z.B. meine Aufmerksamkeit auf etwas anderes richtete. Das erlernte ich in der Skills-Gruppe.

Die Idee hinter den Skills ist wirklich gut, das Schwierige dabei ist wie bei allem: die Umsetzung. Doch wie ich strategisch daran gehen kann, wann ich welche Skills einsetzen kann und sie am besten für mich nutzen kann, erklärte mir eine Therapeutin ausführlich in der Skills-Gruppe. Das Positive an der Gruppe war auch, dass ich wusste, nicht alleine mit dieser enormen Anspannung und dem selbstverletzenden Verhalten zu sein. Zwar hatte jeder Patient andere Ursachen und Ausprägungen von Anspannung und dysfunktionalem Verhalten, doch letztendlich halfen uns dieselben Strategien

Es gibt verschiedene Skills. Ich hatte den besten Zugang zu Skills, die auf die Steuerung der Gedanken abzielen. Das war mentales Training. Am besten gelang mir dies durch diverse Achtsamkeitsübungen, wenn ich bemerkte, dass meine Gedanken anfingen zu kreisen.

Es gibt aber noch andere Skills wie zum Beispiel körperlich bezogene. Wenn meine Anspannung hoch war, setzte ich mir bewusst leichte körperliche Reize, indem ich ein Haargummi nahm und es, ohne die Haut dabei zu verletzten, gegen mein Handgelenk fletschte. Mir half auch, den Kopf unter eiskaltes Wasser zu senken, um mich wieder ins Hier und jetzt zu holen, wenn die Anspannung so stark war, dass ich nicht mehr klar denken konnte.

Ein Gefühl wie die Anspannung, Wut oder Druck, bleibt niemals konstant, es sei denn, man hält daran fest. Wenn ich ein unangenehmes Gefühl erkannte, spürte ich kurz hinein, aber ließ es auch automatisch wieder los, sobald ich meine Aufmerksamkeit auf anderes richtete als auf meinen gewohnten Fokus. Dabei konnten mich die Skills gut unterstützen. Die Anspannung ließ immer nach.

Der beste Skill, den ich hatte, war das Telefonieren. Das Telefonieren mit Lia. Vor allem, wenn ich nach dem Essen unter Druck stand und am liebsten Sport gemacht hätte, rief ich Lia an oder schickte ihr eine Sprachnachricht. Ich glaube, dass die Telefonate, in denen wir uns reflektierten und selbst etwas therapeutisch arbeiteten, waren die besten Therapien. Ich erzählte ihr ehrlich von den Inhalten meiner Therapiestunden, meinen Herausforderungen und Gedanken und sie mir von ihren. Wir nahmen dann alles Besprochene auseinander, analysierten und fanden fast immer Lösungsansätze oder neue Erkenntnisse, die uns halfen, uns selbst besser zu verstehen. Das konnten wir schon immer gut. Wir unterstützten uns weiterhin gegenseitig, hörten uns zu, aber grenzten uns weiterhin voneinander ab. Lia war eine so große Kraftquelle.

***

Die Tage, die Übungen und das mentale Training verliefen sehr zäh und waren anstrengend für mich. Es gab viele Tage, an denen ich immer noch das Gefühl hatte, ich würde platzen. Nicht vom Essen, sondern viel mehr von den unangenehmen Gefühlen, die ich so lange verdrängt hatte und sich mir nun mehr und mehr zeigten.

Im emotionalen Surfen zwischen Wut und Trauer vernahm ich meistens eine unglaubliche Spannung in meinem Brustkorb. Oft bemühte ich mich, die gelernten Skills anzuwenden, doch die Anspannung ließ sich nicht immer leicht herunterschrauben. Vielleicht für einen Moment, aber im nächsten Augenblick kam dieser Druck wieder auf. Es fühlte sich an, als könnte ich nur schwer schlucken, als würde mir etwas den Hals zuschnüren und mir ein schwerer Stein auf dem Brustkorb liegen. Dabei war meistens nichts passiert, was mich akut aus der Bahn brachte. Diese Momente kamen einfach so. Ich hatte einerseits das Bedürfnis mal so richtig zu weinen und all das, was ich in mir trug, loszulassen und andererseits vernahm ich eine unglaubliche Wut. Dieser Kloß im Hals fühlte sich an, als würde er mal gerne gelöst werden wollen. Ich war mir sicher, hinter meiner Wut, meiner Anspannung und meinem Druckgefühl steckte die Trauer, die endlich herausgelassen werden wollte. Ich wusste aber nicht, wie ich meine Emotionen loslösen konnte. Ich erkannte, dass ich wirklich mal gerne weinen würde, aber ich traute mich nicht. Ich hatte Angst vor dem Loslassen. Ich hatte jahrelang nach einem Grund gesucht, warum ich nicht weinen konnte, warum ich meine Tränen nicht fließen lassen konnte. Ich habe jahrelang überlegt, was mir passiert sein könnte, weshalb es mir so schwer fiel, vor anderen und auch vor mir selber zu weinen.

In einem Gespräch mit Frau Wetzel thematisierte ich meine Frage: Warum kann ich nicht weinen?!

Für mein eigenes Verstehen meiner Frage erkannte ich Entscheidendes, als Frau Wetzel mich fragte:

„Haben Sie schon mal darüber nachgedacht, was nicht gewesen ist, weshalb es Ihnen so schwerfällt, Emotionen herauszulassen? Wir Menschen suchen oft nach etwas Greifbarem, nach einem Ereignis, das gewesen ist. Allerdings wäre es genauso effizient mal dahin zuschauen, was nicht gewesen ist, was gefehlt hat."

Ich verstand sofort, worauf sie hinauswollte. Und zwar darauf, dass ich es nicht gelernt hatte, Gefühle herauszulassen, zu fühlen oder darüber zu sprechen.

Heute weiß ich, dass Emotionen jederzeit gefühlt werden wollen.

Gefühle: geh hin und fühle!

Schon im Kindesalter war ich der Überzeugung, ich müsste meine Gefühle vor anderen verstecken und geheim halten. Ich habe diese Erfahrung, vor Menschen zu weinen, irgendwie nie gemacht. Jedenfalls kann ich mich nicht daran erinnern, dass jemand bei uns zu Hause einmal so richtig geweint hat. Natürlich gibt es Menschen, die generell weniger nah am Wasser gebaut sind. Aber es ist schon richtig, dass ich mich an keinen Menschen in meinem nahen Umfeld erinnern kann, der offensichtlich vor mir geweint hat. Es sei denn, jemand ist von der Schaukel oder vom Fahrrad gefallen.

Ich erinnere mich auch nicht daran, gelernt zu haben, dass es okay ist, zu weinen. Es gab nie eine Bestätigung, dass Weinen okay ist. Sobald jemand mal in der Familie geweint hat, wurden diese Emotionen meistens heruntergespielt und durch solche Sätze verharmlost:

„Ach, ist doch gar nicht so schlimm." „Hör auf zu weinen, du bist doch stark."

Emotionen wurden in meiner Familie oft unterdrückt. Es machte den Anschein, als sei es nicht gut zu weinen, als sei es etwas Verbotenes. Ich erinnere mich, dass ich als kleines Mädchen oft das Bedürfnis hatte, zu weinen, gleichzeitig aber dachte, es wäre falsch. Denn schließlich hatte ja nie jemand geweint. Was soll ein Kind dann auch anderes denken? Wie also soll ein Kind dann lernen, dass es okay ist, zu weinen?

Egal wie alt wir sind, aber sogar als Kind bekommen wir mit, wenn ein Elternteil versucht, seine Gefühle zu verstecken. Kinder merken so etwas. Ich übernahm das Verhalten meiner Eltern, nämlich Gefühle zu verschweigen und zu unterdrücken. Mir war als Kind nicht bewusst, warum man Emotionen vergräbt, aber ich habe es genauso weitergeführt, wie es mir mein Umfeld vorgelebt hat. Ich bin mir sicher, dass auch meine Eltern dieses Verhalten so vorgelebt bekommen haben.

In der Regel bekommen Kinder, die weinen, Aufmerksamkeit. Wenn ein Kind weint, drückt es ein Bedürfnis aus. Weinen ist ein Ausdruck eines unerfüllten Bedürfnisses. Mutter und Vater werden durch das Weinen aufmerksam auf das Kind, wodurch es sich gesehen fühlt.

Während des Austausches mit Frau Wetzel fiel mir auf, dass auch ich als Kind durch Weinen kaum Aufmerksamkeit bekam. Denn mein Weinen wurde ja kaum beachtet. Also weinte ich gar nicht mehr, weil ich dachte, traurig sein, sei schlecht und ich wäre sowieso alleine damit.

Das Bedürfnis nach Aufmerksamkeit holte ich mir jetzt im Erwachsenenkörper durch die Magersucht zurück. Doch dass das Hungern mein Schrei nach Aufmerksamkeit war, wusste ich erst viel später.

Frau Wetzel und ich widmeten uns nach und nach einzelnen Situationen in meiner Kindheit, an die ich mich erinnern konnte und in denen ich meine Gefühle verdrängt hatte.

Die Erfahrung, das Scheidungskind meiner Eltern zu sein, war ein Sprungbrett in meiner emotionalen Entwicklung – das hatte ich ja bereits auch schon reflektierend mit Lia erkannt. Ein Sprungbrett, das mich ins Becken aus Scheu und mangelndem Gefühlsausdruck springen ließ. Seit jeher lebte ich in Angst vor Kontrollverlust und vor der Einsamkeit.

Als meine Eltern meinem Bruder Marvin und mir sagten, dass sie sich trennen werden, war ich 10 Jahre alt. Ich wusste genau, was sie uns an jenem Abend erzählen wollten, als Marvin und ich in die Küche gerufen worden sind. Zu viert saßen wir an unserem Esstisch. Mein Vater saß mir gegenüber, starrte mit nach unten geneigtem Kopf auf den Tisch und sagte gar nichts. Meine Mutter hielt ihren Kopf nach oben gerichtet, wirkte nervös und machte es kurz und knapp:

„Ihr habt sicherlich gemerkt, dass Papa und ich uns in letzter Zeit oft nicht mehr so gut verstehen und nicht mehr so viel miteinander unternehmen. Deswegen haben wir uns dazu entschieden, dass wir nicht mehr zusammenwohnen möchten. Emma und Marvin, ihr zieht mit mir eine Straße weiter in eine Wohnung, die ich schon für uns gefunden habe. Ihr könnt euren Papa alle 14 Tage am Wochenende sehen, aber ihr dürft euch natürlich auch sonst immer bei ihm melden."

Während meine Mutter diese Sätze sprach und mein Vater noch immer keinen Blickkontakt mit einem von uns hielt, doch nervös mit seinen Beinen wippte, bemerkte ich sofort, dass meine Mutter mit ihren Tränen kämpfte. Es ging ihr nicht gut. Also beschloss ich binnen Sekunden, die Stärkste von allen zu sein, während mein Vater einfach nur dasaß. Meine Antwort lautete:

„Cool, dann bekommen Marvin und ich endlich getrennte Zimmer?"

Obwohl mir in diesem Moment nach Weinen zumute war, war dies meine Reaktion, als ich die angespannte Stimmung nicht mehr aushielt. Ich hätte mir gewünscht, dass mein Vater uns umarmt und uns versichert, dass er uns liebt. Ich hätte mir gewünscht, dass meine Mutter ihre Tränen losgelassen hätte und mich und Marvin in den Arm genommen hätte. Doch dazu gab ich ihr keinen Grund. Ich überspielte meine Trauer schon im Alter von zehn Jahren mit Coolness. Mein Bruder war erst sechs Jahre alt. Er saß nur da und verstand das Ganze noch gar nicht. Zudem wollte ich ja auch die große Schwester sein und ihm nicht den Anschein geben, dass eine Scheidung etwas Schlimmes sein könnte. Ich wollte auch ihn beschützen. Ihn und meine Mutter. Ich blieb stark, damit niemand meinen Schmerz sehen konnte. Ich durfte ja keine Schwäche zeigen, dachte ich! Das tat schließlich niemand. Also drehte ich den Spieß um: Ich kümmerte mich um sie, meine Mutter. Ich übernahm die Verantwortung für meine Mutter und mich. Als Kind. Denn ich bemerkte, dass es meiner Mutter überhaupt nicht gut ging. Auch wenn sie so tat, als käme sie mit der Scheidung gut zurecht, spürte ich, dass meine Mutter kämpfte. Sie kämpfte für meinen kleinen Bruder, für mich und für sich selber. Deshalb wollte ich wenigstens ihr eine Last von ihren Schultern nehmen: mich! Mich, das trauernde, verletzte Kind.

Damit mache ich weder meiner Mutter noch meinem Vater einen Vorwurf. Meine Eltern wussten und erkannten es damals nicht besser.

Als Kind ordnete ich schmerzhafte Gefühle als falsch ein. Die Überzeugung, Gefühle seien böse, trug ich somit bis ins erwachsene Alter.

Obwohl ich all die Jahre oft traurig oder wütend war, erlaubte ich mir nicht zu fühlen. Ich hatte Angst mich meinen Gefühlen hinzugeben, weil ich dachte, ich würde diesen Schmerz nicht alleine aushalten können. Ich dachte, ich würde zusammenbrechen und nie wieder aufstehen können. Was würde passieren, wenn ich plötzlich Emotionen herauslasse? Ich wusste nicht, was mich erwarten würde. Ich habe es einfach nicht gelernt und mich später nicht mehr getraut. Ich hatte Angst damit alleine zu sein. Schließlich war ich es als Kind auch. Deswegen verdrängte ich das Bedürfnis zu weinen, wenn ich traurig oder verzweifelt war jedes Mal. Dieser Mechanismus zog sich durch mein ganzes Leben.

Weder bei der Diagnose Multiplen Sklerose habe ich geweint noch als verlassene, betrogene, enttäuschte, ausgenutzte Frau in Beziehungen. Als Lia weggezogen ist, auch nicht. Nicht einmal in meiner Einsamkeit während der unzähligen MS-Schübe. Nicht einmal jetzt, während ich mit einer Essstörung in einer Klinik bin. Es fiel mir wie Schuppen von den Augen. Im Gespräch mit Frau Wetzel war ich ziemlich erschrocken über diese Erklärungen.

Diese schmerzhaften Einsichten.

***

Wenn ein Patient während der Therapie den Anschein machte, er sei bereit, das dort Gelernte außerhalb der Klinik zu erproben, durfte er für eine Nacht nach Hause. Diese Maßnahme war Teil der Therapie und nannte sich Belastungserprobung.

Diese war da, um zu erkennen, welche Probleme und welche Gedanken aufkommen, wenn man sich nicht mehr in der Klinik befindet, sondern zu Hause. Somit konnte der Patient die Schwierigkeiten, die sich daheim zeigten, weiter in der Klinik behandeln. Da ich in den vergangenen Wochen deutliche Fortschritte machte, indem sich mein Gewicht veränderte, ich mehr aß und mich weniger bewegte, war auch ich an der Reihe.

Am Samstagmorgen holte mich meine Mutter aus der Klinik ab. Der Plan war, die Belastung bis Sonntagabend bei ihr zu erproben. Dies war, rückwirkend betrachtet, eine sehr hilfreiche Maßnahme, denn an diesem Wochenende erfuhr ich leider einen heftigen Rückschlag. Das klingt zunächst paradox, aber genau das war gut.

Nach dem Frühstück durfte ich abgeholt werden. Ich war etwas aufgeregt, doch ich freute mich auch. Im Auto sagte meine Mutter mir, dass sie zum Mittag verabredet sei, aber gegen Nachmittag wieder zu Hause sei. Ich könnte mich bei ihr erst mal einrichten und ankommen, danach würden wir gemeinsam überlegen, wie wir die restliche Zeit verbringen.

Es war ein seltsames Gefühl, wieder in bekannter Umgebung zu sein. Es fühlte sich zwar gut an, machte mir aber auch gleichzeitig etwas Angst. Mir fiel auf, dass das Leben außerhalb der Klinik ja ganz normal weiterging, weil sich augenscheinlich nichts verändert hatte. Jeder lebte und funktionierte auf seine Art und Weise weiter.

Das sorgte bei mir für Angst. Was, wenn ich entlassen werde und ich nicht so funktioniere wie die anderen? Was, wenn sich nichts verändern würde?

Bevor ich mich komplett in weiteren solcher Gedanken verlor, griff ich zu meiner Jacke, zog sie an und verließ die

Wohnung meiner Mutter, um den Kopf freizubekommen. Ich spazierte durch eine Siedlung in der Nähe der Wohnung. Nichtsahnend überkam mich ein Gedanke: Sport.

Plötzlich ging alles ganz schnell. Es war wie ein Automatismus. Zügig lief ich zurück in die Wohnung meiner Mutter. Niemand war da, weder Therapeuten, Patienten, Schwestern noch meine Mutter. Ich konnte ungehindert, weil ohne Sorge erwischt zu werden, Sport treiben.

Bei meiner Mutter angekommen, legte ich meine Sporteinheit auf 35 Minuten fest. Ich zweifelte nicht eine Minute an meiner Idee, Sport zu machen. Ich dachte nicht einmal darüber nach, was ich tat.

Während des Sports hatte ich zwar schon ein kleines schlechtes Gewissen, doch das Verlangen war zu groß, um damit aufzuhören. Ich schaffte es allerdings tatsächlich, nach 35 Minuten aufzuhören. 35 Minuten wären mir damals viel zu wenig gewesen. Doch so eine intensive Sporteinheit hatte ich schon einige Wochen nicht mehr vollzogen.

Ich ging (als wäre nichts passiert) duschen, kleidete mich um und setzte mich auf das Sofa im Wohnzimmer. Dort wartete ich, bis meine Mutter wiederkam. Ich erzählte ihr nichts von meinem Regelbruch. Dafür nahm ich mir fest vor, an diesem Tag noch reichlich zu essen. Schließlich sollte mein Gewicht mich nicht verraten. Ich fühlte mich nicht schlecht, weil ich selber mit mir den Deal schloss, als Ausgleich dafür gut zu essen.

Heute weiß ich, dass es zwar ein Verstoß gegen die Regel war, aber ich in diesem Moment so überfordert und in Not war, dass es okay war, Sport zu machen. Sport war schließlich jahrelang mein Ventil. Über die Essstörung, die zu 80% von Sport begleitet war, drückte ich meine Gefühle und Gedanken aus. Das habe ich jahrelang gemacht.

Vor allem, wenn wir in Momenten stecken, in denen wir plötzlich Gedanken und Gefühle haben, die wir nicht haben wollen und uns belasten, ist es ja also psycho-logisch, dass wir dann mit gewohnten Verhaltensweisen reagieren. Ich konnte nicht von jetzt auf gleich darauf verzichten! Ich hatte Sport größtenteils benutzt, um mir Schaden zuzufügen, aber gleichzeitig hatte er auch seinen Nutzen und irgendeinen Sinn. Sport hat mich vor etwas beschützt: Vor Gefühlen, vor denen ich Angst hatte. Außerdem nahm Sport mir die Anspannung. Dass Sport generell bei Stress und Anspannung hilfreich ist, ist bekannt und bewiesen. Ich möchte Sport bei einer Essstörung nicht legitimieren, jedoch differenzieren.

Als meine Mutter mich im Wohnzimmer begrüßte, fragte sie mich, ob ich mit ihr in ein Nachbardorf fahren und dort etwas Spazieren und Bummeln gehen möchte. Das Nachbardorf, welches sie ansteuerte, war eine alte Festspielstadt, die umgeben von Bergen und unberührter Natur war. Ich fand ihre Idee super. Nicht nur, weil dort Berge waren, bei denen ich nebenbei meine Beinmuskulatur trainieren konnte, sondern auch, weil die Landschaft dort wunderschön war. Ich liebte es immer schon, in einer tollen Umgebung, inmitten der Natur spazieren zu gehen. Ich freute mich, endlich mal wieder etwas erleben zu können.

Bevor wir losfuhren, fragte mich meine Mutter, was ich heute schon gegessen hätte. Sie fragte mit einer sehr großen Vorsicht. Ich spürte, dass sie Angst hatte, etwas Falsches zu sagen. Sie äußerte auch, Sorge zu haben, sich nicht ausreichend um mich zu kümmern, während ich die Belastungserprobung in ihrer Gegenwart übte. Sie hielt sich für die Zeit, in der ich nicht in der Klinik war, verantwortlich für mich. Ich bemühte mich, ihr klar zu machen, dass sie sich, egal wie die Erprobung verlaufen würde, nichts vorzuwerfen hätte. Danach berichtete ich ihr ehrlich, was ich an diesem Morgen gefrühstückt hatte. Sie stellte fest, dass es schon 14:00 Uhr war und meine Nahrungszufuhr bislang viel wenig sei. Daraufhin schlug sie vor, noch gemeinsam eine Scheibe Brot zu essen, bevor wir losfahren.

Während wir gemeinsam aßen und uns über belanglose Themen unterhielten, sprach sie die Idee an, wir könnten uns zum Abschluss des Bummels durch die Festspielstadt ins Café setzen. Sie schlug vor, dass wir uns dort ein Stück Kuchen teilen könnten. Als sie auf meine Reaktion wartete, schaute sie mich erwartungsvoll, aber besorgt an. Ich spürte ihre Fürsorge und wusste, dass sie mir helfen wollte. Doch zugleich war ich mit ihrer Idee ziemlich überfordert, starrte sie nur an und bekam keine Antwort heraus. Sie spürte meine Überforderung.

„Ach, wir schauen einfach, wonach uns ist, wenn es so weit ist", entgegnete sie mir.

Ich bin meiner Mutter bis heute so dankbar für ihre Geduld, ihr Verständnis und ihre Fürsorge.

Wir aßen beide unsere Scheibe Brot auf und fuhren anschließend mit dem Auto in das Nachbardorf.

Auf dem Weg dorthin fiel mir ein riesiger Fortschritt auf: Ich hatte das Wochenende bislang gar nicht verplant!

Zwar war dies auch ein Vorschlag meiner Therapeutin, aber dass ich wirklich nichts planen würde und ich dabei auch noch so entspannt blieb, überraschte mich schon. In der letzten Therapiestunde hatte Frau Wetzel mir geraten, einmal auszuprobieren, die Zeit am Wochenende nicht zu verplanen. Denn schließlich waren diese Belastungserprobungen genau für solche Experimente gedacht. Dafür dass ich bislang alle fünf Minuten meines Tages durchgetaktet hatte und dieses Wochenende meine Aktivitäten auf mich zukommen ließ, war ich echt entspannt.

Ein weiteres Erfolgserlebnis folgte schon, als wir gemütlich durch die Innenstadt schlenderten und verschiedene kleine Souvenir-Läden durchstöberten. In einem der Läden lagen Zeitschriften aus, welche ich beim Hereinkommen ansteuerte. Da ich seit geraumer Zeit sehr viel über das Thema Sinnfindung, Selbstliebe und Achtsamkeit gelesen hatte, schaute ich mich bei den Fachzeitschriften unter der Kategorie Spiritualität um. Direkt fiel mir eine Zeitschrift ins Auge: „Loslassen - die Kunst des Lebens."

Diese Schlagzeile sprach mich sofort an. Ich griff nach der Zeitschrift, um darin herumzublättern.

„Hol sie dir doch, Emma. Zögere nicht und denk nicht so viel darüber nach. Du findest sie doch gut, das merke ich. Also, geh zur Kasse und kauf sie dir."

Meine Mutter wusste genau, was in meinem Kopf vorging, als ich die Zeitschrift in den Händen hielt.

Vor meinem Klinikaufenthalt hätte ich mir eine Zeitschrift, auch wenn sie mir gefiel, niemals einfach so geholt. Stattdessen hätte ich das Internet oder Zeitschriften-Läden vor Ort durchforstet, um die Preise dieser Zeitschrift zu vergleichen. Ich hatte mir nie etwas gekauft, ohne die verschiedenen Preise bzw. Angebote des Artikels vorher zu vergleichen. Das war ein Teil meines zwangsgesteuerten Perfektionismus. An diesem Tag brach ich diesen Zwang. Ich schnappte mir die Zeitung, lief zu Kasse, bezahlte sie und verließ das Geschäft.

Als meine Mutter und ich draußen vor dem Geschäft standen, atmete ich einmal tief ein und aus. Ich verspürte eine unglaubliche Freude und Leichtigkeit. Ich war richtig stolz auf mich, dass ich mir spontan etwas gekauft hatte. Das Wort Spontaneität war ja in den letzten Jahren zum Fremdwort für mich geworden.

Ab diesem Moment bemerkte ich, wie ich langsam kleine, aber sehr wirksame und wichtige Fortschritte machte. Meine Mutter bemerkte meine Freude und schien diese zu teilen.

„Und? War das jetzt so schlimm?" Sie lachte.

"Ich bin stolz auf dich."

Meine Mutter nahm mich in den Arm.

Wenn ich jetzt darüber nachdenke, ist es schon ein bisschen niedlich, dass eine Mutter ihre 27-jährige Tochter in den Arm nimmt, weil diese sich so sehr über den spontanen Einkauf einer Zeitschrift freut.

Ich schaffte es an diesem Nachmittag zwar nicht, der Idee nachzugehen, gemeinsam ein Stück Kuchen zu teilen, aber das war okay. Auf dem Rückweg zur Wohnung meiner Mutter, schlug sie vor, für uns zu kochen und am Abend gemeinsam einen Film zu schauen. Ich stimmte ihrem Vorschlag zu. Sie bestand jedoch darauf, dass ich nicht neben ihr in der Küche stehen sollte, um ihr über die Schulter zu schauen. Schließlich wäre ich bei der Zubereitung der Mahlzeiten in der Klinik auch nicht in der Küche, um zu sehen, wie das Personal das Essen zubereiten würde. Außerdem sollte ich ja lernen, die Kontrolle über das Essen loszulassen. Als Kind habe ich ihr beim Kochen ja auch nie über die Schulter geschaut, sagte meine Mutter. Ich schmunzelte etwas, denn sie hatte Recht. Und ich lebe immer noch.

Ich vertraute ihr, ohne zu wissen, welche exakten Zutaten in welchem Mengenverhältnis sie nutzte. Auch das meisterte ich an diesem Samstagabend wirklich gut. Ich aß zwar nicht dieselbe Portion wie meine Mutter, aber ich aß ausreichend.

Derweil wir uns eine Komödie anschauten, hörte ich knusprige Kaugeräusche von Seiten meiner Mutter. Sie aß genüsslich ein paar Chips. Obwohl ich auch Appetit auf knusprige Chips zum Filmschauen hatte, konnte ich mich nicht überwinden, welche zu Essen. Alles in kleinen Schritten, dachte ich mir.

Während der Film lief, schrieb ich nebenbei mit Lia und Hannah via WhatsApp. Lia informierte ich über meine neuen Erkenntnisse, über meine positiven Erfahrungen und die jetzige Situation.

Hannah war über meinen Wochenendbesuch bei meiner Mutter informiert und fragte mich, ob wir uns an diesem Abend noch sehen würden. Es war zwar erst 20:30 Uhr und Hannah wohnte in demselben Ort wie meine Mutter, aber für ein Treffen war ich noch nicht bereit. Ich hatte Angst vor einer Konfrontation, vor Fragen über den Klinikaufenthalt, die Therapie, die Essstörung und vor Kommentaren zu meinem Gewicht. Ich antwortete Hannah, dass ich schon verplant sei, während ich den wahren Grund für mich behielt. Aber Hannah reagierte mit einem weiteren Versuch und einer Einladung zu einem gemütlichen Beisammensitzen mit der mir bekannten Party-Clique. Sie würde mich mit dem Auto mitnehmen und später wieder zurückbringen. Doch nach dieser Einladung war mir überhaupt nicht. Ich wollte nicht unter so vielen Menschen sein. Ich wollte lieber hierbleiben, bei meiner Mutter. Dort fühlte ich mich sicher, geboren und beschützt.

Ich war selbst etwas erstaunt, als ich bemerkte, wie wohl ich mich in der Gegenwart meiner Mutter fühlte und gar nicht weg von ihr wollte. Es war ein wirklich schönes Gefühl. So lange schon hatte ich mich nach dem Gefühl von Sicherheit und Geborgenheit gesehnt. Gefühlszustände, die mir beinahe fremd waren. An diesem Abend habe ich es mir erlaubt, meine Mutter für mich da sein zu lassen. Ich habe die Überzeugung losgelassen, die Stärkere von uns beiden zu sein. Ich habe mich nicht mehr vor ihr hinter meiner „starken Fassade" versteckt. Stattdessen war ich ganz ich. Emma, die sich inmitten einer gefühlsaufwühlenden Therapie befand.

Ich verbrachte den Abend also weiterhin entspannt neben meiner Mutter und griff sogar zwei Mal zu den kleinsten Chips, die noch in der Schale auf dem Couchtisch standen. Die Augen meiner Mutter beobachteten meine Handlung, doch sie kommentierte diese nicht. Ich auch nicht. Und das war genau richtig so.

Nachdem meine Mutter schon gegen 22:30 Uhr ins Bett ging, schlief auch ich sofort auf dem Sofa ein.

Am Sonntagmorgen erwachte ich ausgeruht und war weiterhin in gemilderter Stimmung. Ich hatte ziemlich gut geschlafen. Deutlich besser als in der Klinik!

Meine Mutter bereitete uns ein Frühstück vor. Als wir frühstückten, sagte mir meine Mutter immer wieder, wie stolz sie sei. Ich aß nicht viel, doch immerhin aß ich etwas. Nach dem Frühstück sagte ich meiner Mutter, ich müsste nun einen Spaziergang machen. Sie spürte meine Anspannung und reagierte wieder mal sehr liebevoll.

„Dann geh eine kleine Runde spazieren, aber nicht so lange und überleg dir, was du heute noch machen möchtest, bevor ich dich heute Abend wieder in die Klinik bringe."

Mit sanften Schritten und Musik in meinen Ohren ging ich entspannt spazieren. Während meinem Spaziergang beobachtete ich achtsam meine Umwelt. Es ging mir richtig gut! Und ich kehrte nach einer Stunde wieder zurück. Ich legte mich auf das Sofa im Wohnzimmer und überlegte, was ich heute noch machen wollte. Ich erzählte meiner Mutter, dass ich mich gerne einer nächsten Herausforderung stellen möchte: einem Stück Kuchen.

Während ich meiner Mutter ein leichtes Lächeln ins Gesicht zaubern konnte und sie ihre Wäsche bügelte, klingelte es an der Tür.

Ich hatte Marvin gesagt, dass ich am Wochenende bei unserer Mutter sei, hätte aber nicht damit gerechnet, dass er vorbeikommen würde. Dabei freute ich mich sehr über seinen Besuch.

Marvin setzte sich zu mir auf das Sofa. Marvin und ich sprachen nie über meine Essstörung. Er akzeptierte sie. Er nimmt mich immer so wie ich bin. Damals. Heute. Er wusste, dass er mich damit unterstützen würde, wenn er einfach nur da wäre. So war es auch, ich fühlte mich auch sicher bei ihm. Bei meinem jüngeren Bruder. Ich ließ es zu. Mir wurde klar, nicht „stärker" als er sein zu müssen, nur weil ich ein paar Jahre älter war. Mein Bruder und ich haben ein wertvolles Verhältnis. Wir reden nicht viel über unsere Gefühle, doch spüren, wie es dem anderen geht. Dazu benötigen wir kaum Worte. Wir sind füreinander da.

Ich erzählte ihm von meiner Idee, einen Kuchen essen zu wollen. Er begrüßte diese, indes er vorschlug, gemeinsam ein Stück Kuchen zu essen. Ich glaube, er freute sich auch ein bisschen, Marvin lehnte Kuchen ungern ab.

Somit suchten wir uns ein schönes Café in der Nähe aus und fuhren wieder in die Natur. Meine Mutter blieb während unseres Ausfluges zu Hause. Marvin und ich waren schon immer sehr naturverbunden, also nahmen wir uns vor, vorab eine Runde in einem Waldstück spazieren zu gehen.

Der Geschwister-Nachmittag war wunderschön. Zu Beginn unserer gemeinsamen Zeit unterhielten wir uns über „Gott und die Welt", im späteren Verlauf sprachen wir über die Verhältnisse innerhalb unserer Familie, bis wir schließlich über unseren leiblichen Vater sprachen, zu welchem Marvin zu dieser Zeit mehr und ich weniger Kontakt hatte.

Abgesehen von der Zeit mit Marvin, tat mir dieser Spaziergang im Wald sehr gut. Das Waldstück, in dem wir spazierten, war mir bekannt. Die Verbindung zur Natur gab mir nach wie vor viel Sicherheit. Schon vor, aber auch während und nach dem Klinikaufenthalt hat mich die Natur sehr auf meinem Heilungsweg unterstützt. Wenn ich alleine spazierte, hörte ich dazu manchmal auch eine geleitete Meditation. Eine Geh-Meditation. Wenn ich wahrnahm, wie meine Füße den Boden berührten, fühlte ich mich getragen. Sie ist zu meinem Anker geworden. Wenn ich mich durch die Natur bewege, egal wo, fühle ich mich von ihr getragen. Die Natur war und ist mein bester Skill. Sie ist zudem immer da, wenn ich sie brauche. Sie holt mich immer wieder zurück auf den Boden des Wesentlichen. Sie erdet mich. Sie schützt mich. Sie trägt mich.

Das Stück Kuchen, welches uns im Café erwartete, aß ich fast ganz auf. Ich hatte sogar richtig Appetit und Freude daran, diesen Kuchen zu genießen. Vor allem, als ich sah, wie glücklich Marvin mit seinem Stück Apfelkuchen gewesen war.

„Boah, lecker", äußerte er mit halbvollem Mund.

Sein breites Grinsen im Gesicht war nicht zu übersehen.

Am Nachmittag kehrten wir zur Wohnung unserer Mutter zurück. Marvin verabschiedete sich schon im Auto, denn er fuhr direkt weiter zu seiner Freundin.

Meine Mutter berichtete mir, dass sie mit meiner Oma telefoniert habe und diese nach mir gefragt habe. Sie äußerte, mich sehen zu wollen. Da meine Mutter nichts über meinen Kopf hinweg entscheiden wollte, fragte sie mich, ob es okay wäre, meine Oma zum Abend hin zu uns zu holen. Zwar wären es nur wenige Stunden, bevor sie mich wieder in die Klinik zurückfahren müsste, aber ich fand die Idee passend. Meine Mutter teilte mir noch mit, dass sie meiner Oma bislang nichts von meiner Essstörung erzählt habe. Meine Oma habe zwar wiederholt gefragt, was das für eine Klinik sei, doch meine Mutter habe nur geantwortet, dass ich gerade einfach eine Auszeit bräuchte. Sie schob die Multiple Sklerose als Ursache in den Vordergrund. Diese sei der Grund für meine Therapie. Ich sei dort, um etwas Abstand, Entspannung und Ruhe zu gewinnen. Die Antwort meiner Mutter war ganz in meinem Sinne. Ich wollte nicht, dass meine Oma sich Sorgen um mich machte. Das tat sie ohnehin schon genug.

Meine Mutter warnte mich mit den Worten:

„Ach, und jetzt rede ich zwar wieder von Essen", vor.

Denn sie erkundigte sich bei mir, ob wir mit meiner Oma gemeinsam zu Abend essen sollten.

Da es mir an diesem Tag gut ging, freute ich mich sogar darauf. Durch die regelmäßige Nahrungszufuhr der letzten Wochen normalisierte sich auch wieder mein Appetit. Ich hatte demgemäß Appetit und auch Hunger zu den Uhrzeiten, zu denen ich in der Klinik aß.

Wir entschieden uns feierlich für den Ausklang meines Wochenendes für unseren Lieblings-Italiener vor Ort. Meine Mutter betonte abschließend noch mit ernstem Tonfall:

„Du kannst dir auch einen Salat bestellen, wenn du keine Pizza oder keine Nudeln schaffst, aber ich hab' Lust auf eine Pizza und Oma bestimmt auch. Schaffst du das?"

Im ersten Moment schluckte ich vor Überforderung. Augenblicklich wurde mir das doch alles zu viel. Während ich mir auf die Schnelle eine Antwort, die sie besänftigen sollte, überlegte, rechnete ich im Schnelldurchlauf meine bisherige Kalorienzufuhr zusammen.

Okay, beim Frühstück habe ich etwas geschummelt, beim Kuchen habe ich das kleinste Stück genommen und mehr hatte ich noch nicht gegessen. Ich war zwei große Runden Spazieren. Ich erinnerte mich an den gestrigen Sport und daran, ein stabiles Gewicht am Montagmorgen auf der Waage präsentieren zu müssen. Folglich konnte ich der Frage nach Pizza mit Ja zustimmen. Meine Argumente für eine Pizza versetzten mich tatsächlich in eine Stimmung der Vorfreude. Ich hatte ewig keine Pizza mehr gegessen!

In der Zeit, in der meine Mutter meine Oma mit dem Auto abholte, packte ich schon mal meine Sachen. Am Abend ging es ja wieder zurück in die Klinik.

Als die beiden zurückkamen, fragte meine Oma mich von vorne bis hinten neugierig, aber besorgt, aus. Sie wollte ganz genau wissen, was ich genau in der Klinik machen würde, wie es mir dort gehen würde, wie das Personal und meine Mitpatienten dort seien etc. Sie war eben immer sehr besorgt. Die Sorge meiner Oma um ihre Liebsten nahm ich schon als junges Mädchen wahr. Ihre Mimik, ihre Gestik, ihre Fragen, ihre Stimmlage verrieten oft, wie unsicher und besorgt sie war. Meine Oma wusste nicht den wahren Grund für meinen Klinikaufenthalt. Ich log sie aber auch nicht an, sondern verkleidete die Situation einfach etwas schöner und weniger dramatisch, bis ich wusste, meiner Oma das Gefühl vermittelt zu haben, dass es mir soweit gut ging.

In der Pizzeria war das Thema Klinik dann auch erst mal beendet.

Als Thomas und meine Mutter noch ein Paar waren und Marvin und ich noch kleiner waren, waren wir häufig in dieser Pizzeria. Die Möbel, das Personal und auch der Geruch des Restaurants hatten sich nicht verändert. Ich bestellte das, was ich immer bestellte. Pizza Funghi mit extra Brokkoli. Allerdings eine kleine.

Während der Wartezeit wurde ich etwas nervös, doch wiederholte innerlich wie ein Mantra:

„Ich schaffe das, ich schaffe das, Nahrung ist für mich, Nahrung ist gut für meinen Körper. Ich freue mich auf das Essen. Ich schaffe das. Ich schaffe das. Ich schaffe das."

Als die Pizzen serviert wurden, griff jeder zum Besteck und begann zu essen.

Auch ich.

Allerdings verließ mich mein Mut schon bei dem zweiten Bissen. Mit Erschrecken bemerkte ich, wie viel Käse auf dieser Pizza war. Sie ekelte mich an. Mir wurde schlecht. Ich verzog angewidert das Gesicht. Ich verlor den Willen zu essen.

„Bah, die ist echt viel zu fettig, die läuft bald vor Fett weg, bei mir ist viel mehr Käse drauf als bei euch. Ich kann die nicht essen."

Ich schabte den Käse von der Pizza, bis die Pizza wirklich nicht mehr appetitlich aussah.

Meine Mutter atmete tief ein und schaute mich von der Seite mit einem leicht entsetzten Blick an.

„Willst du was von meiner Pizza? Sollen wir tauschen?"

„Nein, auf deiner Pizza ist Fleisch.", antwortete ich patzig.

„Dann kratz es dir runter."

„Ernsthaft? Mama, das habe ich noch nie gemacht. Das ist Fleisch. Fleisch ist Fleisch."

„Ja, dann lass es liegen. Musst du selber wissen", reagierte sie zickig.

Das Restaurant war sehr klein und es dauerte nicht lange, bis die ersten Blicke auf unseren Tisch fielen. Meine Oma, die mir gegenüber saß, schaute mich irritiert an und schob noch einen Satz hinterher.

„Emma, jetzt stell dich doch nicht so an."

Ich ließ mich nach hinten in die Lehne meines Stuhls fallen, schnaufte tief aus, neigte meinen Blick und ließ die Pizza liegen. Meine Mutter aß ein Stück meiner Pizza, um sich von meiner Bewertung, die Pizza sei wirklich zu fettig, zu überzeugen, was nach ihrem Bekunden jedoch nicht der Fall war. Dabei wusste ich insgeheim selber, dass ich übertrieben hatte. Mir war das alles einfach viel zu viel.

Der Abend war gelaufen – meine Stimmung im Keller. Meine Oma starrte mich die ganze Zeit sorgenvoll an. Sie wusste gar nicht, wie sie diese Situation einzuordnen hatte. Meine Mutter schaute nur auf ihren Teller. Niemand sprach ein Wort. Ich wollte einfach nur raus. Ich wollte zurück in die Klinik. Sofort.

Nachdem die beiden aufgegessen hatten, brachte meine Mutter zuerst meine Oma heim und dann mich zurück in die Klinik. Auch im Auto sprachen meine Mutter und ich nicht mehr viel miteinander.

Ich war so froh, als ich mein Zimmer in der Klinik betrat. Noch hatte ich das Zimmer für mich alleine, da meine Mitpatientin Annika noch nicht aus ihrer Belastungserprobung zurückgekehrt war.

Ich war wütend. Wütend auf mich, auf die Essstörung und auf meine Mutter. Ich dachte, ich würde es schaffen können, diese Pizza zu essen. Ich war wütend auf meine Mutter, weil sie nach meinem Empfinden gemein reagiert hatte.

Dabei weiß ich heute, dass sie selber hilflos war und deswegen so reagierte.

Am liebsten hätte ich meine angestaute Wut herausgelassen, doch die Wahrscheinlichkeit, mein Wutausbruch wäre zu laut und jemand könnte mich hören und würde hereinkommen, war zu hoch. Zugleich war ich so unruhig und hibbelig, dass ich mal wieder den Drang hatte, irgendetwas zu tun. Ich stand völlig unter Strom, also sortierte ich sofort meine Kleidung aus den Taschen in den Kleiderschrank. Alles nach meinen Regeln; nach Farben, Wochentagen, Wetterlage etc. Damit konnte ich meine Anspannung jedoch nicht mildern. Somit verließ ich mein Zimmer mit der Absicht, draußen noch etwas spazieren zu gehen.

Auf dem Weg Richtung Ausgang ging ich am Speisesaal meiner Station vorbei. Auf den Tischen dort erblickte ich einige Süßigkeiten, die immer wieder mal für alle Anwesenden zur Verfügung gestellt wurden. Bislang konnte ich mich davon fernhalten, obwohl ich immer das Verlangen hatte zuzugreifen. Doch nun kam der Moment, in welchem ich beim Anblick der vielen Schokoladen-Variationen meine erste Essattacke in der Klinik überkam.

Heimlich schnappte ich mir eine Menge von der dort liegenden Schokoladen-Vielfalt, versteckte sie in meinen Taschen und unter meiner Kleidung und lief zügig ins Badezimmer. Dort schlang ich dann alles herunter. Ich aß eine Schokoladen-Variation nach der anderen. Hektisch, gierig, ohne Kontrolle. Wie bei den damaligen Essattacken.

In diesem Moment war ich geistig kaum anwesend. Ich fühlte mich wie in einem Rausch. Ich aß einfach nur. Ich aß, aß und aß, bis die Schokolade weg war. Dann lief ich zurück in den Speisesaal und holte mir die nächste Ladung. Dann ging ich in mein Zimmer. Ich steuerte meinen Kleiderschrank an, in dem ich eine Tüte Chips lagerte, die ich eines Tages geholt hatte, um auf den Fall vorbereitet zu sein, aus freiem Willen Chips essen zu wollen. Jetzt war ich mehr als bereit. Allerdings diente mir die Tüte Chips nicht als Genuss, sondern als unbewusstes Ventil. Als weiteres Instrument meiner immensen Essattacke. Zur Verarbeitung meiner Emotion. Genau wie die Schokolade. Ich riss die Chips-Tüte auf und leerte sie binnen Sekunden. Ich aß alles auf. Auch die zweite Ladung meiner Schokoladen-Vielfalt. Mir war egal, ob nun jemand hereinkommen würde, soweit dachte ich in diesem Moment nicht einmal mehr.

Nach wenigen Minuten wurde mir übel und ich fühlte mich unfassbar dreckig, schlecht, fett und hässlich.

Essattacken hatte ich zwar bislang eher selten und nur alleine Zuhause gehabt. In der Klinik hatte ich solche bis dahin nicht ein einziges Mal. Doch an jenem Abend war ich emotional so aufgewühlt, dass ich mich, meine Gefühle und Bedürfnisse nicht mehr unter Kontrolle hatte.

Weil Wahrheit heilt

Ich war entlastet, als ich direkt am Montagmorgen mein nächstes Einzelgespräch bei Fr. Wetzel hatte. Leichte Wut vom Vorabend war noch immer da, vor allem, nachdem ich nach dem morgendlichen Wiege-Tag sehen musste, dass mein Gewicht wieder herunterging, obwohl ich an dem Wochenende gut gegessen hatte und zudem noch eine Essattacke hatte. Einerseits war ich erleichtert, aber andererseits fühlte ich mich wie eine Versagerin. Ein Anteil in mir freute sich über das niedrige Gewicht, doch der Anteil, der gesund werden wollte, war enttäuscht darüber.

Unter Anspannung leitete ich das Therapiegespräch ein, indem ich Frau Wetzel von meinen Erlebnissen am Wochenende – und sogar von der gestrigen Essattacke erzählte! Ich beschwerte mich darüber, dass das Wochenende viel zu viel für mich gewesen sei. Sie hörte mir aufmerksam zu und nickte immer wieder, bis ich sie endlich zu Wort kommen ließ.

„Nun, also rückblickend ist Ihr Wochenende ja auch wirklich mit einigen Erlebnissen geschmückt. Das war ganz schön viel auf einmal, oder? Dass diese zahlreichen Erlebnisse, auch wenn sie positiv waren, erst mal überfordernd sind, ist völlig in Ordnung. Sie sind seit einigen Wochen in der Klinik und plötzlich treten Sie an verschiedene Orte mit vielen Menschen in Verbindung. Frau Walter, wie wäre es, wenn ich Ihnen aufzeige, was Sie denn am Wochenende alles gemeistert haben?"

Ich saß weiterhin einfach nur enttäuscht da und zog meine Schultern nach oben, während Frau Wetzel fortfuhr.

„Sie haben nicht geplant! Sie haben sich spontan eine Zeitung geholt! Sie haben ein Stückchen Kuchen gegessen! Frau Walter, Sie haben versucht, eine Pizza zu essen, Sie wollten sich – wie Sie immer sagen – dem Gegner stellen. All diese Dinge wären vor wenigen Wochen noch nicht umsetzbar gewesen. Dass Sie die Pizza nicht essen konnten, ist nicht schlimm. Dann war die Pizza eben noch zu früh. Alles zu seiner Zeit!"

Auch wenn ich diese Heilungsschritte in diesem Moment noch nicht sehen konnte, weil meine Wut über mein „Versagen" noch zu groß war, zeigte mir Frau Wetzel meine Fortschritte weiter auf.

Anstatt mich über meine Fortschritte zu freuen, wollte ich viel lieber über die gestrige Essattacke sprechen.

Frau Wetzel stellte mir gezielt Fragen zum Ablauf des gestrigen Abends, zu meinen Gedanken und impulsiven Handlungen. Sie ging mein gestriges Verhalten analytisch an. Das hat mir sehr geholfen, denn so konnte ich meine Handlung besser verstehen und nachvollziehen. Mir wurde durch die Analyse langsam klar, weshalb ich diese emotionale Essattacke hatte, was die positive Folge hatte, dass ich nicht mehr so wütend auf mich war. Ich erkannte anschließend auch, dass das Wochenende wirklich ziemlich vollgepackt war!

Essanfälle können verschiedene Ursachen haben z.B. extremer Hunger aufgrund reduzierter Nahrungsaufnahme. In meinem Fall war die Ursache hingegen nicht nur körperlichen, sondern emotionalen Ursprungs. Ich war emotional so außer mir, dass ich nicht wusste, wohin ich meine Gefühle leiten sollte. Ich konnte die Anspannung, Wut und Überforderung, als ich abends wieder in die Klinik zurückkehrte, nicht aushalten. Also kompensierte ich diese. Dieses

Muster ist ähnlich wie das, was ich hatte, als ich Sport treiben musste. Wie ein Ventil eben.

Ich fühlte mich an jenem Abend wertlos, nicht verstanden, falsch und einsam. Hinter meinen Gefühlen, die gestillt werden wollten, stand ein unerfülltes Bedürfnis: Liebe und Geborgenheit. Ich versuchte das emotionale Loch zu stopfen. Ich wollte mal wieder genährt sein. Also griff ich nach Nahrung. Und zwar im absoluten Übermaß. Zudem hatte ich Hunger.

Primär liegt häufig ein Verlangen nach Nahrung vor, weil akut ein Bedürfnis gestillt werden will. Wie es bei mir der Fall war. Zudem kann es dazu kommen, weil man sich ständig das Essen verbietet, auf das man Lust hat. Eine Essstörung besteht aus vielen festen selbst auferlegten Regeln, die man irgendwann nicht mehr befolgen kann. So kann zum Beispiel auch ein Kind, das niemals Süßigkeiten essen darf, dieses Verbot nicht einhalten, weil es schließlich erfährt, dass all die anderen Kinder auch Süßigkeiten essen. Irgendwann macht es das auch, weil das Verlangen einfach da ist.

Dieses Verhalten kann bei jeder Art von Essstörung auftreten. Magersucht bedeutet nicht also nicht, nichts mehr essen zu wollen! Eine Essstörung kann vielfältig sein und sich mit verschiedenen Störungsformen – wie bei mir - vermischen.

Heute weiß ich, dass ich mich an diesem Wochenende selbst zu sehr unter Druck gesetzt hatte. Ich wollte zu viel auf einmal. Als ich mich an jenem Sonntagabend enttäuscht und wütend fühlte, versank ich in emotionalem Essen - einer Essattacke. Ich war an jenem Abend in Not und überfordert und wusste mir nicht anders zu helfen. Es bedarf eben Zeit zur Heilung, oft sogar viel Zeit. Ich habe es so gut gemacht wie ich es in diesem Moment konnte.

Frau Wetzel sah mir scheinbar an, dass mir ihre ausführliche Analyse nicht ganz ausreichte, denn in ihrer Therapiestunde brodelte noch etwas Wut in mir.

„Frau Walter, ich nehme gerade immer noch eine extreme Wut wahr, kann das sein?"

„Kann sein."

„Was machen Sie denn eigentlich mit Ihrer Wut? Lassen Sie die Wut auch mal heraus?"

„Nein."

„Warum nicht?"

„Weil das ein doofes Gefühl ist. Ich will diesen wütenden Teil nicht haben. Deswegen bin ich ja auch hier, ich will das weghaben."

Frau Wetzel schaute mich mit einem dezenten Lächeln an und neigte ihren Kopf leicht zur Seite.

„DAS, also den wütenden Teil, können Sie aber nicht einfach so wegmachen. Und ich bin auf keinen Fall in der Lage und willens, den wegzumachen. Der wütende Anteil gehört zu Ihnen und scheinbar möchte Ihnen dieser Teil etwas sagen. Sie haben schon sehr lange Wut in sich und je mehr Sie diesen Anteil „weghaben wollen" und Wegdrängen, desto lauter wird er. Was haben Sie denn sonst gemacht, wenn Sie mal wütend waren?"

Ich brauchte gar nicht lange zu überlegen, weil mir die passende Antwort schon sofort in den Kopf schoss.

„Sport gemacht, nichts gegessen oder mir selbst wehgetan."

„Genau! Sie richten Ihre Wut gegen sich selbst. Ihre Wut äußert sich bei Ihnen vor allem durch die Essstörung. Sowohl ihre Essstörung als auch Ihre Zwangsstörungen, sind sogenannte Schutzstrategien. Sie nutzen diese, um sich vor etwas zu schützen. Sie schützen sich vor Ihren eigenen Gefühlen. Wissen Sie, hinter der Wut steckt meistens ein Gefühl, das gefühlt werden möchte. Die Frage ist nun: Was steckt hinter Ihrer Wut und warum brauchen Sie diesen Schutz davor?

Auch wenn ich all die komplizierten Mechanismen der Schutzstrategien schon begriffen hatte, fühlte sich dieser Teil des Gespräches wie eine kleine Erleuchtung an. Mir kamen sofort verschiedene Situationen in den Kopf, in denen ich unruhig, wütend, traurig oder angespannt war. Doch anstatt mich diesem Gefühl zu stellen, nahm ich es immer nur als unangenehm wahr, indes ich direkt mit dem Sport, mit dem Planen und dem Kontrollieren reagierte. Die unangenehmen Gefühle, die ich immer wieder wegdrückte, kamen jedoch immer und immer wieder. Sie waren nicht wegzudrücken oder gar wegzumachen.

„Krass, genau darüber habe ich auch schon mal nachgedacht! Meine unangenehmen Gefühle können ja auch nicht verschwinden, wenn ich sie ignoriere. Das ist ja wie bei einem Kind, das die ganze Zeit schreit. Wenn ich es ignoriere, schreit es noch lauter und hört nicht auf, bis ich mich darum kümmere."

Frau Wetzel lächelte und bestätigte meinen Gedanken.

„Freut mich, dass Sie das nachvollziehen können. Der Anteil, der schreit bzw. wütend ist, ist ihr Inneres Kind. Jedes Gefühl möchte gefühlt werden. Die unangenehmen Gefühle sind aber nun mal schmerzhafter. Wut gehört dazu. Wut ist eine Emotion wie jede andere und auch Wut will gefühlt werden. Oft zeigt sich auch erst dann, was hinter der Emotion Wut steckt."

Nun wurde mir noch viel bewusster, was in mir vorging, wenn ich wütend wurde. Meistens ging der Wut nämlich ein ganz anderes Gefühl voraus wie z.B. Enttäuschung, Trauer oder Angst. Da ich das aber nicht fühlen wollte, wurde ich wütend. Anstatt die Wut auf eine gesunde Art zum Ausdruck zu bringen, reagierte ich mit den sogenannten Schutzstrategien. Oder ich verlor die Kontrolle und richtete die Wut gegen mich, indem ich mich selbst verletzte. Ich erinnerte mich schlagartig an die Situation in der Dusche, als sich mein MS-Schub ausbreitete und an den Moment, in welchem ich mich auf der Arbeit im Büro selbst verletzte. An jenem Morgen des Bemerkens, dass sich die Multiple Sklerose weiter ausbreitete, war ich so erschrocken und ängstlich, dass ich wütend wurde, obwohl doch eigentlich das Gefühl Traurigkeit das passendere Gefühl gewesen wäre. Traurigkeit jedoch hatte ich mir nie gestattet. So musste ich zur Wut greifen. Die ich gegen mich selbst richtete.

Bevor ich diese Erkenntnisse sacken lassen konnte, fragte mich Frau Wetzel:

„Was glauben Sie denn, wofür die Wut des Weiteren stehen könnte, außer dass sie Sie vor anderen Gefühlen schützen möchte?"

„Jetzt gerade?", reagierte ich.

"Genau, überlegen Sie in Ruhe."

Ohne Zögern antwortete ich:

„Darauf, dass ich alleine mit dieser Scheiße bin und mich niemand versteht! Außerdem hasse ich es so zu sein wie ich bin. Ich bin anders als alle anderen. Sogar meine Mutter hat gestern im Restaurant beim Pizzaessen verständnislos reagiert. Sie hat mir damit das Gefühl gegeben, ich sei dumm und eine Versagerin! Ich will nicht mehr anders sein, aber ich kann auch nicht aufhören, es nicht zu sein. Manchmal hasse ich mich."

Frau Wetzel nickte mir ohne Worte zu. Ohne es zu bemerken, brachte ich meine Wut durch meine Sprache zum Ausdruck. Ich fühlte mich sofort ein Stück erleichterter. Freier.

Es entstand eine kurze Pause zwischen uns beiden. Dann erläuterte Frau Wetzel mir sehr verständnisvoll folgendes:

„Da scheint ein Anteil von Ihnen sehr, sehr verletzt zu sein. Wut überdeckt oft unterdrückte Emotionen. Hinter Ihrer Wut steckt, so wie ich Sie verstehe, eine große Verletzlichkeit. Sie scheinen sehr traurig zu sein. Und das nicht erst seit dem gestrigen Vorfall in der Pizzeria. Ich vermute, dass die Situation dort ein Auslöser für Ihre alte Traurigkeit war, sie also nach oben holte. Es scheint mir, als hätten Sie viele Erlebnisse gehabt, die Sie verletzten, doch nie durchfühlt haben. Kann das sein, Frau Walter?"

Ich biss die Zähne zusammen, weil ich bemerkte, wie mir Tränen in die Augen stiegen. Ich bestätigte ihre Vermutung mit einem stummen Nicken.

„Ich bitte Sie, bis zu unserem nächsten Termin genauer darüber nachzudenken. Denn Ihre Schutzstrategien sind auf lange Sicht nicht nur schädlich für Sie, sondern möglicherweise sogar überflüssig. Ich möchte Ihnen damit die Frage stellen, ob die Angst überhaupt nötig ist, ob Sie überhaupt vor etwas Angst haben müssen. Gefühle wollen uns häufig vor etwas schützen, genauso wie das nicht-fühlen-Wollen. Vielleicht gab es eine Zeit, in der es besser für Sie war, nicht zu fühlen. Doch möglicher Weise ist diese Zeit, in der es für Sie besser war, nicht zu fühlen, schon lange vorbei ist. Ich kann mir vorstellen, dass Sie Ihre Schutzstrategien gar nicht mehr benötigen. Denn Sie brauchen diesen Schutz vor unangenehmen Gefühlen nicht mehr."

Sie griff nach einem Stift und Zettel, schrieb schnell drauflos und drückte ihn mir in die Hand. Die Fragen, die sie ganz fix als Anregung für mich formuliert hatte, waren:

Wovor habe ich Angst, falls ich unangenehme Gefühle wie Trauer oder Wut fühlen würde?

Warum schütze ich mich vor meinen Gefühlen?

Ist es notwendig, mich selbst vor meinen eigenen Gefühlen zu schützen?

„Sie schreiben und reflektieren doch gerne, dann schreiben Sie einfach mal frei aus Ihrem Herzen heraus, was Ihnen so einfällt. Sie können das machen, müssen es aber nicht."

Ich verließ das Klinikgelände und ging erst mal eine große Runde spazieren. An diesem Tag stand nur noch Ergotherapie auf meinem Programm, ich hatte also Zeit und dachte sehr, sehr viel über die Therapiestunde bei Frau Wetzel nach. Es klang alles wieder so logisch und fühlte sich stimmig an.

Natürlich sprach ich darüber noch mit Lia, so dass sich die Erkenntnisse des Tages noch festigten:

- ❖ Unangenehme Gefühle werden verdrängt.
- ❖ Hinter Wut stecken Verletzlichkeit und Trauer.
- ❖ Emotionen werden nur lauter, wenn sie weiter verdrängt werden.
- ❖ Gefühle wollen gefühlt werden.
- ❖ Geh hin und fühle (Deine) Gefühle.

Ich wollte nie fühlen, weil ich dachte, ich könnte es nicht ertragen. Deshalb flüchtete ich in meine Schutzstrategien. Doch ich spürte, ich brauchte diese nicht mehr. Ich erkannte, ich war nun bereit meine Gefühle zu fühlen.

Das ganze Kopfzerbrechen über den Tag führte dazu, dass ich mich zum Abend hin so matschig wie lange nicht mehr fühlte. Mein Kopf dröhnte und ich bemerkte einen leichten Druck hinter meinem linken Auge. Dieses Druckgefühl kannte ich. Es unterschied sich von Kopfschmerzen, die mit einem Augendruck einhergehen können. Diesen schmerzhaften Augendruck bekam ich meistens, wenn ich viel Stress hatte. Stress ist Gift. Das ist bekannt bei der

Multiplen Sklerose. Nicht nur für MS Erkrankte, natürlich auch für gesunde Menschen ist Stress langfristig Gift!

Vor vielen Jahren hatte ich eine Sehnervenentzündung, seitdem bekam ich immer wieder dieses Druckgefühl, sobald ich Stress hatte. Ich wusste also immer, wenn der Stress weg ist, geht auch der Druck wieder. Denn darin hatte ich ja bereits seit Jahren Erfahrung. Wenn ich extremen Stress hatte, flackerten die alten Schübe wieder auf und verschwanden wieder, wenn ich für weniger Stress sorgte.

Abends vor dem Schlafengehen stellte ich mir die Frage, welcher konkrete Stress mich denn aktuell plagte. Denn so wirklich gestresst, also in Hektik oder Eile war ich ja gar nicht. An diesem Abend kam mir allerdings nicht in den Sinn, dass Stress ja auch emotional bedingt sein könnte. Emotionaler Stress kann genauso für das Aufflackern alter Schübe sorgen und den hatte ich ja gerade wirklich! Meine Gefühle fuhren seit Wochen Achterbahn. Einige Gefühle wurden von mir erstmalig überhaupt wahrgenommen! Dieser Prozess macht schon etwas mit dem Menschen, wenn er sich plötzlich mit etwas beschäftigt, wovor er jahrelang weglief, weil er Angst vor der Begegnung hatte. Angst vor der Begegnung mit: Gefühlen!

Am nächsten Morgen blieb es dann nicht nur bei einem Augendruck, sondern auch meine Sehkraft verschlechterte sich. Auf dem linken Auge sah ich sehr verschwommen und vernahm eine Art weißen Schleier, was meine Sehkraft zusätzlich verringerte. Nun bekam ich doch etwas Sorge, weil diese Beschwerde sich rasant ausbreitete. Ich meldete mich morgens im Schwesternzimmer und schilderte mein Symptom.

Schwester Sonja kümmerte sich um einen zügigen Termin bei dem Stationsarzt Dr. Hemme. Er konnte hingegen aufgrund nicht vorhandener Untersuchungstechnik nicht viel diagnostizieren. Aber Dr. Hemme nahm sofort den Kontakt mit meinem Neurologen auf.

Sogleich machte ich mich auf den Weg zu ihm. Ein Taxi fuhr mich in meine neurologische Praxis, die nur knapp 30 Minuten Fahrtweg entfernt war.

Zu meiner Überraschung sprach mich mein Neurologe Dr. Schulz nicht auf meine geschilderten Sehprobleme an, sondern auf mein Gewicht.

„Sagen Sie mal, Sie sind doch in einer Klinik. Ich meine das nicht böse, aber Sie sehen nicht wirklich gut aus. Ich meine damit, dass Sie immer noch sehr mager und ausgesprochen blass aussehen. Geht es Ihnen dort nicht gut?"

So direkt hatte Dr. Schulz mich noch nie angesprochen, sodass ich ihm erst mal etwas geschockt gegenübersaß.

„Naja, bis auf die Sorge, dass die Multiple Sklerose aktiv ist und ich wieder Cortison infiltriert bekomme, geht es mir eigentlich ganz okay. Wie es einem halt so geht während einer stationären Psychotherapie."

Ich lachte etwas.

Nach kurzer Erkundigung über meinen dortigen Therapieverlauf, kümmerte sich Dr. Schulz dann doch um meinen Sehnerv. Nach diversen Untersuchungen standen die Testergebnisse fest.

Die Aktivität meines Sehnervs war tatsächlich nicht ganz in Ordnung, der Wert sei grenzwertig schlecht und zwar so, dass Dr. Schulz noch kein Cortison verabreichen wollte. Er forderte mich auf, mich am nächsten Morgen telefonisch zu melden, falls die Sehstörung schlechter werden würde. Dann würde er in Betracht ziehen, doch wieder Cortison zu verabreichen.

Cortison? Bitte nicht!, dachte ich. Ich erstarrte für einen kurzen Augenblick. Mein Herz schlug kräftiger und schneller, meine Hände wurden leicht nass und ich schluckte schwer.

„Wir warten aber bis morgen, Frau Walter. Bitte melden Sie sich, wenn es schlechter wird. Wenn die Beschwerden zum Ende der Woche nicht weg sind, melden Sie sich bitte auch noch mal. Ich möchte Ihnen nicht zu nahe treten, doch bitte achten Sie auch auf Ihre körperliche Gesundheit, damit meine ich: achten Sie auf Ihr Gewicht und ernähren Sie sich gesund! Sie wissen, dass die Multiple Sklerose weder Stress noch eine mangelnde Ernährung mag. Zum einen ist es für den Körper purer Stress, wenn er im Untergewicht ums Überleben kämpfen muss und zum anderen brauchen Sie einfach mehr Kräfte, vor allem, falls Sie wirklich wieder Cortison bekommen sollten. Ihr Körper kann das Cortison sonst nicht gut verarbeiten. Ich meine es nur gut mit Ihnen und ich möchte Ihnen auch keine Angst machen. Gönnen Sie sich heute erstmal Ruhe, ein gutes Mittagessen und achten Sie gut auf sich!"

Satz für Satz ließ ich durch mich hindurchklingen. Sein Vortrag wirkte. Als ich die Praxis verließ, schoss mir als erstes durch den Kopf: Heute gönne ich mir nur noch das, was mir guttut! Dieser Entschluss stand fest!

Sonst hatte ich bei solchen Nachrichten von drohender Cortison-Gabe sofort daran gedacht, Sport zu treiben und nichts zu essen. Aber dieses Mal wusste ich, dass das nicht gut sein würde. Ich wollte es sogar nicht! Ich wusste, dass mein Körper genau jetzt meine Aufmerksamkeit, Zuneigung, Liebe, NAHRUNG und RUHE braucht.

In der Klinik erzählte ich dem Stationsarzt von dem Besuch bei Dr. Schulz.

Dr. Hemme sagte mir dasselbe wie mein Neurologe.

„Es wird jetzt immer wichtiger, dass Sie endlich an Gewicht zunehmen und sich um Ihren Körper kümmern. Sie wollen der Multiplen Sklerose doch keinen Raum geben, sich weiter auszubreiten, oder?"

Seine Worte und auch die von Dr. Schulz nahm ich mit auf einen kleinen, aber sanften und entspannten Spaziergang an der frischen Luft.

Speziell über den letzten Satz von Dr. Hemme dachte ich nach und sagte mir laut:

„Natürlich will ich das nicht! Ich möchte doch keinen rapide ansteigenden Krankheitsverlauf, der in einem Rollstuhl enden kann!"

Ich genoss meinen ruhigen Spaziergang in der leeren Landschaft, in der niemand zu sehen oder zu hören war. Ich ging dabei sehr achtsam und versuchte meine Gedanken zu beruhigen. Ich wollte einfach nur zur Ruhe kommen und meine gesunden Beine auf dem Boden spüren. An diesem Nachmittag hatte ich das Bedürfnis, mich mit der Natur zu verbinden, um mich getragen zu fühlen. Während des Spaziergangs, ging ich ganz bewusst. Jeden Schritt, den ich setzte, nahm ich bewusst wahr. Ich spürte den Boden unter meinen Füßen, ich spürte, wie ich getragen wurde, ich fühlte mich sicher und geerdet. Ich atmete bewusst tief ein und aus und schaute mich in der Gegend um. Die Natur um mich herum bestand aus weiten Feldern, auf denen keine Ernte zu sehen war. Ich blieb stehen, schaute in die Ferne, während ich mich sicher vom Boden getragen fühlte, atmete weiter tief ein, schloss die Augen und lächelte beim Ausatmen sanft in mich hinein. Durch die bewusste Wahrnehmung sowohl meiner Füße am Boden als auch der Natur um mich herum, gelang es mir, mich auf das Hier und Jetzt, auf mich, auf den jetzigen Moment zu fokussieren. Es tat unglaublich gut, als ich bemerkte, dass in jenem Moment alles einfach okay war und ich mich sicher fühlte. Ich spürte inneren Halt, inneren Frieden. Es war so heilsam.

Ich lenkte meine Aufmerksamkeit auf meinen gesamten Körper und spürte jedes kleine Kribbeln in mir. Ich verweilte so für einige Minuten. Ich bekam einen großen Willen, endlich frei von den Zwängen und der Essstörung leben zu wollen. Ich spürte das erste Mal aus tiefstem Herzen: Ich will wieder frei sein. Frei von all meinen Ängsten, die mir nicht mehr dienen, weil ich sie nicht mehr brauche!

Diese kurzen Minuten wirkten wie eine kleine Meditation. Im Grunde war es ja auch eine. Ich beobachtete und fokussierte nur das, was war. Solche Achtsamkeitsmethoden hatte ich mir schon vor einigen Monaten angelesen, doch nie angewendet. Endlich war ich bereit dazu, mich in meinem Werkzeugkoffer an diesem wunderbaren Werkzeug zu bedienen. Diese Augenblicke des Gewahrseins haben etwas Magisches und sehr Kraftvolles. Ich war lange Zeit nicht bereit dazu, diese ruhigen Momente mit mir selber zuzulassen. Doch heute weiß ich: Alles zu seiner Zeit. Ich hatte viel Zeit benötigt, um dafür bereit zu sein. Doch jetzt war es soweit.

Inzwischen bin ich der Multiplen Sklerose sogar dankbar, dass sie sich gemeldet hat. Sie hat mich darauf aufmerksam gemacht, dass es Zeit und ich bereit war, etwas zu verändern. Dass die Zeit gekommen war, meine Ängste, die Ess- und Zwangsstörung loslassen zu dürfen. Die Multiple Sklerose brachte mich auf meinem Weg einen Schritt näher zu mir, die MS erlaubte mir, die Heilung meines Inneren Kindes endlich zuzulassen.

Dass meine eigene Deutung, etwas zu verändern, eine Aufforderung der Multiplen Sklerose an mich war, bestätigte sich schon in den nächsten Tagen. Es trat eine Verbesserung meiner Sehkraft und eine Linderung meiner Druckschmerzen ein.

Ich wiederholte meine Achtsamkeitsübungen, meditierte, trieb Yoga, aß Nahrungsmittel, die nötig waren, entspannte mich und trieb keinerlei Sport. Wie ein Zauber wirkte die Sprache der Multiplen Sklerose. Ihre Aufforderung half mir, meinen Körper und meinen Geist zu entlasten. Nur drei Tage später waren die Sehstörungen komplett verschwunden. Seitdem weiß ich, die Multiple Sklerose ist mein Schutzengel.

Auch wenn ich den emotionalen Stress während der Therapie nicht direkt vermeiden konnte, sorgte ich dafür, dass es mir dafür rundherum gut ging. Ich achtete auf meine Bedürfnisse und bemühte mich, noch mehr zu essen und mich auszuruhen. Die Erkenntnis, dass mein Körper FÜR mich ist, half mir dabei. Ich manifestierte für mein Leben, nicht mehr gegen meinen Körper zu kämpfen, sondern für ihn. Wir sind ein Team.

Dennoch war das verdammt schwierig für mich. Das Unterlassen der Zwänge, das Brechen meiner Essens-Rituale und -Regeln sorgte nämlich wieder für enorme Anspannung und Druck in mir. Es wurde manchmal fast unerträglich. Jedoch schaffte ich es, mich kein einziges Mal wieder selbst zu verletzen. Auch wenn die Anspannung, die aufkam, wenn ich meine Schutzstrategien vernachlässigte, sehr stark war, schaffte ich es, über mehrere Tage das zu essen, was vorgesehen war und keinen Sport zu treiben. Auf die Anspannung folgte meist Wut. Doch statt meine Wut gegen mich selbst zu richten wie sonst, nahm ich die Wut einfach nur wahr. Ich ließ Wut zu, ich ließ sie einfach da sein. Wenn nötig, haute ich mal auf mein Kissen oder ging in die sogenannte „Stresshocke", die Frau Wetzel mir erklärte. Ich nutzte die gelernten Skills, ging spazieren, telefonierte mit Lia, meditierte, machte Yoga, las Bücher oder machte diverse Achtsamkeitsübungen. All diese Handlungen zielten nicht darauf ab, die Wut zu verdrängen, sondern sie gehen zu lassen, sobald sie dysfunktional wurde. Das war ein großer Fortschritt für mich!

Das bestätigte dann am Ende der Woche auch die Waage. Mein Gewicht war gestiegen! Das schlechte Gefühl, wieder versagt zu haben, allerdings auch. Da war sie wieder, diese Stimme in mir, die laut zu mir sagte:

„Du bist zu fett! Du darfst nicht zunehmen, das war sonst alles umsonst!"

Ja, diese Stimme war zwar insgesamt leiser geworden, doch in Momenten wie diesen immer noch laut genug, um sie zu hören. Aber auch das hielt ich erfolgreich aus, indem ich anerkannte, dass ich diese Stimme habe. Ich nahm diesen Anteil wahr, ohne darauf zu reagieren.

***

Die nächste Einzelsitzung bei Frau Wetzel verlief wieder erkenntnisreich.

„Wir haben ja in der letzten Stunde darüber gesprochen, was Wut bedeuten kann und dass hinter der Wut häufig andere Emotionen wie Trauer stecken könnten. Ich würde gerne tiefer in das Thema Traurigkeit eintauchen. Wäre das okay für Sie?"

„Ja klar", reagierte ich entspannt.

„Wie geht es Ihnen denn heute?"

„Die letzte Therapiestunde und vor allem die Fragen, die Sie mir mitgegeben haben, haben einiges in mir aufgewühlt und hängen mir irgendwie auch immer noch nach, aber mir geht es ganz gut."

„Was bedeutet denn „ganz gut" für Sie? Sie wirken nicht so, als würde es Ihnen gut gehen. Ich habe mitbekommen, dass Sie aufgrund eines Verdachts auf einen MS-Schub beim Neurologen waren. Da fällt es mir schwer, zu glauben, dass es Ihnen gut geht, oder irre ich mich?"

„Ja, natürlich geht's mir da nicht soo gut mit, aber es ist halt so. Muss ich ja durch. Wenn es mir jetzt schlecht geht, ändert sich ja sowieso nichts. "

Ich verhielt mich wie immer, sobald es für mich emotional werden konnte, indem ich mit meiner kühlen Art mein Gegenüber abblockte.

Frau Wetzel seufzte leise.

„Genau darum geht es Frau Walter. Emotionen zu zulassen."

„Nee. Ich kann nicht heulen oder so."

Frau Wetzel schlug ihre Beine übereinander und fragte mich:

„Wovor haben Sie Angst, wenn Sie jetzt weinen würden und sich somit verletzlich zeigen würden?"

Ich wollte nicht traurig wirken, deshalb antwortete ich ihr – obwohl ich gar nicht genervt war – in leicht genervtem Tonfall:

„Äh, ja, keine Ahnung, dass ich halt nicht aufhören könnte zu heulen und dann eh wieder alleine damit bin."

„Wieder? Haben Sie so etwas schon mal erlebt? Also gab es eine Situation in Ihrer Kindheit, in der Sie sich alleine oder nicht beschützt gefühlt haben, wenn Sie traurig waren?"

Eine? Wohl mehr als eine!, dachte ich.

Ich hatte in den vergangenen Wochen mein Problem mit dem Weinen sehr häufig reflektiert, sowohl alleine als auch mit Lia. Aufgrund dieser Analysen konnte ich direkt loslegen und ihre Frage beantworten. Und ein bisschen wusste Frau Wetzel ja schon aus meiner Kindheit von mir.

Ich erzählte ihr, wie es war, als meine Eltern noch zusammenlebten und dass ich meinen Vater sehr selten gesehen und erlebt hatte, da er viel arbeitete und meistens Nachtschicht hatte. Durch den seltenen Kontakt entstand weder eine emotionale noch körperliche Bindung zu ihm.

Frau Wetzel und ich hatten den Problemkreis des Nicht-Weinen-Könnens zwar schon einmal thematisiert, doch dieses Mal konnte ich meine Erfahrungen mit dem Kontext meines Verhaltens und der Problematik meiner Trauer verknüpfen. Ich verstand mich immer besser und besser.

Frau Wetzel fragte mich, wie sich mein Vater, wenn ich als Kind weinte, verhielt. Ich antwortete ihr, dass ich mir zwar gewünscht habe, liebevoll in den Arm genommen zu werden, doch dass dieser Wunsch nie erfüllt wurde.

Daher hatte ich als kleines Kind kaum vor ihm geweint, denn ich bekam nicht die ersehnte Reaktion. Ich kam ins Erzählen und berichtete ihr, wie ich als kleines Mädchen spürte, dass mein Vater damals nicht in der Lage dazu war, seine Gefühle zu zeigen oder zu benennen. Er trug seine Überzeugung, dass Emotionen nicht gezeigt werden dürfen, auf mich über. Er lebte es mir vor.

Das mache ich ihm heute nicht zum Vorwurf! Mein Vater hatte selber nie gelernt, mit seinen Gefühlen oder körperlicher Nähe umzugehen.

Wir erinnerten uns an die Therapiestunde, in der ich feststellte, dass Tränen ein verbotenes Thema in meiner Familie gewesen waren. Meine Lernerfahrung als Kind war, dass es nicht gut sei, zu weinen und dass ich meine Gefühle besser bei mir lassen sollte. Schließlich kümmerte sich niemand um mein Bedürfnis, in den Arm genommen zu werden, weil oder wenn ich weinte. Ich speicherte dies in meinem Kindskopf ab und beschloss, wenn ich mich allein und traurig fühlte, nicht mehr zu weinen.

Die kleine Emma meiner Kindheit hatte sich eine Strategie erworben, in der sie sich selber halten und umarmen konnte. Eine Strategie, in der sie sich um sich selbst kümmerte. Diese Strategie hatte folgende Schritte: Übernahme von Verantwortung – Demonstrieren von Stärke – Vermeidung von Gefühlen.

Frau Wetzel und ich eruierten, auch wenn wir dieses schon einst besprochen hatten, weitere einschneidende Erlebnisse, die mein Gefühl von Einsamkeit ausgelöst hatten.

Zu Beginn beleuchtete sie erst noch einmal ein paar Ereignisse aus meiner Familiengeschichte, bei denen ich schon als kleines Kind das Gefühl hatte, falsch zu sein. Es gab häufig Äußerungen in diversen Situationen in Teilen meiner Familie, die mir das Gefühl vermittelten, ich sei anders, unerwünscht, falsch und dumm.

Anschließend verlagerte sie den Fokus auf meine Pubertät und stellte mir einige Fragen. Auch das Verhalten, welches ich zu jener Zeit hatte, verstand ich schlagartig. Auch da schützte ich mich vor dem Schmerz der Einsamkeit. Mit dreizehn war ich in eine Punkerszene gerutscht, damit ich anders sein konnte, um nicht das Gefühl zu haben, ich sei schon „falsch geboren". Ich war Teil dieser Szene, um nicht verletzbar zu sein. Doch auch in dieser Gruppe hatte ich häufig das Gefühl, nicht verstanden zu werden und auch alleine zu sein. Zudem hatte natürlich niemand Verständnis für ein Mädchen, das von Zuhause abhaut, die Schule schwänzt, tagsüber Bier trinkt und öffentlich herumpöbelt. Es wurde häufig über mich in meiner Familie, auf meiner Schule, in meiner Wohngegend gesprochen – und das nicht gerade positiv. Dadurch bekam ich wiederholt das Gefühl dumm, falsch und wertlos zu sein. Ich fühlte mich verloren. Dabei tat ich damals all das aus Verzweiflung, weil ich nicht wusste, wohin ich gehörte. Es war ein paradoxer Versuch mich zu retten. Ich wollte doch endlich gesehen werden! Weinen stand für mich außer Frage, das passte nicht in meine damalige Rolle.

Weiter erzählte ich ihr von meinen fehlgeschlagenen Beziehungen zu Männern. Nach jeder Beziehung fühlte ich mich noch ein Stück weniger wert, dafür aber ein Stück mehr allein. Doch auch das klärte ich immer mit mir alleine, ohne zu weinen.

Wie erwähnt, hatte ich auch nie bei der Diagnose Multiple Sklerose, bei der ich mich sehr verloren und verängstigt fühlte, geweint.

Dann folgte der Wegzug von Lia, bei dem weder Tränen flossen noch das Gefühl einer zerrissenen Zweisamkeit nach außen drang. Ich fühlte mich überhaupt nicht mehr liebenswert, eben nicht gut genug, sondern falsch und dumm. Ich fühlte mich von allen Menschen im Stich gelassen und verdammt einsam.

Ab diesem Zeitpunkt begann mein zwanghaftes und kontrollierendes Verhalten. Das bedeutet niemals, dass ich Lia die Schuld dafür gebe! Es war eine Anhäufung vieler, vieler Ereignisse, kein Urheber dieser Ereignisse trägt eine Schuld. Weder mein Vater noch andere Familienmitglieder, weder meine Ex-Freunde noch Lia, weder die Krankheit Multiple Sklerose noch ich selbst. Um es zusammenzufassen, habe ich mich, wenn es mir schlecht ging und ich traurig war, immer allein und einsam gefühlt und jede Träne unterdrückt. All das waren Ereignisse, die ich nicht kontrollieren konnte. Womit wir wieder bei dem Thema Kontrollverlust sind: Kontrollverluste sind normal im Leben. Niemand hat die Sicherheit, dass alles nach Plan läuft und alles unter Kontrolle halten kann. Leben bedeutet Veränderung. Stetige Veränderung, auf die wir meistens keinen Einfluss haben. Die einzige Kontrolle, die wir haben, ist die Wahl zu entscheiden, wie wir auf Ereignisse reagieren wollen. Seit ich mein Vertrauen in das Leben entdeckt und gestärkt habe, machen mir unvorhersehbare Ereignisse weniger Angst. Je sicherer, geborgener und gehaltener ich mich - durch mich selbst fühle -, desto größer ist mein Selbstvertrauen, was mir die Angst nimmt, wenn etwas außer Plan gerät.

Jedes Kind möchte das Gefühl haben, beschützt zu werden, gehalten zu werden und richtig und sicher zu sein. Aber nicht jedes Kind erfährt diese Basis, die wichtig ist, um Vertrauen zu schaffen. Bei Kindern sind es unsere Eltern, die uns den nötigen Halt geben. Doch leider sind sie selbst nicht immer in der Lage dazu. In vielen Fällen liegt es daran, dass unsere Eltern selber keinen Schutz von ihren Eltern erfahren haben. Die fehlende Erfahrung von Liebe, Zuneigung und Nähe sorgt dafür, dass das Kind sich nicht sicher und geborgen fühlt. Nur weil man erwachsen wird, bedeutet das nicht, dass man mit schweren Gefühlen nichts mehr zu tun haben darf. Ganz und gar nicht. Jedes Kind lebt in jedem erwachsenen Menschen weiter.

Jedes Mal, wenn die erwachsene Emma das Gefühl von Unsicherheit, Angst, Trauer oder Wut bekam, schrie die kleine Emma in ihr auf. Zwar versuchte die erwachsene Emma, die Schreie der kleinen Emma zu unterdrücken, doch das war unmöglich. Die Kleine wollte endlich gehört und umsorgt werden.

Jeder Mensch besitzt ein Urvertrauen, bei manchen ist es gestört, bei manchen mehr ausgewachsen. Der Samen Vertrauen ist seit der Geburt gepflanzt, wenn dieser aber kein Wasser (in Form von Liebe und Sicherheit) bekommt, hat der Samen keine Chance zu keimen. Der Samen wächst auch im Erwachsenenalter nicht von allein, sondern bedarf weiterhin Liebe und Zuneigung.

Mit diesem schweren Thema und den schmerzhaften Wahrheiten verließ ich die wohl intensivste Einzeltherapiestunde. In dieser Stunde wurden sämtliche Wunden aufgerissen. Ich stellte mich all meinen Erfahrungen und vor allem: meiner Empfindung der Einsamkeit. Als ich das Sprechzimmer von Frau Wetzel verließ, fühlte ich mich nackt. Ich gestand mir zum ersten Mal ein, wie schlecht es mir seit Jahren ging, wie einsam und verlassen ich mich fühlte. Ich fühlte einen sehr, sehr tiefen Schmerz.

Alleine in meinem Patientenzimmer war ich ungestört. Der Trauerkloß in meinem Hals, der sich schon im Sprechzimmer von Frau Wetzel gebildet hatte, wurde immer größer. Ich wusste, ich hatte ausreichend Raum und Zeit, um mich auf meinem Bett fallen zu lassen. Mit dem Rücken lag ich auf meinem Bett, starrte an die Decke und erinnerte mich an eine Situation aus der Vergangenheit: Mit fünf Jahren und zurückgehaltenen Tränen saß ich als kleines Mädchen im Wohnzimmer bei meiner Familie und war zutiefst traurig, wollte aber nicht weinen.

Auf dem Bett liegend fühlte ich den Schmerz. Ich fühlte mich. Ich fühlte die kleine Emma in mir. Ich fühlte mein Inneres Kind. In meiner Vorstellung hätte ich das kleine Mädchen so gerne in den Arm genommen und ihr gesagt, dass sie weinen darf und dass sie ein wundervolles Wesen ist. Mich überkam ein unglaubliches Mitgefühl mit der kleinen Emma in mir, während ich ihren Schmerz spürte.

Und nun konnte ich nicht anders, als endlich zu weinen. Meine Tränen liefen meine Wangen herunter und ich legte beide Arme überkreuzt um mich herum, als würde ich mich umarmen. Das alles fühlte sich zwar schmerzhaft, aber gleichzeitig auch so erleichternd und schön an. Ich freute mich ein wenig und war stolz, endlich zu weinen, endlich bewusst zu weinen. Ich nahm wahr, wie sich mein Brustkorb weitete und wie viel Luft ich plötzlich bekam. Daraufhin machte sich ein leichtes Lächeln in meinem Gesicht breit. Ich spürte innere Sicherheit, obwohl ich Trauer zuließ. Ich war sicher in diesem Haus, in diesem Zimmer, auf diesem Bett, mit mir alleine.

Dieser Moment in der Klinik war eine wunderschöne Erfahrung, an die ich mich immer wieder gerne erinnere. Denn dort machte ich einen großen Schritt in Richtung Heilung. Ich kam in den Kontakt mit meinem Inneren Kind. Von da an beschloss ich, mich um die kleine Emma zu kümmern und ihren Schmerz mit ihr zu fühlen. Ich beschloss, sie zu hören, wenn sie mich braucht. Ich versprach ihr, mich regelmäßig mit ihr zu verbinden. Endlich konnte ich für mein Inneres Kind da sein.

Zum ersten Mal spürte ich in meinem Körper, dass sich der Druck und die Trauer minimierten, wenn ich mich meinen größten Ängsten, meinen Emotionen, stellte. Die Erfahrung des Weinens lehrte mich, dass es sich lohnt, die schädlichen Schutzstrategien zu verlassen und ins Fühlen zu gehen, denn diese Strategien waren nur aus der Angst geboren. Nur so können Gefühle gefühlt, transformiert und aufgelöst werden. Weder durch Zwänge noch durch Süchte konnte ich meine Ängste stillen. Durch meine bisherigen Schutzstrategien konnte ich meine ungewollten Gefühle zwar für einen Moment beseitigen, jedoch nicht auf Dauer, da ich sie nur verdrängte. Ich verdrängte, löste sie aber nie auf. Stattdessen wurden sie immer lauter. Wie der Wasserball, der nur heruntergedrückt wird und nicht verschwindet, verschwinden auch die Gefühle nicht von alleine. Meine Aggression, Wut, Unruhe und Angst kehrten solange wieder, bis ich sie alle unter die Lupe nahm; bis ich bereit war, all diese Gefühle zu fühlen. Ein negatives Gefühl kann sich nur in ein positives wandeln, wenn es angeschaut und gefühlt wird. Zwar wusste ich all das schon seit mehreren Wochen, doch hatte ich nie die Erfahrung des Fühlens gemacht. Ich war noch nicht bereit gewesen, mich meiner Angst vor dem Fühlen zu stellen. Heute weiß ich, dass sich der Moment, indem wir bereit sind, den Schmerz zu fühlen, von alleine zeigen wird. Dann liegt es nur an uns selbst, ob wir ihn zulassen oder nicht.

Sobald ich anfing loszulassen

Die letzten Sitzungen bei Frau Wetzel standen unter dem Stern meiner Entlassung aus der Klinik. Mit verschärftem Blick besprachen wir u.a. Strategien, damit ich mein dysfunktionales Verhalten in ein funktionales umfunktionieren kann. Es gibt vielfältige Methoden bei der Verhaltenstherapie. Eine wichtige Methode zielt darauf ab, Strategien zu erlernen, die wie ein neues Schema wirken. Die Patienten sollen die dysfunktionalen Erlebens- und Verhaltensmuster, die sie sich erworben haben, bewusst machen und so verändern, dass die Gefühle und das Verhalten besser reguliert werden können. Denn die eigenen Bewertungen sind Gedanken, welche sodann Gefühle hervorrufen, die in einem nächsten Schritt das eigene Handeln lenken.

Oftmals bewertete ich Geschehenes nämlich negativ, sodass auf diesen Gedanken ein negatives Gefühl folgte und in der weiteren Konsequenz zu einem schädlichen Handeln führte. Ein Schema, das ich mir angeeignet hatte, erklärte Frau Wetzel mir wie folgt: Ich esse eine Portion Pommes und anschließend bewerte ich diese Handlung negativ. Als Betroffene einer Essstörung ist mein Gedanke nach dem Essen von etwas Fettigem: „Ich bin hässlich. Das ist ekelhaft. Ich fühle mich fett. Ich muss das sofort wegtrainieren!" Dieses negative Gefühl ließ mich immer sofort Sport treiben, damit ich mich besser fühlen konnte. Das bessere Gefühl hielt allerdings immer nur kurzfristig an.

Frau Wetzel brachte mir bei, nach dem Essen von Fettigem oder Süßem dieses Ereignis positiv zu bewerten und diesen Satz zu denken: „Genau das brauchte jetzt mein Körper, das gab mir Energie und Genuss". Somit wäre die handelnde Konsequenz dann nicht, Sport zu treiben, sondern die, dass ich mich vitaler und kräftiger fühle und als Handlung andere schöne Dinge machen könnte. Die Anwendung dieses Schemas bedeutete also langfristig für mich, meine gewohnten Handlungsmuster endlich verlassen zu können. Diese Neuerung erzeugte allerdings zu Beginn Gefühle, die sich nicht wirklich angenehm für mich anfühlten. Es war hingegen notwendig, durch diese Gefühle hindurchzugehen, damit Körper und Geist bemerkten, dass wirklich nichts Schreckliches geschieht, wenn ich nun gewohnte Handlungen wie z.B. exzessiven Sport unterlasse. Und es geschah ja sogar etwas Positives! Endlich fühlte ich mich stärker und vitaler. Mein Körper bekam das, was er brauchte, ohne dass ich es ihm gleich wieder radikal entzog. Anfangs war es schwierig, die über Jahre hinweg konditionierten Handlungen zu unterlassen. Mit viel Ausdauer erlernte ich zäh, dass es sich lohnt, den Weg der langfristigen gesunden Konsequenzen zu gehen. Die Kunst besteht also wie bei allem zu Lernenden darin, Geduld zu haben und ein Gefühl, das Unwohlsein auslöst, liebevoll auszuhalten.

Frau Wetzel stellte mir eine weitere Strategie vor, die sich auf mein Verhalten bezüglich meines Planungszwanges fokussierte. Dieses Mal war es eine Frage, die ich mir immer und zu jeder Zeit stellen konnte, sobald ich den Zwang verspürte, wieder zu planen, zu recherchieren oder etwas tun zu müssen: „Wie wichtig und wie dringend ist es gerade, dass ich das jetzt perfekt planen muss?" Diese Frage half mir, das Planen zu priorisieren oder manchmal sogar wegzulassen. Ich lernte, zu unterscheiden, wann es hilfreich ist, Dinge zu planen und wann es überflüssig ist. Aber auch das

Erkennen und Umsetzen ist ein Prozess. Frau Wetzel legte mir nahe, dass ich nicht zu streng mit mir sein solle. Schließlich gibt es im Leben Dinge, die geplant werden dürfen oder geplant werden sollten. Außerdem kann ich meine „Schwäche", das Planen, umpolen und als Stärke nutzen. Denn ich bin aufgrund dieser Kompetenz organisiert, zuverlässig und strukturiert. Solange es nicht zu einem Zwang wird, der das Leben einschränkt, hat das Planen einen großen Nutzen.

Am letzten Wochenende meines Klinikaufenthalts nahm ich das Angebot der Belastungserprobung wieder an. Dieses Mal nutzte ich es, um meinen Vater wiederzusehen. Es war Zeit, die Konflikte zwischen uns zu betrachten und Ordnung zu machen. Weil ich mich durch meinen Klinikaufenthalt gestärkt und sicher fühlte, dachte ich, nun sei der perfekte Zeitpunkt, meinen Vater zu treffen.

Wir hatten seit einigen Jahren wieder häufiger Kontakt und sahen uns zwei- bis dreimal im Jahr im Familienkreis zu den Feiertagen. Aber über unser Vater-Tochter-Verhältnis sprachen wir nie. Mir war es wichtig, ihm meine Gedanken mitzuteilen. Gedacht, getan.

Wir sprachen über mich und er sprach auch erstmalig über sich. Das machte es mir einfacher, ihn und seine Verhaltensweisen besser zu verstehen. Er hatte viele Fragen an mich, an mein Krankheitsbild und meinen Klinikaufenthalt. Ich fühlte mich gesehen und wohl bei ihm. Am Ende meines Besuches nahm er mich so fest wie noch nie in den Arm.

Ich bin bis heute stolz auf meinen Mut, die Aussprache mit ihm gesucht zu haben, denn dieser Austausch im Gespräch hat unsere Beziehung deutlich verbessert. Ich bin ihm heute sehr dankbar, denn er berichtete mir auch einiges von sich, von seinen Gefühlen und Gedanken. Er erlaubte es mir, ihn in seiner Verletzlichkeit zu sehen. Er war bereit dazu, ich war bereit dazu. Ich hatte zum ersten Mal das Gefühl, dass mein Vater sich um mich sorgte. Er bot mir an, dass er jederzeit für mich da sei und ich zu ihm kommen könne. Er war jetzt der Vater, den ich mir immer gewünscht hatte.

Auch wenn diese Wunde noch Heilung und Arbeit bedarf, bin ich dankbar für unsere ersten gemeinsamen Schritte.

Mittlerweile war nicht nur der Herbst vorbei, sondern für mich war auch die letzte Woche der Klinik angebrochen. Fast wie von alleine ergaben sich in verschiedenen Lebensbereichen noch weitere kleine Veränderungen. Ich veränderte mich still und schleichend wie der Herbst es tat. Die Jahreszeiten, besonders der Herbst, sind sehr lehrreich für mich. Die Natur ist im stetigen Wandel. Im Herbst verändert sich das Tageslicht und die Blätter färben sich in leuchtenden Farben bis sie verblassen und von den Bäumen fallen. In einem Moment zeigt sich die Sonne von ihrer schönsten Seite und im nächsten Moment naht das klassische „November-(regen)-wetter".

Die Natur wandelt und verändert sich und in diesem Jahr nahm ich mir bewusst ein Beispiel an ihr. Ich ging mit ihr den Weg des Wandels. Ich nutzte den Herbst, um etwas zu verändern, um loszulassen, um ins Vertrauen zu kommen. Das macht die Natur ja schließlich auch, dachte ich. Sie vertraut auf den Prozess des Lebens und das wollte ich auch endlich.

Dabei durfte ich feststellen, dass Veränderung vorerst schmerzhafter als Gewohnheit ist! Veränderung bedeutet Umbruch. Umbruch bedeutet Umbau und der Umbau benötigt neue Strukturen. Solche Umbrüche können kurzfristig sehr anstrengend, aber langfristig effektiv sein! Alte Gewohnheiten und Verhaltensweisen loszulassen ist kein Spaziergang. Mein bisheriges Verhalten entgegensetzt der Gedanken zu ändern war kurzfristig schmerzhaft, langfristig brachte es mir Gelassenheit, Ruhe und Frieden. Schließlich ging es bei mir darum, so vieles von mir aufzugeben, nämlich meine gewohnten und gelernten Zwänge, meine starken Regeln und Rituale und vor allem meine Kontrolle über mich. Nur so konnte ich es schaffen, endlich ins Vertrauen zu kommen. Meine Gewohnheiten waren Ballast auf meinem Weg, sie waren Störfelder für meinen Heilungsweg. Ich wollte mein Leben neu ausrichten und entschied mich für ein Leben frei von Ängsten. Dafür mussten sich aber die alten Strukturen und Gewohnheiten auflösen, damit überhaupt neue entstehen konnten. Ich fing also an, loszulassen. Die Natur macht es ja auch. Es ist für den Baum im Herbst an der Zeit seine braunen Blätter loszulassen, damit im Frühling neue wachsen können.

Das war einfach unglaublich! Aber ja – auch nicht einfach.

An meinem letzten Nachmittag in der Klinik entdeckte ich die Einzigartigkeit meines Körpers. Ich war ziemlich unruhig, weil ich am Vormittag mein Entlass-Gespräch bei Frau hatte. Um den Kopf frei zu bekommen, ging ich etwas an die frische Luft. Schließlich wusste ich, die Natur tut mir gut und steht immer zur Verfügung. Ich zog mir meine Jacke und Schuhe an, nahm meine Kopfhörer mit und ging nach draußen.

Nach wenigen Schritten zeigte sich mein altes Muster. Wie aus dem Nichts drangen Gedanken in meinen Kopf, die ich nicht hereingebeten hatte. Ich machte mir Gedanken über mein mögliches Sportverhalten nach der Entlassung. Wie oft und welchen Sport werde ich nach der Entlassung wieder machen? Ich wollte darüber nicht nachdenken, konnte es aber nicht unterlassen. Ich diskutierte mit mir, dass Sport mir einerseits wirklich guttut, aber andererseits auch das Risiko besteht, den Sport für etwas zu benutzen, was mir schaden könnte.

Ich dachte, ich müsste den perfekten Plan haben, bevor ich entlassen werde. Meine Gedanken hörten nicht auf, indes mein Körper immer angespannter wurde. Ich verhaftete mich durch diese Gedanken, ja, ich führte diese weiter aus, entwickelte in meinem Kopf verschiedene Konzepte, Regeln und Pläne. Von einem Trainingsplan zum nächsten malte ich mir eilig aus, wie viel Zeit ich in das Erfüllen des nächsten Trainingsplanes investieren könnte. Mein finaler Trainingsplan, der so sorgsam in meinem Kopf entstanden war, war dazu gedacht gewesen, mich um meine Gesundheit zu kümmern. Aufgrund meiner langjährigen automatisierten Gedankenabfolge, wenn es um das Thema Sport ging, hatte sich diese Idee aber verselbstständigt. Der Fokus Gesundheit war durch mich selbst verlagert worden auf den Fokus mit dem Titel „Gewicht und Form".

Und plötzlich erkannte ich erschrocken: Da bin ich wieder, in meinem Käfig!

Durch die Wahrnehmung meines schnellen und kurzen Atems wurde mir bewusst, dass ich meine Aufmerksamkeit gerade voll und ganz auf Dinge lenkte, die keine positive Energie in mir hervorriefen.

In meinen bislang gelesenen Büchern erfuhr ich, dass ich meinen Körper als Signalgeber und Anker nutzen konnte, wenn meine Gedanken abschweifen. In diesem Moment konnte ich mein Wissen anwenden. Mein Wille, meine Gedanken reinzuhalten, war stärker als schädliche Gedanken über den Sport und das Planen von Sport.

Also blieb ich stehen, atmete tief durch die Nase ein und durch den Mund wieder aus und sagte laut: „Stopp!" Mein Blick fiel nach unten auf meine Handinnenflächen. Ich schaute einfach nur auf meine gestreckten Handinnenflächen. Mich überkam dabei eine unerwartete überraschende Einsicht über das Wunder meines Körpers. Ich verspürte eine Verbundenheit, während ich auf meine Hände starrte. Ich schaute mir diese wertvollen Hände genauer an und dachte, dass diese Hand vor wenigen Monaten noch taub war, extrem gekribbelt und geschmerzt hatte.

Ich war mir sicher, dass ich mein Leben nicht damit verbringen wollte, mich von Gedanken leiten zu lassen, die mir nicht guttun. Ich erinnerte mich an meinen Entschluss, meinen Körper nicht mehr mit einer ungesunden Lebensweise und nicht-dienlichen Gedanken zu quälen. Ich wollte doch mein Leben leben! Frei sein! Während ich in einem von wenigen Menschen besuchten Park stand, richtete ich meine Liebe auf die Einzigartigkeit meines Körpers und erinnerte mich daran, dass ich mein Leben nur leben kann, weil ich diesen wunderbaren Körper habe. Mein Körper hatte die Kraft, wieder funktionieren zu können!

Es tut mir Leid, Körper, ich entschuldige mich für alles, was ich Dir angetan habe. Ab jetzt werde ich Dich liebevoll behandeln, verinnerlichte ich.

Ich verließ diesen Ort der Erkenntnis und schrieb in der Klinik an meinem Schreibtisch intuitiv einen Brief, ein Brief an meinen Körper:

Hey,

noch nie habe ich auch nur im Geringsten daran gedacht, Dir einige Worte zu widmen. Das tut mir Leid.
Aber noch mehr Leid tut mir, dass ich Dich fast nie beachte.
Ohne Dich würde ich gar nicht existieren.
Du ummantelst mich und gibst mir die Möglichkeit, ein Mensch zu sein. Ja, Du erlaubst mir, überhaupt zu SEIN, überhaupt zu leben und aktiv zu sein.

Dank Dir kann ich mich in Raum und Zeit bewegen, nämlich gehen, laufen, Fahrrad fahren, jeglichen Sport treiben. Dank Dir kann ich mich zu anderen Menschen hinbewegen, Freunde treffen und zur Arbeit gehen. Nur durch Deine Form kann ich mich über Bewegung erfahren und Erfahrungen sammeln.

Du gibst mir die Möglichkeit, meine Leidenschaften auszuüben, mich mit der Natur zu verbinden, zu tanzen, zu singen, zu sehen, zu fühlen, ….

Ich danke Dir, dass Du meine Organe funktionstüchtig hältst, so dass ich leben kann. Sie arbeiten nicht nur, sie funktionieren. Jede Sekunde. Ständig. Immer. Jetzt. Danke.

Danke Leber, danke Niere, danke Lunge, danke Herz.

Ich danke jeder einzelnen Zelle, aus der Du existierst.

Danke dass ich durch Dich existieren kann.

Danke, dass ich mein Leben durch Dich erschaffen darf.

Danke, dass ich mich durch Dich erfahren kann!

Viel zu selten gab ich Dir, was Du benötigst.

Viel zu oft quälte und bestrafte ich Dich. Ich war nicht immer fair zu Dir, aber nun verspreche ich Dir und damit mir, Dir für alle Zukunft meinen Dank zu erweisen und mein Bestes zu geben, Dich von Tag zu Tag mehr zu ehren. Heute fange ich an, Dich endlich zu lieben.

Vergib mir.

In Liebe,

Emma

Seither genügt häufig ein Blick auf meine Hände, um mich wieder an meinen wundervollen Körper zu erinnern.

Wozu dient mit eigentlich mein Körper? Diese Frage bewegte mich immer wieder. Ist er etwa dazu da, gequält zu werden, in dem ich ihm Energie verweigere, ihm seine Existenzgrundlage entziehe und ihn darüber hinaus auch noch kraftlos durch die Gegend scheuche? Ist er dazu da, dass er stets und ständig für mich da ist und für mich arbeitet? Ist er dazu da, überflüssige Diäten zu ertragen und ihn obendrein gegen Wände und Türen zu schlagen? Ist er bloß da, um dünn zu sein, noch dünner zu werden, um einem imaginären, weil von außen aufdrängendem Schönheitsideal gerecht zu werden? Nein! Nicht nur der Körper leidet unter dieser Misshandlung, sondern auch die Seele.

Diese Schönheitsideale enden so oft in Essstörungen, Depressionen oder anderen psychischen Erkrankungen, weil der Körper eine Aufgabe bekommt, die er gar nicht leisten kann, weil es gar nicht von einer Schöpfermacht gegebene Aufgabe ist! Wir alle, jede und jeder, sind nicht nur schön, wir sind auch einzigartig. Und genau diese Einzigartigkeit macht unsere Schönheit erst aus! Wir dürfen all das, was uns auf dieser Erde begegnet, mit unseren Sinnen erfahren. Ist das nicht großartig? Welch ein Geschenk! Wir können den Boden unter den Füßen spüren, wir können Berührungen spüren, wir können Gefühle wahrnehmen, wir können den Duft der Natur riechen, wir können schmecken und sprechen. Unser Körper ist dafür da, damit wir uns mit unserem wahren Selbst zum Ausdruck bringen können. Ohne meinen Körper könnte ich das hier nicht schreiben und Du könntest ohne Deinen Körper das hier gar nicht lesen.

Der menschliche Körper ist ein Wunder, dieses Wunderwerk haben wir als Geschenk erhalten. Er hat es verdient, liebevoll und wertschätzend behandelt zu werden. Unserem Körper ist es egal, wie groß wir sind oder wieviel wir wiegen. Er bedarf einfach nur unserer Liebe.

Während meines Klinikaufenthaltes hatte ich nur wenig Kontakt zu meinen Freunden. Auch zu Hannah. Zwar schrieben wir gelegentlich über WhatsApp miteinander, doch meistens grenzte ich mich ab, weil ich Zeit und Raum für mich brauchte. Mit Lia telefonierte ich häufig, denn wir durchlebten ähnliche Phasen und unsere Welten passten zueinander.

Gerne blicke ich auf das erste Treffen mit Hannah nach meiner Entlassung zurück. Vor dem Ausbruch meiner Essstörung hatten Hannah und ich ein gemeinsames Lieblingsessen und gingen deshalb regelmäßig unseren Lieblings-Burger essen. Nun wollte ich ihr demonstrieren, wie gut ich wieder essen konnte und machte den Vorschlag, Burger essen zu gehen. Gesagt, getan.

An diesem Abend war der vegane Burger nicht nur grandios lecker, er wurde sogar vollständig von mir verspeist. Ich war stolz, Hannah war stolz. Wir feierten meinen Fortschritt, indem wir uns mitten im Lokal ein „High five" gaben.

Nicht jede Situation, bei der es um Essen ging, war so einfach wie diese.

„Und, wie klappt's mit dem Essen?"

„Du haust heute aber ganz schön rein."

„Krass, du hast echt zugenommen."

„Du hast ja alles aufgegessen!"

„Das hat richtig viele Kalorien!"

Genauso schwierig war es für mich, wenn mir mein Gegenüber beim Essen Sätze mitteilte wie solche:

„Ich habe heute (extra) noch nichts gegessen."

„Also ich habe heute schon Sport gemacht."

„Boa, ich bin so satt, wie kannst du noch weiteressen?"

Vor allem kurz nach meiner Entlassung verunsicherten mich solche Sätze extrem und machten mich häufig wütend. Und es gibt Phasen in meinem Leben, da sind diese Äußerungen immer noch schwierig für mich! Ich erwähne dies, denn solche Kommentare können bei Betroffenen im schlimmsten Fall einen Rückfall auslösen. Deswegen appelliere ich an alle Nichtbetroffenen: Bitte überdenkt oder kommuniziert direkt mit den Betroffenen, ob es Sätze gibt, die sie (noch) nicht hören können! Bitte geht achtsam mit solchen Äußerungen um. Mir ist bewusst, dass solche Kommentare nicht böswillig gemeint sind. Jedoch können Nichtbetroffene nicht wissen, wie sich ein Betroffener fühlt. Wünschenswert ist, dass Nichtbetroffene vor dem Aussprechen solcher Anmerkungen diese überprüfen denn für Betroffene sind diese eine große Gefahr!

Lange war ich der Überzeugung, ich würde mich mit der Essstörung schützen können. Ich dachte, ich würde nur in ihr sicher sein. Die Wahrheit aber ist, ich habe mich in ihr verloren! Die Essstörung war ein paradoxer Versuch, mich selbst zu retten. Mit der Essstörung an meiner Seite war ich der festen Überzeugung, schmerzhafte Verluste und Emotionen kontrollieren zu können. Doch das funktionierte nicht. Die Essstörung war eine scheinbare Kontrolle. Je näher ich ihr auf meinem Heilungsweg kam, desto mehr erkannte ich, dass alles nur eine Illusion ist. Die Essstörung wurde zu einem Ventil für meine Wut, Trauer und Angst, zudem auch ein Ausdruck meines Bedürfnisses, gesehen und geliebt zu werden. Die Essstörung war mein Schrei nach Hilfe. Ein Ruf nach Aufmerksamkeit, ein Schrei nach Liebe. Ich versteckte mich, doch wollte Aufmerksamkeit und bemerkte, dass ich diese bekam, wenn ich hungerte und mich abmagerte. Der Schrei hielt so lange an, bis ich die Bereitschaft hatte, gesund zu werden. Ich allein musste bereit sein, diese Entscheidung zu treffen. Hierzu musste ich bereit sein, Hilfe anzunehmen.

Heute weiß ich, dass ich diese vielen Erfahrungen sammeln musste, um mich selbst zu erkennen, um mir selbst zu begegnen. Durch die zahlreichen Gespräche der letzten Monate mit Frau Wetzel erkannte ich, dass ich einen stark verletzten Anteil in mir wohnen habe. Durch das Kennenlernen meines Inneren Kindes verstand ich, weshalb ein

Teil von mir so hart zu mir geworden ist. Die intensive Arbeit mit mir selbst hatte mich endlich auf etwas Verborgenes blicken lassen: Weil meine Grundüberzeugung war, im Leben nicht sicher zu sein und weil mein Glaubenssatz lautete, nicht gut genug zu sein, brauchte ich die Kontrolle. Durch die vielen Wochen der Therapie konnte ich mir die Ursache für meinen Zwang nach Planung und Struktur anschauen.

Breits als Kind lebte ich in der Überzeugung, in allen Lebensbereichen für mich selbst sorgen zu müssen, um sicher zu sein. Dieses unerfüllte Sicherheitsbedürfnis hatte ich bereits als Fünfjährige. Aus dieser nicht erfüllten Sehnsucht nach Sicherheit und Geborgenheit entwickelte sich im Alter von 24 Jahren die Sucht nach Planung und Kontrolle. Mittels dieser Süchte konnte ich mein Bedürfnis nach Sicherheit und Geborgenheit stillen oder besser gesagt: kompensieren. Und das immer nur kurzfristig.

Ich holte die Essstörung und die Zwangsstörung zu mir und legte sie mir wie einen Mantel um. Dieser Mantel war mein Schutzmantel, dessen Material aus Planen, Kontrolle und Perfektionismus bestand. Mein Schutzmantel diente mir für eine gewisse Weile. Er half mir dabei, nicht fühlen zu müssen. Doch zum Ende meiner Therapie spürte ich, dass ich nun bereit war, meinen Käfig zu verlassen, indem ich diesen Mantel ablegte. Ich brauchte diesen Schutz nicht mehr. Ich legte den Mantel ab - ich legte die Essstörung und die Zwänge ab. Ich hatte erkannt, dass meine Ängste mir nicht mehr die Hand halten müssen, es war Zeit, meine Ängste zu verabschieden. Denn nun war ich bereit, meine schmerzhaften Emotionen willkommen zu heißen.

Negative Glaubenssätze und Überzeugungen, welche die Gitterstäbe meines Käfigs waren, lösten sich auf. Ich konnte meinen einst selbstgebauten Käfig verlassen. Ich war bereit für ein neues Leben. Bereit für neue Überzeugungen und neue Glaubenssätze, die mein wahres Selbst widerspiegelten. Es wirkte paradox, doch ich erkannte und erfuhr, dass ich wirklich in Sicherheit bin, WEIL ich loslasse.

Was möchtest Du loslassen?

Rückblickend betrachtet vergingen die gesamten Therapiewochen wie im Flug. Es ist der Wahnsinn, wie viele Erkenntnisse ich in diesen Wochen über mich selber und das Leben bekommen habe. Zum Zeitpunkt der Entlassung war ich natürlich nicht komplett geheilt oder frei von der Essstörung und den Zwängen. Heilung ist und bleibt eine Reise. Diese Reise führt zum Selbst, um wieder die eigene Ganzheit zu spüren, um „heile" zu sein. Heilung bedeutet für mich auch immer, sich selbst zu erfahren, voll und ganz da sein dürfen mit allem, was ist. Wir dürfen mit all unseren „Stärken" und „Schwächen", mit all unseren Anteilen da sein. Erst wenn wir uns bewusst dafür entscheiden, alle Anteile in uns anzunehmen, sind wir vollständig. Und wenn wir uns dazu entscheiden, Frieden mit unserer Vergangenheit zu schließen, sind wir frei.

Ich habe mich entscheiden, etwas zu verändern. Dazu musste ich mir selbst begegnen, auch wenn es wehtat. Ich habe mich dazu entschieden, wieder gesund zu werden, um wieder zurück zu mir zu finden. Und genau das war der Schlüssel. Der Schlüssel zu meinem inneren Frieden. Diese Tür zu meinem Herzen konnte nur ich selber öffnen. Niemand anderes. Als ich in dem Raum meines Herzens ankam, war der Besuch dort anfangs sehr schmerzhaft. Denn ich stellte mich erstmalig meinen Gefühlen. Doch mit der Zeit konnte ich mir immer besser in die Augen schauen, schmerzhafte Gefühle aushalten und mich dann liebevoll selber in den Arm nehmen. Ich durfte feststellen, dass es sogar Spaß machen kann, für sich selber da zu sein. Es ist so heilsam, sich liebevoll zu begegnen, dadurch kann Schmerz in Liebe verwandelt werden. Ich tastete mich immer wieder an meine Emotionen heran und ließ sie zu. Schritt für Schritt. Und immer erst dann, wann ich bereit dazu war. Ich spürte dabei aber immer wieder, dass ich mir und dem Leben vertrauen darf, dass ich getragen bin. Ich spürte, dass ich mein Sehnsuchtsziel erreicht hatte, denn ich war in meinem Leben sicher - ohne die Essstörung und ohne Zwänge. Das war wie ein Neuanfang. Wie ein neues Leben.

Als ich mir all dessen noch nicht bewusst war, traute ich mich nicht, meine Emotionen zu fühlen, weil ich dachte, nie wieder aus diesem Schmerz herauskommen zu können. Ich ging davon aus, dass ich mit all meinem Leid alleine am Boden liegen würde und nie wieder aufstehen könnte. Ich dachte, ich würde diesen Schmerz nicht (er)tragen können. All diese Ängste, deren Ursprung im fehlenden Urvertrauen liegen, begannen im Kindesalter. Mir selber wieder vertrauen zu können, musste ich also mühevoll lernen. Je mehr ich mir vertraute, desto einfacher fiel es mir zu fühlen. Heute erlaube ich allen Gefühlen, an die Oberfläche zu kommen. Nur so kann ich mit ihnen in einem gesunden Modus umgehen und auch die negativen Gefühle ziehen lassen, damit sie sich positiv verwandeln können. Diese Verhaltensveränderung nahm mir automatisch den Druck und die Anspannung, die ich ständig in meinem Körper spürte. Irgendwie auch logisch, denn je weniger Emotionen sich anstauten, umso weniger Druck verspürte ich. Ich habe plötzlich Gefühle gefühlt, von denen ich nicht einmal wusste, dass ich sie habe. Durch das Durchfühlen der schmerzhaften Gefühle entstanden gleichzeitig Gefühle, die von Leichtigkeit und Freude geprägt waren. Ich durfte auch erkennen, dass die Stille, die sonst Panik in mir auslöste, heilsam sein kann. Damals hasste ich die Stille, denn ich hatte Angst davor, mit mir selber in Kontakt zu treten. Ich vermied sie, indem ich irgendetwas tat, egal ob gedanklich oder durch

Handlungen. Sobald Stille eintrat, fühlte ich mich bedroht. Denn die Stille rief immer ein negatives Gefühl hervor: Angst, Traurigkeit oder Wut. Und weil ich nicht fühlen wollte, tat ich stets etwas, um nicht still sein zu müssen. Ich dachte, ich würde die Gefühle hinter der Stille nicht ertragen können, dabei waren es genau die Gefühle, die mich die ganze Zeit so unruhig machten. Es waren die Gefühle, die ich seit Jahren unterdrückte und dabei doch endlich gefühlt werden wollten! Ich habe gelernt bewusst in die Stille zu gehen, sobald mir mal alles zu viel wird. Stille ist zu einem weiteren Anker für mich geworden.

Während und nach meinem Klinikaufenthalt wandelte sich vieles in meinem Leben. Ich beschäftigte mich nun bewusst und intensiv mit den essenziellen Säulen in meinem Leben, die für Stabilität sorgen und baute mir, gehalten durch diese Säulen, ein neues solides Häuschen. Ich arbeitete nicht nur mit meiner inneren Welt, sondern veränderte auch meine äußere Umgebung. Ich veränderte meine berufliche und häusliche Situation. Ich nahm mein Leben voller Kraft und Zuversicht in die Hand. Ich hätte nie gedacht, dass ich jemals wieder so viel Lebensfreude spüren könnte. Meine häusliche Umgebung, meine berufliche Laufbahn und vor allem der Umgang mit mir selber wandelten sich. Ich hatte wieder Lust und Freude, am sozialen Leben teilzunehmen. Ich lernte nicht nur wieder zu träumen, sondern meine Träume auch zu verwirklichen!

Dazu stabilisierte sich auch meine körperliche Gesundheit, denn auch die wiederkehrenden und neuen Schübe der Multiplen Sklerose verringerten sich. Bis heute hatte ich keinen neuen Schub. Mittlerweile weiß ich auch, dass ich selber sehr viel dazu beitragen kann, wie sich die Multiple Sklerose auswirkt. Ich könnte so viele Momente nennen, in denen ich bemerkt habe, wie viel Einfluss ich auf die

Krankheit habe. Ein deutliches Beispiel ist das Ereignis mit meinen Sehstörungen während des Klinikaufenthaltes, die ich mit Ruhe, Meditation und Yoga wieder verschwinden lassen konnte. Ich bin mir sicher, dass mich die Multiple Sklerose auf den Boden gerissen hätte, wäre ich weiterhin so mit mir umgegangen. Ich habe die Multiple Sklerose zwar nicht immer unter Kontrolle, aber ich kann entscheiden, wie ich auf ihre Symptome reagieren möchte. Wie eine gute Freundin erinnert die Multiple Sklerose mich heute immer noch daran, wenn ich nicht gut mit mir umgehe. Sie zeigt mir so, dass etwas im Ungleichgewicht ist und dass ich wieder etwas verändern darf. Sie ist für mich zu einem Wegweiser geworden, zu einer echten Freundin. Ihre Aufforderung ist zwar nicht immer liebevoll, aber sie ist da und dient mir. Sie weist mich auf die Notwendigkeit meiner inneren Ausgeglichenheit hin. Ich kann mich auf sie verlassen, denn ihre Hinweise lügen nicht. Wenn sich die Symptome der MS bemerkbar machen, dann weiß ich, ich brauche Ruhe und eine Auszeit. Manchmal ist es immer noch eine Herausforderung, nichts zu tun und mich auszuruhen. Doch sobald ich merke, dass sich alte Schübe wieder melden, höre ich auf die Multiple Sklerose. Ich gehe in die Stille, lausche hinter die Bedürfnisse meiner Symptome, ruhe mich aus und fokussiere mich auf die wirklich wichtigen Dinge im Leben. Schon nach kurzer Zeit spüre ich, wie mein Körper UND mein Geist sich erholen. Diese Erkenntnis und mein daraus resultierendes Verhalten sind ein großes Geschenk! Ich durfte auch erkennen, welche Auslöser dafür sorgen, dass die Symptome der MS zum Vorschein kommen. Einerseits ist Stress mein Auslöser und andererseits meldet sich die MS, wenn ich mental und emotional schlecht ausgerichtet und in einer instabilen psychischen Verfassung bin. Das Wissen um meine „Trigger" bereichert mich, denn so kann ich die MS ein Stück beeinflussen. Außerdem weiß ich dadurch immer wieder, wie eng die körperliche und psychische Gesundheit miteinander verbunden ist. Diese wichtigen Erkenntnisse habe ich jedoch nur, weil ich viele unangenehme Erfahrungen machen musste, um mich, meinen Geist und meinen Körper kennenzulernen. Jahrelang habe ich mich gewehrt, die Multiple Sklerose anzunehmen. Jahrelang kämpfte ich gegen sie und damit gegen mich. Und das nur, weil ich dachte, wenn ich die Multiple Sklerose als Meine Anerkennen würde, würde ich sie nie wieder loswerden. Ich dachte, sie würde mich dann komplett beherrschen und zu Boden reißen. Beim Schreiben dieser Zeilen, bemerke ich, dass es dieselbe Schlussfolgerung ist wie die, die ich mit dem Fühlen der Gefühle zog. Erst als ich mich dazu entschied, meine Krankheit anzunehmen, konnte ich verstehen, warum sie in mein Leben gekommen war. Erst dann konnte ich ein neues Bewusstsein für Krankheiten entwickeln und gleichzeitig einen Teil zu meiner Heilung beitragen. Zwischendurch habe ich noch immer alte Symptome und gleichzeitig weiß ich: Ich werde die Multiple Sklerose solange haben wie ich sie brauche. Sie war mein Weckruf in ein erfülltes Leben und ist noch immer mein Kompass.

Ich bin meinen Krankheiten sogar dankbar, weil sie mich zu der Frau gemacht haben, die ich heute bin. Ich durfte wachsen und anfangen zu heilen. Ich beschenkte mich selbst mit Körperbewusstsein, Liebe und Dankbarkeit. Ich lernte etwas über meine verstrickte Gefühlswelt, warum wieso und weshalb ich welche Gefühle hatte oder nicht hatte. Ich verstand, warum ich jahrelang dachte, ich sei nicht liebenswert, ich sei dumm, falsch und schwach. Ich verstand, warum ich mich einsam und verlassen fühlte.

Meine Reise zur Selbsterkenntnis ist noch lange nicht zu Ende. Jeden Tag erfahre ich mehr über mich und das gesamte Leben. Ich habe erkannt, dass ich hier bin, um eine menschliche Erfahrung auf dieser Erde zu machen. Ich bin hier, um mich selbst zu erfahren. Ich erfahre mich durch Polaritäten. Ich erfahre mich sowohl im Licht als auch im Schatten. Es gibt Momente in meinem Leben, die sind noch immer sehr herausfordernd. Und dafür bin ich hier. Durch das Wachstum meines Selbstvertrauens lebe ich heute in Frieden mit mir und meinen Bedürfnissen. Als kleines Kind war ich nicht in der Lage dazu, meine Bedürfnisse zu erfüllen, aber heute bin ich erwachsen. Heute bin ich in der Lage, meine Bedürfnisse und die damit verbundenen Gefühle anzuerkennen. Ich identifiziere meine Bedürfnisse, indem ich bewusst in ein aufkommendes Gefühl hineinspüre und mein Inneres Kind frage: „Was brauchst du gerade? Wonach sehnst du dich?" Liebe und Sicherheit sind die häufigsten Antworten. Beides kann ich meinem Inneren Kind heute selber geben. Die Angst und die Unsicherheit von damals tauschte ich aus gegen Liebe und Vertrauen. Heute kann ich meinem Inneren Kind sagen, dass es geliebt es. Damals war ich wütend, weil ich dachte, keine Person um mich zu haben, die mich versteht und für mich da ist. Niemals hätte ich daran gedacht, dass ich mal die Person sein werde, dich mich lieben wird und mir den nötigen Halt gibt.

In den vergangenen Jahren habe ich meinen eigenen kleinen Werkzeugkoffer zusammengestellt. Dieser ist gefüllt mit Naturerfahrungen, meinen wahren Freunden und meiner Familie, mit dem Schreiben, mit spirituellen Erlebnissen, mit Meditation und Yoga, mit gesundem Sport, sowie einer riesengroßen Portion Liebe. Dazu begleiteten mich lange Zeit und auch weiterhin verschiedene Therapieansätze und Heilmethoden (Wachstum hört nie auf ☺). Jeder Werkzeugkoffer kann anders aussehen und mit anderen Werkzeugen gefüllt sein. Ich bin mir sicher, dass Du nach und nach Deinen Koffer so füllen wirst, dass er Dich auf Deinem eigenen Weg gut unterstützen wird. Du hast die Freiheit, Dir Deine eigenen Werkzeuge auszusuchen, auszuprobieren und immer wieder auszutauschen. Und ganz wichtig: Du darfst Dir zu jeder Zeit Hilfe holen! Zu wissen, dass wir alle aus derselben Energie bestehen, beruhigt mich jeden Tag. Ich nenne diese Energie Liebe. Wir sind alle durchströmt von Liebe! Doch leider anerkennen wir diese Liebe viel zu selten weder in uns selber noch in anderen Menschen. Dabei ist Liebe alles. Alles, was ist. Ich wünsche mir, Du spürst beim Lesen dieser Zeilen, dass auch Du umgeben und getragen von Liebe bist.

Der Keim, den ich als Kind gepflanzt und unbewusst stetig gegossen habe, hieß Angst. Angst vor Emotionen, Angst nicht genug zu sein, Angst alleine zu sein. Damals war die Angst sogar manchmal hilfreich, sie wollte mich beschützen. Doch als ich sie nicht mehr brauchte, wusste ich es nicht besser und goss meine Angstpflanze weiterhin täglich. Ich habe entschieden, eine andere, eine bessere Ernte zu erschaffen, aber dafür brauchte ich einen anderen, neuen Samen. Ich nenne diesen Samen Vertrauen. Denn ich vertraue darauf, immer sicher, geliebt und geborgen zu sein.

Du findest Dich an einigen Stellen meiner Lebensgeschichte wieder? Dann wünsche ich Dir, dass Du einen Samen pflanzt, der wachsen kann, damit Du bei Deiner Entfaltung in ein friedvolles Leben eine gute Ernte einfährst. Diese Reise in ein friedvolles Leben beginnt bei Dir. Heilung beginnt bei Dir. Und alles, was Du dafür brauchst, trägst Du bereits in Dir.

Du bist wertvoll, Du bist genug, Du bist Liebe.

In Liebe,
Emma

Danksagung

Auch wenn ich mich von alleine auf meinen heilsamen Weg gemacht habe, gibt es einige Menschen, ohne die ich nicht dort wäre, wo ich jetzt bin.

An erster Stelle danke ich dem wichtigsten Menschen in meinem Leben, ohne den ich gar nicht die Möglichkeit hätte, das Leben zu erfahren:

Danke, Mama. Aus tiefstem Herzen schätze ich Deine Unterstützung, Deine Zuneigung und Liebe. Danke, dass Du immer für mich da bist!

Ich danke Dir, meinem Herzensbruder Tobias. Obwohl ich die größere Schwester bin, fühle ich mich sicher und wohl durch deine Anwesenheit. Ich bin stolz auf Dich, mein kleiner Bruder.

Danke, Oma, dass Du immer einen liebevollen Blick auf mich richtest. Von Dir fühle ich mich immer gesehen.

Danke, Papa, dass Du Dein Bestes gibst, um mir ein guter Vater zu sein. Ich weiß, wie sehr Du mich heute beschützt. Ich spüre Deine stete Bereitschaft und Fürsorge.

Ich liebe Euch.

Danke, Andreas, dass Du mir auf Deine Art und Weise zeigst, dass ich Dir wichtig bin. Ich erkenne all Deine Hilfe und Unterstützung dankend an.

Ein großes Dankeschön möchte ich an Euch, Liv und Danielle richten: Liv, meine Seelenverwandte. Für unsere spürbar seelische Verbundenheit bin ich Dir zutiefst dankbar. Danielle, meine beste Freundin und Schwester. Schon seit meinem ersten Lebenstag begleitest Du mich. Bei aller Unterschiedlichkeit ergeben wir ein Herz. Ein Herz, das in verschiedenen Rhythmen schlägt und doch eine wunderba-re Melodie ergibt.

Danke an meine vertraute und beständige Mädels-Clique: Sina, Victoria, Maren und Stephanie. Durch fünf gänzlich unterschiedliche Charaktere geben wir uns den Raum, in dem jeder einzigartig sein darf und gesehen wird.

Ein herzliches Dankeschön geht an meine langjährigen Freunde, Daria und Frederic. Auch wenn wir uns nicht häufig in die Augen blicken, sind unserer Verbindungen spürbar und voller Liebe.

Danke, Ronja, für unsere Wieder-Verbindung nach so vie-len Jahren. Jeder Austausch mit dir ist wie ein erholsamer Spaziergang.

Meinen Weg haben in bestimmten Abschnitten unter-schiedliche Menschen begleitet. Ich danke Euch für jedes Gespräch und jede Anteilnahme. Wenn genau Du Dich ge-rade an eines unserer Gespräche erinnerst, bist genau Du gemeint.

Mein Dank gilt meinen spirituellen Lehrern, Mentoren und Therapeuten. Eure Inspirationen und Gedankenanstöße haben den Wagen, in dem ich saß, weiterrollen lassen. Wäre ich Euch nicht begegnet, hätte ich noch immer keinen Sp(i)rit ☺.

Danke an die beiden Personen, ohne die dieses Buch nie-mals auf diese Art und Weise erschienen wäre.
Vielen Dank an meine Korrektorin und Lektorin Anke. Danke, dass Du mich mit Deinem Wissen um die Kraft der Worte durch die zahlreichen Buchstaben begleitet und un-

terstützt hast, damit ich meine Botschaft in die Welt tragen kann.

Danke, Ilona, für Deine herzliche, sensible Art und besondere Arbeitsweise. Dein Blick auf die ästhetische Umhüllung meiner Seiten ist Deine Gabe.

Zu guter Letzt danke ich dem kleinen Kind in mir, meinem jüngeren Ich. Danke, Alexandra, ich bin so stolz auf Dich, weil Du niemals aufgeben hast. Dank Dir kann ich heute die Person sein kann, die ich immer sein wollte. Danke. Ich trage Dich immer bei mir. Ich sehe Dich. Ich liebe Dich.